敦煌文書與中古社會經濟
上冊

劉進寶　著

總序

　　浙江，我國「自古繁華」的「東南形勝」之區，名聞遐邇的中國絲綢故鄉；敦煌，從漢武帝時張騫鑿空西域之後，便成為絲綢之路的「咽喉之地」，世界四大文明交融的「大都會」。自唐代始，浙江又因絲綢經海上運輸日本，成為海上絲路的起點之一。浙江與敦煌、浙江與絲綢之路因絲綢結緣，更由於近代一大批浙江學人對敦煌文化與絲綢之路的研究、傳播、弘揚而令學界矚目。

　　近代浙江，文化繁榮昌盛，學術底蘊深厚，在時代進步的大潮流中，湧現出眾多追求舊學新知、西學中用的「弄潮兒」。二十世紀初因敦煌莫高窟藏經洞文獻流散而興起的「敦煌學」，成為「世界學術之新潮流」；中國學者首先「預流」者，即是浙江的羅振玉與王國維。兩位國學大師「導夫先路」，幾代浙江學人（包括浙江籍及在浙工作生活者）奮隨其後，薪火相傳，從趙萬里、姜亮夫、夏鼐、張其昀、常書鴻等前輩大家，到王仲犖、潘絜茲、蔣禮鴻、王伯敏、常沙娜、樊錦詩、郭在貽、項楚、黃時鑒、施萍婷、齊陳駿、黃永武、朱雷等著名專家，再到徐文堪、柴劍虹、盧向前、吳麗娛、張涌泉、王勇、黃征、劉進寶、趙豐、王惠民、許建平以及馮培紅、余欣、竇懷永等一批更年輕的研究者，既有共同的學術追求，也有各自的學術傳承與治學品格，在不同的分支學科園地辛勤耕耘，為國際「顯學」敦煌學的發展

與絲路文化的發揚光大作出了巨大貢獻。浙江的絲綢之路、敦煌學研究者，成為國際敦煌學與絲路文化研究領域舉世矚目的富有生命力的學術群體。這在近代中國的學術史上，也是一個值得關注的現象。

　　始創於一八九七年的浙江大學，不僅是浙江百年人文之淵藪，也是近代中國社會科學與自然科學英才輩出的名校。其百年一貫的求是精神，培育了一代又一代腳踏實地而又敢於創新的學者專家。即以上述研治敦煌學與絲路文化的浙江學人而言，不僅相當一部分人的學習、工作與浙江大學關係緊密，而且每每成為浙江大學和全國乃至國外其他高校、研究機構連結之紐帶、橋梁。如姜亮夫教授創辦的浙江大學古籍研究所（原杭州大學古籍研究所），一九八四年受教育部委託，即在全國率先舉辦敦煌學講習班，培養了一批敦煌學研究骨幹；本校三代學者對敦煌寫本語言文字的研究及敦煌文獻的分類整理，在全世界居於領先地位。浙江大學與敦煌研究院精誠合作，在運用當代信息技術為敦煌石窟藝術的鑒賞、保護、修復、研究及再創造上，不斷攻堅克難，取得了舉世矚目的成就，拓展了敦煌學的研究領域。在中國敦煌吐魯番學會原語言文學分會基礎上成立的浙江省敦煌學研究會，也已經成為與甘肅敦煌學學會、新疆吐魯番學會鼎足而立的重要學術平臺。由浙大學者參與主編，同浙江圖書館、浙江教育出版社合作編撰的《浙藏敦煌文獻》於二十一世紀伊始出版，則在國內散藏敦煌寫本的整理出版中起到了領跑與促進的作用。浙江學者倡導的中日韓「書籍之路」研究，大大豐富了海上絲路的文化內涵，也拓展了絲路文化研究的視野。位於西子湖畔的中國絲綢博物館，則因其獨特的

絲綢文物考析及工藝史、交流史等方面的研究優勢，並以它與國內外眾多高校及收藏、研究機構進行實質性合作取得的豐碩成果而享譽學界。

現在，我國正處於實施「一帶一路」偉大戰略的起步階段，加大研究、傳播絲綢之路、敦煌文化的力度是其中的應有之義。這對於今天的浙江學人和浙江大學而言，是在原有深厚的學術積累基礎上如何進一步傳承、發揚學術優勢的問題，也是以更開闊的胸懷與長遠的眼光承擔的系統工程，而絕非「應景」、「趕時髦」之舉。近期，浙江大學創建「一帶一路」合作與發展協同創新中心，舉辦「絲路文明傳承與發展國際學術研討會」，都是在新的歷史條件下邁出的堅實步伐。現在，浙江大學組織出版這一套學術書系，正是為了珍惜與把握歷史機遇，更好地回顧浙江學人的絲綢之路、敦煌學研究歷程，奉獻資料，追本溯源，檢閱成果，總結經驗，推進交流，加強互鑒，認清歷史使命，展現燦爛前景。

浙江學者絲路敦煌學術書系編委會
二○一五年九月三日我與敦煌學

說出
明版

　　本書系所選輯的論著寫作時間跨度較長，涉及學科範圍較廣，引述歷史典籍版本較複雜，作者行文風格各異，部分著作人亦已去世，依照尊重歷史、尊敬作者、遵循學術規範、倡導文化多元化的原則，經與浙江大學出版社協商，書系編委會對本書系的文字編輯加工處理特做以下説明：

　　一、因內容需要，書系中若干卷採用繁體字排印；簡體字各卷中某些引文為避免產生歧義或詮釋之必須，保留個別繁體字、異體字。

　　二、編輯在審讀加工中，只對原著中明確的訛誤錯漏做改動補正，對具有時代風貌、作者遣詞造句習慣等特徵的文句，一律不改，包括原有一些歷史地名、族名等稱呼，只要不存在原則性錯誤，一般不予改動。

　　三、對著作中引述的歷史典籍或他人著作原文，只要所注版本出處明確，核對無誤，原則上不比照其他版本做文字改動。原著沒有注明版本出處的，根據學術規範要求請作者或選編者盡量予以補注。

　　四、對著作中涉及的敦煌、吐魯番所出古寫本，一般均改用通行的規範簡體字或繁體字，如因論述需要，也適當保留了一些原寫本中的通假字、俗寫字、異體字、借字等。

　　五、對著作中涉及的書名、地名、敦煌吐魯番寫本編號、石窟名

稱與序次、研究機構名稱及人名，原則上要求全卷統一，因撰著年代不同或需要體現時代特色或學術變遷的，可括注說明；無法做到全卷統一的則要求做到全篇一致。

書系編委會

目次

第二章

敦煌寺院與社會生活

第三章
階層與階級

——兼評《敦煌文獻避諱研究》

上冊

我與敦煌學

一

我關注敦煌及敦煌學，可以說是比較偶然的。我家在蘭州市的一個郊縣榆中，我所就讀的中學是公社中學（相當於今天的鄉鎮中學）。當時在鄉鎮中學任教的還有一些大學生，我的中學有一位教數學的丁老師，就是甘肅師範大學（原西北師範學院，二十世紀五〇年代改為甘肅師範大學，一九八一年恢復原校名西北師範學院，一九八八年更名為西北師範大學）數學系畢業的，她的丈夫正是甘肅省圖書館的周丕顯先生。周先生曾在南京大學歷史系、北京大學圖書館學系學習，聆聽過賀昌群、王重民先生的課，是敦煌學專家。

一九七九年我考入甘肅師範大學歷史系，此時丁老師已調到了蘭州的中學，住在甘肅省圖書館的大院裡。由於當時市場還不繁榮，有時丁老師就讓以前的同事幫忙代買一些雞蛋，我回家時順便帶給她。這樣就和周丕顯先生相識並熟悉，在一起也就談到了學習，談到了敦煌和敦煌學。星期天還經常去甘肅省圖書館歷史文獻部看書。

後來又聆聽了日本學者藤枝晃先生、敦煌文物研究所孫修身先生

等在西北師範學院的演講，使我更加關注敦煌及敦煌學。

這些演講讓我大體感知到了敦煌學研究的價值與前景，恰好此時，蘭州大學創辦了《敦煌學輯刊》、敦煌文物研究所創辦了《敦煌研究》並出版了《敦煌研究文集》。雖然這些書刊在當時來說比較貴，經濟上並不寬裕的我還是咬咬牙購買了。

就是因為認真讀了《敦煌研究》試刊號、《敦煌研究文集》及《敦煌學輯刊》等，使我愛上了敦煌和敦煌學，從此也就開始關注報刊上的有關信息和論文。為了學習方便，我常常在口袋中裝著紙和筆，看到報刊上有關敦煌學的消息就抄下來，這樣長期堅持，日積月累，所抄的條目逐漸增多。為了查閱的方便，就分門別類地做了整理。

一九八三年七月大學畢業後，我被留在了剛成立不久的西北師範學院敦煌學研究所。這時籌備已久的中國敦煌吐魯番學會成立大會和一九八三年全國敦煌學術討論會即將在蘭州舉行，西北師範學院是會議的承辦單位之一，我作為工作人員被派往會議接待組，從事會務服務。為學習而抄錄的有關目錄，也因陳守忠所長的厚愛而彙編為《敦煌學論著目錄》油印後在會上交流，這就是一九八五年甘肅人民出版社出版的《敦煌學論著目錄（1909-1983）》一書的初稿。

在這次會議上，見到了許多我仰慕的學術大家，尤其是和承辦單位——蘭州大學、敦煌文物研究所、甘肅省社會科學院的老師們常在一起，從而熟悉起來，並建立了長期的友好關係。

一九八四年九月，華東師範大學的吳澤、袁英光先生應西北師範學院歷史系主任金寶祥教授之邀，前來講學。講學結束後，吳澤、袁英光先生及吳先生的博士生盛邦和赴敦煌參觀，我受命陪同前往。

這是我第一次來到敦煌。在敦煌約一個月的時間裡（吳澤先生等很快離開敦煌回上海），我就住在莫高窟下的敦煌文物研究所，可以隨

時參訪所有的洞窟，但是由於自己在藝術感知方面的欠缺，再加上還沒有形成明確清晰的學術研究方向，所以收穫不大。在莫高窟時，我和研究所的很多先生都有接觸，得到了許多幫助和指教，現在想起來還深懷感念。

一九八五年，我考入西北師範學院歷史系中國古代史專業，跟隨金寶祥先生學習隋唐五代史。碩士學位論文是研究隋代歷史的，其主體部分就是在金先生指導下，與金先生、李清凌、侯丕勳合著的《隋史新探》。[1]

回想三年的碩士研究生學習，金先生雖然給我們上課不多，但要求卻很嚴厲。那時沒有今天的考核、津貼、業績點，也沒有項目、課題、發表論文的要求，但老師們卻都是兢兢業業地工作，出版的著作、發表的論文雖然不多，但絕大多數都是有見解、有水平的乾貨。老師們帶的研究生也很少，基本上都是招一兩名，等畢業後再招新生。金先生「文革」後於一九八二年春季招收了研究生，等一九八五年春季畢業後，秋季就招了我和楊秀清學兄，等我們於一九八八年畢業了再招新的學生。正因為如此，我們的三年研究生學習，基本上都是和老師在一起，甚至就像老師的家人一樣，一週會有三四個半天或晚上在老師的書房裡聊天、談學問。畢業後因為我就在學校工作，都住在校園裡，這種問學的方式也堅持了多年。這種導師和研究生私人之間的講授、交流，其最大特點和優勢，就是師生之間既有知識的傳授，但更多的是精神的傳遞、人格的薰陶。這也正如錢理群先生所言：「人文科學的研究生教育不是在課堂上正經講課完成的，而是在教授的客廳裡，聽他海闊天空的閒聊中結業的」。[2]

由於我是在職學習，研究生畢業後的工作單位仍然是敦煌學研究所。當時所裡既沒有給我研究任務，我自己也沒有確定的研究方向，一時不知向哪裡發展。一個偶然的機緣，《蘭州晚報》約我撰寫「通俗敦煌學」的稿件，為此，我

1　　蘭州大學出版社 1989 年版。

2　　錢理群：《學魂重鑄》，文匯出版社 1999 年版，第 98 頁。

集中閱讀了一些敦煌學研究論著，開始撰寫每篇五六百字的文章，每週刊發一兩篇。正是在此基礎上，經過提煉加工、深化系統，形成了一九九一年由甘肅教育出版社出版的《敦煌學述論》一書。

《敦煌學述論》雖然以綜述介紹前人的成果為主，但畢竟是國內第一本比較全面、系統的敦煌學概述性著作，因此出版後得到了學界的好評，季羨林、項楚、朱雷、柴劍虹等敦煌學界的著名專家都寫信給予好評。由於柴劍虹先生的推薦，臺灣洪葉文化事業有限公司將其納入「國學精粹叢書」，出版了中文繁體字版；後來又由韓國延世大學全寅初教授翻譯，在韓國出版了韓文版。此後，我撰著的《敦煌學通論》[3]、《絲綢之路敦煌研究》[4]，都是在《敦煌學述論》的基礎上進一步增刪修改的結果。

一九九四年後，我將研究的主要方向集中在歸義軍經濟史方面。一九九五年，我向在武漢大學舉辦的中國唐史學會年會提交了《從敦煌文書談晚唐五代的「地子」》的學術論文，該文發表於《歷史研究》一九九六年第三期。隨後又發表了《從敦煌文書談晚唐五代的「布」》[5]、《P.3236號〈壬申年官布籍〉時代考》[6]、《歸義軍土地制度初探》[7]等論文。

一九九八年，我考取了武漢大學中國古代史專業博士研究生，指導教師是朱雷先生，研究方向是敦煌吐魯番文書。因朱先生知道我近幾年主要從事敦煌經濟史的研究，就讓我在經濟史方面選定博士論文

3　甘肅教育出版社 2002 年版。

4　新疆人民出版社 2010 年版。

5　載《段文傑敦煌研究五十年紀念文集》，世界圖書出版公司 1996 年版。

6　載《西北師大學報》1996 年第 3 期。

7　載《敦煌研究》1997 年第 2 期。

題目。二〇〇一年，我以《歸義軍賦稅制度研究》的論文獲得博士學位。

博士畢業後，我仍然主要致力於歸義軍經濟史的研究，二〇〇三年以「從敦煌文書看唐宋之際經濟的傳承與演變」為題申請並獲得了國家社科基金的資助，通過幾年的努力，完成了課題的最終成果——《唐宋之際歸義軍經濟史研究》[8]。該成果入選「國家社科基金成果文庫」第二批十本之一，由全國哲學社會科學規劃領導小組辦公室指定中國社會科學出版社出版。

二

二〇〇六年，我撰寫了《敦煌學史上的一段學術公案》[9]，主要就「敦煌在中國，敦煌學在日本」的説法作了澄清。

從二〇世紀八〇年代初開始，在國內就有了「敦煌在中國，敦煌學在日本」的傳言，並説這是日本學者藤枝晃一九八一年四月在南開大學講座時説的，同年五月二十六日藤枝晃在西北師範學院演講時也曾説過。此事雖然是一個誤傳，但在學界、政界流傳很廣，也曾影響到中日兩國敦煌學界的交流。相比較而言，我可能是澄清此事的比較合適的人選，一方面藤枝晃在西北師範學院演講時我是聽眾，現在還保留著當年的聽講筆記，後來藤枝晃再次來西北師範學院座談時，我已留校任教，參加了與藤枝晃的座談會，會後還與藤枝晃就此傳言有過短暫的交流。另一方面，我的兩位導師都是此事的當事人，藤枝晃在蘭州的演講是在我的母校——西北師範學院，主持人是我的碩士生

8　中國社會科學出版社 2007 年版。

9　《歷史研究》2007 年第 3 期。

導師金寶祥教授；在南開大學講座時，我的博士生導師朱雷教授是聽講學員，不僅全程參加了講習班，而且還幫助整理了藤枝晃的講義《敦煌學導論》。後來，朱先生不僅將他保留的《敦煌學導論》講義送給了我，而且還多次談到此話不是藤枝晃說的，而是講座前介紹他的吳廷璆教授說的。另外，邀請藤枝晃來南開大學講座的是吳廷璆教授，吳廷璆教授一九八六年秋來蘭州看望金寶祥先生時，我曾在金先生家看望交談，同時我還保留著一九八一年第四期的《外國史知識》，上面刊載有對吳先生的專訪，其中就有「敦煌在中國，敦煌學在外國」之說。以上三方面有機地結合在了一起，而且都與我有交集。所以當二〇〇五年榮新江教授的《中國敦煌學研究與國際視野》[10]涉及這一問題時，我便撰寫文章，對「敦煌在中國，敦煌學在日本」一說的來龍去脈進行了說明辨析。

在撰寫《敦煌學史上的一段學術公案》的前後，時逢敦煌學百年（1909-2009）之際，我想敦煌學已經百年了，學界應該對百年敦煌學的歷程進行全面總結和評析，為新世紀敦煌學的發展提供參考。為此，我曾多次呼籲進行敦煌學術史的總結，希望有單位或組織出面，邀請敦煌學研究者從各自的學術經歷、研究方向、甘苦得失等方面擺出成績、指出不足，總結教訓、展望未來。遺憾的是這一呼籲未能得到積極響應。

然而時不待人，老一代敦煌學學者年事已高，身體也不大好，如果現在不做搶救性的總結，以後可能就沒有機會再為百年敦煌學留下科學嚴謹、清晰、真實的學術史資料了——這是我們這代人的使命，我們不應該也不能留下歷史的空白和終身的遺憾。

10　《歷史研究》2005 年第 4 期。

　　有了此念頭後，我先嘗試著從我最熟悉的史學方面著手，首先邀請國內外歷史學方面老中青代表學者以「敦煌學百年：歷史、現狀與發展趨勢」為題撰寫筆談，這就有了日本學者池田溫《敦煌寫本偽造問題管見》、樊錦詩《關於敦煌石窟研究的一些思考》、姜伯勤《宿白先生論敦煌遺書研究始於中國——讀〈敦煌七講〉》、郝春文《交叉學科研究——敦煌學新的增長點》、榮新江《期盼「吐魯番學」與「敦煌學」比翼齊飛》，再加上我的《敦煌學術史研究有待加強》。這組六篇的筆談原計劃在二○○八年發表，但由於一些特殊的原因，到了二○○九年才在《中國史研究》第三期上發表。

　　在本組「敦煌學筆談」交稿後，我認為有必要對敦煌學進行更全面的總結，就向國內外敦煌學研究的代表人物發出了約稿信。在約稿信中我曾這樣表述：

　　敦煌學產生於一九○九年，已有了百年的歷史。在敦煌學產生百年之際，敦煌學本身也進入了一個新舊交替的時期，即前一個階段主要是以資料的蒐集、整理、刊布為主，目前，《英藏敦煌文獻》十四冊、《俄藏敦煌文獻》十七冊、《法藏敦煌西域文獻》三十四冊已全部刊布，中國國家圖書館所藏敦煌文獻已刊布三十冊，計劃共有一百五十冊，將於二○○八年全部刊布。北京、倫敦、巴黎、聖彼得堡四大收藏中心收藏的敦煌文獻占到總數的百分之九十五以上。另外，甘肅、浙江省及北大、天津藝術博物館、上海博物館等地所藏敦煌文獻也已公布。可以說，資料的刊布已經完成。在新的階段，應該是對已刊布的資料進行全面、綜合、深入地研究了。

　　為了對前一階段的敦煌學研究進行總結，找出經驗教訓，對現狀進行評析，對以後研究的方向，應該注意的問題、加強的方面，方

法、理論等進行規劃、展望，我們與有關雜誌社連繫，擬在敦煌學百年到來之際，以「敦煌學百年：歷史、現狀與發展趨勢」為題，邀請在國際學術界有影響的敦煌學家組織一組筆談。

　　約稿信發出後，得到了大家的積極響應和支持。《學習與探索》二〇〇八年第三期、《社會科學戰線》二〇〇九年第九期、《新疆師大學報》二〇〇九年第二期、《南京師大學報》二〇〇八年第三期和二〇〇九年第五期都曾以專欄的形式發表了「敦煌學筆談」。這些「筆談」發表後，得到了學界的讚揚與好評，《新華文摘》、人大《複印報刊資料》、《高等學校文科學術文摘》等都給予轉載、複印、文摘。全部約稿則彙集為《百年敦煌學：歷史、現狀、趨勢》一書，在 二〇〇九年敦煌學百年之際由甘肅人民出版社出版。

　　由於組編《百年敦煌學》，我對敦煌學術史更加關注了，從而將自己的部分精力也放在了敦煌學術史的探討上。

三

　　回顧我的敦煌學學習和研究歷程，有幾個方面的感想：

　　一、遇到了好老師。不論是我的大學學習階段，還是碩士、博士學習階段，都遇到了許多學識高、人品好的老師。本科和碩士學習時期的金寶祥、陳守忠、王俊傑、李慶善、郭厚安、吳廷楨、潘策、伍德煦、趙吉惠、宋仲福、水天長、徐世華等先生，都是學問好、人格高尚的學者。博士階段的學習單位——武漢大學中國三至九世紀研究所，更是名師雲集。我的碩士生導師金寶祥先生和博士生導師朱雷先生，都有一個共同的特點，即論著不多，甚至可以說都沒有專著，論

文的數量也不多。金先生的代表作是《唐史論文集》[11]，朱先生的代表
作是《敦煌吐魯番文書論叢》[12]，這兩部代表作都是論文集。金先生論
文的特點是宏觀探討，如《唐代經濟的發展及其矛盾》、《論唐代的土
地制度》、《論唐代的兩稅法》、《北朝隋唐均田制研究》、《安史亂後唐
代封建經濟的特色》、《唐史探賾》、《關於隋唐中央集權政權的形成和
強化問題》等，都是貫穿有唐一代，乃至中古社會較長時段的研究，
每篇論文都能發展成為一本專著。這樣高屋建瓴的論文，沒有相當的
理論素養、學術功底和洞察力是根本不可能完成的。據我在西北師範
大學的二十餘年所知，先生對一些經典作家的論著，尤其是黑格爾的
《小邏輯》、馬克思的《資本論》、列寧的《哲學筆記》等，都非常熟
悉，並放在手邊經常翻閱。

　　北京大學吳宗國先生在《我看隋唐史研究》[13]中提出，「隋唐時期
在中國歷史發展上的地位問題，是一個關係隋唐歷史的全局性問題」。
關於這一重要問題研究，「最具有學術意義的論著，有陳寅恪的《論韓
愈》（《歷史研究》1954 年第 2 期）、金寶祥的《唐代經濟的發展及其
矛盾》（《歷史教學》1954 年第 5、6 期）、唐長孺的《門閥的形成及其
衰落》（《武漢大學人文科學學報》1959 年第 8 期）、侯外廬的《中國
思想通史》第四卷上冊第一章第二節『中國封建社會的發展及其由前
期向後期轉變的特徵』（人民出版社 1959 年版）、胡如雷的《唐宋時期
中國封建社會的巨大變革》（《史學月刊》1960 年第 7 期）、汪籛的《唐
太宗‧唐太宗所處的時代》（1962）、《關於農民的階級鬥爭在封建社會
中的歷史作用問題》（1965，收錄於《汪籛隋唐史論稿》，中國社會科

11　甘肅人民出版社 1982 年版。

12　甘肅人民出版社 2000 年版。

13　《文史知識》2006 年第 4 期。

學出版社 1981 年版）等」。

　　吳宗國先生同時指出，上列陳寅恪、金寶祥、侯外廬、胡如雷、汪籛先生的論文和著作，「長時段全方位論述了這個時代的變化」，「代表了上個世紀五六十年代在這方面的最高成就，具有很高的學術水平和認識價值。我們現在研究隋唐在中國中古社會變遷中的地位，如果離開了這些具有經典性的著作，會大大降低我們的起點，要走很多彎路」。

　　吳宗國先生的評價符合金寶祥先生治學的特點和其論著的學術價值。

　　朱雷先生一九六二年研究生畢業後，留在了唐長孺先生創辦的武漢大學魏晉南北朝隋唐史研究室。此後，在唐先生的指導下，對《全唐文》資料進行分類摘錄，做成卡片；閱讀英藏敦煌遺書縮微膠卷，抄錄出了一批社會經濟資料。一九七四至一九八六年春，由武漢大學借調至國家文物局，作為國家文物局「吐魯番出土文書整理組」（組長為唐長孺教授）主要成員，並作為唐長孺先生的學術助手，赴新疆、北京等地參加吐魯番出土文書的整理和研究工作，從事古文書的錄文、拼合、釋文、定名和斷代，協助唐先生編著了《吐魯番出土文書》釋文本十冊和圖文本四冊。

　　這些經歷，使朱雷先生對傳世文獻和敦煌吐魯番文書都有了精到的掌握，尤其在吐魯番文書整理和研究方面站在了國際學術前沿，《吐魯番出土北涼貲簿考釋》、《論麴氏高昌時期的「作人」》、《唐代「手實」制度雜識》、《唐代「點籍樣」制度初探》、《唐「籍坊」考》、《唐代「鄉帳」與「計帳」制度初探》、《唐「職資」考》、《敦煌兩種寫本〈燕子賦〉中所見唐代浮逃戶處置的變化及其他》、《敦煌所出〈萬子、鬍子田園圖〉考》、《東晉十六國時期姑臧、長安、襄陽的「互市」》等論文，

就是傳世文獻與出土文獻有機結合的典範。這些論文都是以小見大，既具有深厚的文獻功底，又有極強的思辨能力，所獲結論也被史學界屢加徵引。

二十世紀八〇年代中期，曾有學者言及唐門弟子對唐先生治學的傳承問題，稱唐先生治學所主要涉及的魏晉南北朝、隋唐史和敦煌吐魯番文書三大領域中，「繼承魏晉南北朝的是高敏，繼承唐史的是張澤咸，繼承敦煌吐魯番文書的是朱雷」[14]。王素先生在《敦煌吐魯番文書論叢》的書評中有言：「朱教授的很多論文，儘管經過了十多年甚至二十多年，學術價值還是難以超越……學界師友常言：『唐長孺先生門下，論文風格與唐先生最為接近者，莫過於朱雷教授，讀罷本書，深信此言非虛。』」[15]

由此可見，雖然我的兩位導師論著不多，但都是有真學問的史學大家，他們的論著是能夠經得起時間檢驗的，也是能夠流傳下去的。而我雖然跟隨兩位老師多年，由於天生愚笨，再加上所受教育的侷限、生活的艱辛、興趣的廣泛、各種事務的纏身等等，沒有學到老師的真本事。不論是金先生高屋建瓴的宏觀研究，還是朱先生以小見大的微觀考察，我都是無法企及的。他們的高度，我是永遠達不到的。

二、參與了一些集體的學術活動。當我大學剛畢業留校後，遇到的第一件事就是在中國敦煌吐魯番學會成立大會和一九八三年全國敦煌學術討論會上做服務工作，與參加會議的代表有了連繫與交流，特

14　本書編委會主編：《敦煌吐魯番文書與中古史研究——朱雷先生八秩榮誕祝壽集》，上海古籍出版社 2016 年版，第 478 頁。

15　王素：《朱雷〈敦煌吐魯番文書論叢〉》，載《敦煌吐魯番研究》第六卷，北京大學出版社 2002 年版，第 409 頁。又見王素：《漢唐歷史與出土文獻》，故宮出版社 2011 年版，第 561 頁。

別是與會議的承辦單位──敦煌文物研究所的同仁熟悉了，由此建立了我與敦煌文物研究所（後更名為敦煌研究院）長期的友好關係。

二十世紀八〇年代中期，即在我留校工作和攻讀碩士學位前後，西北師範大學歷史系的郭厚安、吳廷楨先生主持編著《中國歷史上的改革家》、《悠久的甘肅歷史》、《河西開發史研究》、《甘肅古代史》等論著時，都提攜我參與一些撰稿任務。由於我最年輕，許多跑腿的具體事務也由我來做，尤其是去出版社來回連繫、送稿件等，只要老師指派，我從來沒有推辭過，最多是今天有事，改在明天去。這樣的送取稿件、校樣等，不是一次、兩次，也不是一年、兩年，而是十多年。剛開始時，僅僅是因為老師指派，尊重老師，不好推辭，後來漸漸感到這也是一種責任，尤其是與出版社的編輯交往過程中，看到他們和我們的老師一樣，執著於學術，一絲不苟的敬業精神。我就暗暗下定決心，要像我們的老師和這些編輯學習，以一些史學和敦煌學的專家為榜樣，做出一些成績來。

這些事務性的工作，雖然占用了一些讀書的時間，也自掏了許多公交車票，但也鍛鍊了我打交道的能力，尤其是得到了甘肅各出版社有關領導和編輯的信任和好感，建立了密切友好的關係。一九九一年，在當時圖書出版還非常困難的條件下，甘肅教育出版社能夠出版我的《敦煌學述論》，雖然主要是因為當時還沒有一本比較全面、系統介紹敦煌學的著作，作為敦煌學故里的甘肅出版界想出版這類圖書的願望。但不可否認，也是出版社領導和編輯對我長期尊師和學術的認可與獎賞。

此後，我幫忙參與了甘肅人民出版社《敦煌文化叢書》[16]、甘肅教

16　《敦煌文化叢書》共 17 冊，甘肅人民出版社 2000 年出版。

育出版社《敦煌學研究叢書》[17]的組稿、連繫等工作。現在，又與柴劍虹、張湧泉先生共同主編《浙江學者絲路敦煌學術書系》[18]；同時還與孫繼民、程存潔等師兄主編《敦煌吐魯番文書與中古史研究——朱雷先生八秩榮誕祝壽集》[19]。

二〇〇九年主編出版了《百年敦煌學：歷史、現狀、趨勢》，二〇一一年，協助卞孝萱先生主編了《新國學三十講》[20]。二〇〇六年在南京師範大學主辦了「轉型期的敦煌學——繼承與發展」國際學術研討會，二〇一四年在浙江大學協助主辦了「絲綢之路文化論壇·新疆」學術研討會，二〇一五年又協助主辦了「絲路文明傳承與發展」國際學術研討會。

這許多的集體工作，只有主編《百年敦煌學：歷史、現狀、趨勢》和主辦「轉型期的敦煌學——繼承與發展」國際學術研討會，由我唱主角外，其他的都是協助別人。這些工作既費時費力，又可能還吃力不討好。在此過程中，我都是本著盡職盡責的態度、默默奉獻的精神做事的，既不考慮個人得失，也不攬功推過。心中的信念就是對學術的執著、對敦煌及敦煌學的熱愛和深厚的感情。如上世紀九〇年代後期編輯出版《敦煌學研究叢書》時，有些作者是我連繫的，僅國際、國內長途電話就打了很多，甘肅教育出版社的總編輯白玉岱先生曾幾次表示要給我一些補償時，都被我婉言謝絕了。另如編輯《百年敦煌學》一書，所費的精力、時間確實很多，甚至比我自己寫一本書還要困難。而且在目前的考核體制下，像《百年敦煌學》這類集體著作，

17　《敦煌學研究叢書》共 12 冊，甘肅教育出版社 2002 年出版。

18　《浙江學者絲路敦煌學術書系》約四十本，浙江大學出版社 2016 年開始陸續出版。

19　上海古籍出版社 2016 年版。

20　卞孝萱、胡阿祥、劉進寶主編：《新國學三十講》，鳳凰出版社 2011 年出版。

既不能算主編的專著，也不算其為科研成果，因此一般的學者也不願意費心耗力。而我之所以執著地堅持去做這件事，既是為了完成我們這代人的歷史使命，為敦煌學的學科建設貢獻一點自己的綿薄之力，也是為了「搶救」一些學術史的活史料，給前輩學者們的辛勤耕耘留下一點印跡，回饋當初我在這些集體學術活動中得到的收穫與幫助。

三、堅持做自己的事。在我的人生經歷中，既有過經商的誘惑，也有過從政的選擇，還有幾次在學校擔任行政職務的機會。有些被我當場婉言謝絕了，有些需要我自己再努力一把時，我不但沒有努力，而且還有意識地躲開了。今天看來，我的選擇是正確的，但在當時，是否能夠抵制住誘惑？能夠選擇堅持，確實是需要定力和毅力的。

人的一生可能遇不到機遇，或遇到機遇而抓不住機遇。既能遇到機遇又能抓住機遇的畢竟是極少數人。我天生愚拙，各方面條件也比較差，如果說在敦煌學研究方面還有一點點成績可言的話，可能就出於我的堅持，即在學術研究方面，有著宗教般的虔誠和初戀般的熱情。

我從大學本科階段開始喜歡敦煌學，中間雖然有過這樣那樣的機會，或這樣那樣的任務，但對敦煌學的愛好、學習和研究一直沒有中斷，不論是在西北師範大學，後來的南京師範大學，還是現在的浙江大學，都一直堅持做自己喜歡的事業。

第一章

隋唐之際的社會變化

第一節　略論高熲之死

　　高熲是關乎有隋一代興亡盛衰的重要人物。就是這樣一個重要人物，卻在開皇十九年被隋文帝黜官為民，大業三年又被隋煬帝殺害。隋文帝、煬帝父子為什麼要置高熲於死地？這是隋代政治史研究中的一個重要問題。而關於高熲的死因，從未引起人們的注意，現就筆者閱讀文獻所得，對高熲之死略作初步探討，不當之處，請批評指正。

一、高熲被殺的深層次原因

　　高熲之死，與其設輕稅之法有很大關係，可以說，正是由於他設了輕稅之法，浮客悉自歸於編戶，才導致了他的死亡。

　　自北魏實行均田制後，國家權力不斷強化，國家佃農的賦役負擔也不斷加重。「國家佃農為了解除繁重的賦役，不是亡命山澤為逃戶，

就是再入大族之家為隱戶。」[1]不論逃戶、隱戶，都是脫離了國家的編戶，不再為國家負擔賦役。這樣，國家稅收必定減少，國家權力必定削弱。國家權力削弱了，私家權力則必定加強，因為脫離國家控制的編戶，大部分成了私家大族的隱戶。因此國家政權必定要通過種種辦法和手段與私家爭奪戶口。隋代初年高熲的輕稅之法正是在這種背景下實行的。

隋文帝統一北方初年，「是時山東尚承齊俗，機巧奸偽，避役惰游者十六七。四方疲人，或詐老詐小，規免租賦」。[2]全國的情況則是「禁網疏闊，戶口多漏」。[3]文帝針對這種情況，便大索貌閱，並且「大功已下，兼令析籍，各為戶頭，以防容隱」，[4]從而使國家獲得戶口一百六十四萬。但是，這些措施並沒有從根本上解決問題。因為不論大索貌閱，還是析籍，都沒有減輕國家佃農的賦役負擔，因此國家也不可能獲得大量的戶口，更不可能使隱庇於豪門大族之家的隱戶脫離私家的羈絆，變為國家的編戶。要真正解決問題，就得使國家佃農的賦役負擔低於私家佃農的負擔，從而吸引隱戶變為編戶。宰相高熲獨具慧眼，「乃為輸籍定樣，請遍下諸州，每年正月五日，縣令巡人，各隨便近，五黨三黨，共為一團，依樣定戶上下」。[5]開皇八年五月，高熲又上書皇帝，請諸州「於所管戶內，計戶徵稅」。[6]

高熲的輸籍之法，是針對賦役攤派不均，阻礙浮客歸於編戶而提

1　金寶祥：《唐史探賾》，《西北師院學報》1986 年第 2 期。

2　（唐）魏徵等撰：《隋書》卷二十四《食貨志》，中華書局 1973 年版，第 681 頁。

3　《隋書》卷六十七《裴蘊傳》，第 1575 頁。

4　《隋書》卷二十四《食貨志》，第 681 頁。

5　《隋書》卷二十四《食貨志》，第 681 頁。

6　《隋書》卷二十四《食貨志》，第 685 頁。

出的。隋初的「課稅雖有定分」，但由於「長吏肆情，文帳出沒，復無定簿，難以推校」，[7]因此賦役負擔大都落在了小戶頭上，使國家佃農遭受到更殘酷的剝削和壓迫，因此國家佃農便脫離國家的控制，成為逃戶和隱戶。有鑒於此，高熲才建議實行輸籍之法，「由中央按其資產定戶為上中下三等，注冊造籍，依戶等高下合理派徵徭役」。[8]高熲此法，按戶等高下徵稅，戶等高的多徵，戶等低的少徵，「使人知為浮客，被強家收太半之賦，為編甿（即編戶），奉公上，蒙輕減之徵」。[9]因而吸引著大批的逃戶和隱庇於私家的隱戶，自動歸入了國家的編戶，使隋王朝戶口劇增，國力強盛。《通典》説：「高熲設輕稅之法，浮客悉自歸於編戶，隋代之盛，實由於斯。」可謂一語破的。《隋書・食貨志》也説：當時「雖數遭水旱，而戶口歲增」。[10]關於編戶的增減問題，金寶祥先生有精闢的論述，金先生説：「中國歷史上，除了戰爭的喪亡，編戶的增和減，反映了蔭戶的減和增，蔭戶不減，編戶不可能增，反之，蔭戶不增，編戶不可能減。自太和到安史之亂這二百七十年間，戶口盛衰，與浮客之歸為編戶的多和少有密切關係。」[11]

　　高熲的輕稅之法，是通過國家法令有計畫實行的，並隨著國家的統一逐漸向南方推行。開皇七年，江陵民給復十年；開皇九年，「帝以江表初定，給復十年。自余諸州，並免當年租賦」。[12]這説明不僅北方實行輕稅之法，平陳後南方也實行了輕稅之法。開皇「十年五月，又

7　《隋書》卷二十四《食貨志》，第 681 頁。

8　趙云旗：《隋代括戶成功的原因》，《江漢論壇》1983 年第 11 期。

9　（唐）杜佑撰，王文錦等點校：《通典》卷七《食貨七・歷代盛衰戶口》，中華書局 1988 年版，第 156 頁。

10　《隋書》卷二十四《食貨志》，第 681 頁。

11　金寶祥：《唐史探賾》，《西北師院學報》1986 年第 2 期。

12　《隋書》卷二十四《食貨志》，第 682 頁。

以宇內無事，益寬徭賦」；[13]開皇十二年，河北、河東田租「三分減一，兵減半，功調全免」；[14]開皇十三年，規定戰亡之家給復一年；開皇十六年，蠲免全國賦稅；開皇十八年，河南八州免其課役。這樣多次的減免賦役，在我國歷史上還是罕見的。

正是由於實行了高熲的輕稅之法，使浮客悉自歸於編戶，隋代的戶口才不斷增多。從隋初有戶四百多萬，到開皇九年時達七百餘萬。洎於大業五年，戶達「八百九十萬七千五百三十六，口四千六百一萬九千九百五十六」。[15]達到了隋的極盛，也是我國封建社會中的一個強盛時期。

也正是由於高熲設輕稅之法，使隱庇於高門大族之家的浮客悉自歸於編戶，損害了高門大族的利益，因此高熲便遭到了高門大族的反對，甚至要置他於死地而後快。開皇九年伐陳之後，隋文帝對高熲說：「公伐陳後，人言公反，朕已斬之」，[16]這就說明，已經有人開始要置高熲於死地了。此後，「右衛將軍龐晃及將軍盧賁等，前後短熲於上」，「未幾，尚書都事姜曄、楚州行參軍李君才並奏稱水旱不調，罪由高熲，請廢黜之」。[17]後來突厥入侵，高熲擊敗突厥。當他想進入沙磧，給突厥以沉重打擊，便遣使請兵時，「近臣緣此言熲欲反，上未有所答」。[18]此時隋文帝與高熲的關係已沒有以前那樣融洽了，因為以前在文帝面前短高熲者，都被文帝懲罰了，而這次卻「上未有所答」，即對

13　《隋書》卷二十四《食貨志》，第682頁。

14　《隋書》卷二十四《食貨志》，第682頁。

15　《通典》卷七《歷代盛衰戶口》，第147頁。

16　《隋書》卷四十一《高熲傳》，第1181頁。

17　《隋書》卷四十一《高熲傳》，第1181頁。

18　《隋書》卷四十一《高熲傳》，第1182頁。

於想陷害高熲的人，隋文帝既沒有殺頭，也沒有廢黜，甚至連不滿意的一點點表示都沒有，只是「未有所答」，沒有表露任何態度罷了。此時的沒有表態，就等於已對高熲不滿意了。文帝對高熲不滿意，也是由於高熲實行輕稅之法後，人們都認為高熲功勳卓著，「人俗康阜，熲之力焉」，[19]「海內富庶，熲之力也」，[20]且認為「近代以來，未之有也」。[21]其聲望簡直和國君一樣，甚至超過了國君，這是隋文帝所絕對不能容忍的。在封建專制主義制度下，君主的權力是至高無上、絕對不能侵犯的，而高熲正犯了功高蓋主之大忌。

　　由於隋文帝「本無功德，以詐取天下」，[22]得天下於孤兒寡婦之手，因此其猜忌之心非常嚴重。所有功勳卓著的人，他都認為是威震主上，並認為「人臣不可以身要君，自云第一也」，[23]否則就不會有什麼好結果。梁士彥討尉遲迥後為相州刺史，「隋主忌之，召還長安」；宇文忻由於「善用兵，有威名，隋主亦忌之，以譴去官」；[24]廣平王雄由於「寬容下士，朝野傾屬，上惡其得眾，陰忌之，不欲其典兵馬」；[25]宇文弼由於「才能著稱，歷職顯要，聲望甚重，物議時談，多見推許，帝頗忌之」。[26]對高熲也不例外，隋文帝曾明確地對侍臣說，高熲不應該「以身要君，自云第一也」，[27]因此隋文帝也想置高熲於死地。只是

19　《通典》卷七《歷代盛衰戶口》，第157頁。

20　（宋）司馬光等撰：《資治通鑑》卷一百八十，中華書局1956年版，第5633頁。

21　《通典》卷七《歷代盛衰戶口》，第157頁。

22　《資治通鑑》卷一百七十九，隋文帝開皇二十年，第5585頁。

23　《資治通鑑》卷一百七十八，隋文帝開皇十九年八月條，第5567頁。

24　《資治通鑑》卷一百七十六，長城公至德四年八月條，第5486頁。

25　《資治通鑑》卷一百七十七，隋文帝開皇九年七月條，第5522頁。

26　《隋書》卷五十六《宇文弼傳》，第1391頁。

27　《隋書》卷四十一《高熲傳》，第1183頁。

由於高熲在楊堅奪取周朝政權、建立隋朝及統一全國的過程中有特殊
貢獻，這是大家有目共睹的，殺了高熲怕引起大臣們的離心，另外，
當時已殺了虞慶則、王世積等大臣，「如更誅熲，天下其謂我何？」[28]
因此隋文帝沒有殺高熲，但文帝「欲成熲之罪」[29]的決心已下，所以開
皇十九年便以莫須有的罪名，將高熲黜官為民了。

由以上所述可知，高熲設輕稅之法已經為其死亡埋下了禍根。輕
稅之法損害了高門大族的利益，高熲也因此而功高蓋主，因此高門大
族和隋文帝都想置高熲於死地，只是由於條件還不成熟罷了。

二、高熲被殺的直接原因

高熲被殺的直接原因，是由於他捲入了皇帝家族內部的爭權奪利
鬥爭中，煬帝執政以後，他不得不死。

楊堅建隋後，即以楊勇為太子，而高熲的兒子又娶楊勇女為妻，
高熲和楊勇結成了兒女親家，他們兩人的關係自然相對密切一些，這
一點楊堅是很清楚的。後來文帝聽了讒言，楊勇失愛於上，而高熲又
犯了功高蓋主之大忌，因而文帝特別害怕楊勇和高熲聯合起來。文帝
便將楊勇的東宮宿衛大部分調走，「高熲奏稱，若盡取強者，恐東宮宿
衛太劣」。文帝聽了此話，非常不高興，便作色說：「太子毓德東宮，
左右何須強武？此極敝法，甚非我意。」文帝的這番行動「蓋疑高熲男
尚勇女，形於此言，以防之也」。[30]《通鑑》在敘述這段歷史時說：「故
上以此言防之。」[31]事實上，高熲就是廢去太子楊勇的反對者。而楊廣

28　《隋書》卷四十一《高熲傳》，第 1183 頁。

29　（宋）王欽若等編：《冊府元龜》卷三百三十四《宰輔部》，中華書局 1960 年版影印
　　本，第 3948 頁下。

30　《隋書》卷四十五《文四子傳》，第 1231 頁。

31　《資治通鑑》卷一百七十八，隋文帝開皇十九年六月條，第 5566 頁。

則與楊素相勾結，包圍獨孤皇后。獨孤皇后和楊廣也都因私事對高熲不滿，於是他們極力設法排除高熲，結果於開皇十九年（西元 599）高熲被黜官為民。高熲被廢棄不用後，楊勇就失去了朝中有力的支持者，故次年楊勇也被廢，楊廣被立為太子，事實到了這一步，高熲是非死不可了。

　　楊廣當太子前，就已和高熲發生摩擦了。開皇九年伐陳後，楊廣欲納陳主寵姬張麗華，當時高熲子德弘是晉王楊廣的記室，楊廣便派德弘去告訴高熲，「令留張麗華，熲曰：『昔太公蒙面以斬妲己，今豈可留麗華！』乃斬之於青溪。德弘還報，廣變色曰：『昔人云：無德不報，我必有以報高公矣！』由是恨熲」。[32]而獨孤皇后由於私事也和高熲產生了矛盾。有一次，高祖楊堅在宮中見到有美色的尉遲迥孫女，「因此得幸」，獨孤後妒忌之心大發，便乘高祖上朝之際，將尉遲迥孫女殺害。「上由是大怒，單騎從苑中而出，不由徑路，入山谷間二十餘里。高熲、楊素等追及上，扣馬苦諫。上太息曰：『吾貴為天子，而不得自由！』高熲曰：『陛下豈以一婦人而輕天下！』上意少解，駐馬良久，中夜方始還宮。」[33]獨孤皇后原來和高熲的關係比較密切，此時「聞熲謂己為一婦人，因此銜恨」。[34]這時候，不但楊廣，就是獨孤皇后也開始要排擠高熲了，而楊勇失愛於上，在皇后和楊素等人的活動下，楊堅想把楊廣改立為太子，高熲堅決反對，「獨孤後知熲不可奪，陰欲去之」。[35]獨孤皇后和楊廣便開始為排擠高熲找藉口了。

　　高熲夫人卒後，獨孤後建議文帝楊堅為高熲另娶夫人，高熲流涕

32　《資治通鑑》卷一百七十七，隋文帝開皇九年，第 5510 頁。
33　《隋書》卷三十六《后妃傳》，第 1109 頁。
34　《隋書》卷三十六《后妃傳》，第 1109 頁。
35　《資治通鑑》卷一百七十八，隋文帝開皇十九年六月條，第 5565 頁。

謝絕了。後來高熲愛妾生男，文帝聽了很高興，而獨孤后卻極為不滿，「上問其故，后曰：『陛下尚覆信高熲邪？始，陛下欲為熲娶，熲心存愛妾，面欺陛下。今其詐已見，安得信之！』上由是疏熲」。[36]開皇十八年（西元 598），隋伐高麗，高熲固諫不可。但高祖不聽諫言，仍派漢王諒率三十萬人攻高麗，及師還無功，「后言於上曰：『熲初不欲行，陛下強遣之，妾固知其無功矣！』」[37]當時由於漢王年少，隋文帝將所有軍事都委託高熲。高熲對漢王「諒所言多不用，諒甚銜之，及還，泣言於后曰：『兒倖免高熲所殺』。上聞之，彌不平」。[38]母子二人在文帝面前的一番讒言，終於使已「疏熲」的楊堅下定決心，廢黜了高熲。楊廣即位後，將自己爭權奪利的對手——楊勇送上了斷頭臺，而楊勇的支持者，又是獨孤皇后和楊廣懷恨已久的仇人——高熲也就不能倖免了。但是，煬帝也知道，高熲治國有方，且德高望重，沒有周密的安排和充足的「理由」是不能隨便殺高熲的。故煬帝即位後，便拜高熲為太常，「時詔收周、齊故樂人及天下散樂。熲奏曰：『此樂久廢。今若徵之，恐無識之徒棄本逐末，遞相教習』。帝不悅」。[39]此時的高熲，在煬帝心裡，就有了不識抬舉之感，而高熲仍「不識時務」，對煬帝的奢侈腐化、修築長城等提了許多意見，煬帝非常氣憤，對高熲的新仇舊恨要一起算了。恰好此時「帝遇啟民可汗恩禮過厚，熲謂太府卿何稠曰：『此虜頗知中國虛實、山川險易，恐為後患』。復謂觀王雄曰：『近來朝廷殊無綱紀』」[40]。有人將高熲這些話全都上奏皇

36　《資治通鑑》卷一百七十八，隋文帝開皇十九年六月條，第 5566 頁。

37　《資治通鑑》卷一百七十八，隋文帝開皇十九年六月條，第 5566 頁。

38　《資治通鑑》卷一百七十八，隋文帝開皇十九年六月條，第 5566 頁。

39　《隋書》卷四十一《高熲傳》，第 1184 頁。

40　《隋書》卷四十一《高熲傳》，第 1184 頁。

帝，煬帝找到了藉口，因而便以「誹謗朝政」之罪名，於大業三年（西元 607）將高顏殺害了。

高熲之死，是歷史上的一樁冤案。隋文帝廢黜高熲，隋煬帝殺害高熲，這是他們自去手臂、自斷棟樑、自毀江山。就是封建皇帝唐太宗也說：「高熲為隋相，公平識治體，隋之興亡，系熲之存沒」。[41]從此，就再也沒有哪個宰相像高熲那樣忠於隋王朝了，隋王朝也開始由盛而衰，直至滅亡。

（原載《西北師院學報》1987 年第 3 期）

第二節　隋末農民起義

一、因進攻高麗而徵發繁重的兵徭力役

隋王朝建立短短三十餘年，就被農民起義推翻了。隋末農民起義為何爆發、其原因何在？我們認為，沉重的徭役、兵役負擔是引起隋末農民戰爭爆發的重要原因。

隋王朝初期，由於隋的政權還不夠穩固，封建統治者所掌握的物質財富也不甚豐富，隋文帝便採取了一系列措施，來鞏固政權和積累財富，從而出現了「開皇之治」的局面。到了隋代後期，國家財富已非常豐富，隋煬帝便到處巡幸，並不斷大興土木，從而對人民的徭役剝削不斷擴大和加重。煬帝即位初，即於仁壽四年（西元 604）十一月，「發丁男數十萬掘塹」。[42]大業元年（西元 605）營建東都，「每月役丁二百萬人」[43]，據《隋書·裴矩傳》記載，這項工程九旬而罷，即

41　《資治通鑑》卷一百九十二，唐太宗貞觀二年二月條，第 6048 頁。

42　《隋書》卷三《煬帝紀上》，第 60 頁。

43　《資治通鑑》卷一百八十，大業元年三月條，第 5617 頁。

進行了三個月，當共役丁六百萬；同年三月，「發河南諸郡男女百餘萬，開通濟渠」[44]；又「發淮南民十餘萬開邗溝」[45]；五月築西苑，「初，衛尉卿劉權、秘書丞韋萬頃總監築宮城，一時布兵夫周匝四面，有七十萬人，……其內諸殿基及諸牆院又役十餘萬人」[46]。直東都土工監常役八十餘萬人，其木工、瓦工、金工、石工又役十餘萬人」[46]。八月隋煬帝第一次巡幸江都，巡幸大隊從長安出發，「五十日乃盡，舳艫相繼二百餘里」[47]。隨行的有「騎兵翊兩岸二十餘萬，……文武百司並從，別有步騎十餘萬，夾兩岸翊舟而行」[48]。同時還有「挽船士八萬餘人」[49]。由此知道，只大業元年一年內，隋煬帝就徵發徭役九百萬人左右。大業二年（西元 606）二月，何稠造章服、文物送於江都，「所役工十萬餘人」[50]。同年三至四月間，隋煬帝由江都達東都，關於此次的隨行人數史無記載，如果與南巡時的規模相同，則動用的民力也當在五十萬人左右。大業三年（西元 607）三月，隋煬帝由東都還長安，沿途所過，「皆仰州縣」[51]。同年四月，隋煬帝北巡趙、魏等地[52]，至九月還東都，其動用的民力亦當不少。同年五月，「發河北十餘郡丁男鑿太行山，達于并州，以通馳道」[53]。同年七月，發丁男「百餘萬」築長城。

44　《隋書》卷三《煬帝紀上》，第 63 頁；《資治通鑑》卷一八〇，大業元年三月條，第 5618 頁。

45　《資治通鑑》卷一百八十，大業元年三月條，第 5618 頁。

46　（唐）杜寶撰，辛德勇輯校：《大業雜記輯校》，三秦出版社 2006 年版，第 15 頁。

47　《大業雜記輯校》，第 20 頁。

48　《大業雜記輯校》，第 20 頁。

49　《資治通鑑》卷一百八十，大業元年八月條，第 5621 頁。

50　《資治通鑑》卷一百八十，大業二年二月條，第 5624 頁。

51　《隋書》卷二十四《食貨志》，第 672 頁。

52　《資治通鑑》卷一百八十，大業三年四月條，第 5629 頁。

53　《隋書》卷三《煬帝紀上》，第 68 頁；《資治通鑑》卷一百八十，大業三年五月條，

大業四年（西元 608）正月，發河北諸郡「男女百餘萬」開永濟渠[54]。同年二月，隋煬帝幸五原，巡長城，至次年二月還西京，其動用人力亦不會很少。同年七月，又發丁「二十餘萬」築長城[55]。大業五年（西元 609）三月，隋煬帝西巡河西隴右，並於此次西巡中征服了吐谷渾。是役，段文振「督兵屯雪山，連營三百餘里，東接楊義臣，西連張壽，合圍渾主於覆袁川」[56]。楊義臣率軍「屯琵琶峽，連營八十里，南接元壽，北連段文振」[57]。元壽「率眾屯金山，東西連營三百餘里」[58]。顯然這次西巡及征服吐谷渾所動用的民力、兵力是很多的。同年十一月，隋煬帝又幸東都。大業六年（西元 610）三月，隋煬帝第二次巡遊江都，同年十二月，又征派大量人力穿江南河八百餘里。大業七年（西元 611）二月至四月，隋煬帝自江都幸涿郡。這幾次動用人力也不會很少。

　　以上只是將隋煬帝即位後至隋末農民起義爆發期間，史有記載的各種徵調簡述而已，而史不明載的徭役也是很多的，如營建顯仁宮、天經宮、晉陽宮、汾陽宮、長安至江都的四十餘所離宮，動用的人力也一定很多，唐初張玄素說：「隋室造殿，楹棟宏壯，大木非隨近所有，多從豫章採來。二千人曳一柱，其下施轂，皆以生鐵為之，若用木輪，便即火出。鐵轂既生，行一二里即有破壞，仍數百人別齎鐵轂以隨之，終日不過進三二十里。略計一柱，已用數十萬功，則餘費又

第 5629 頁。

54　《隋書》卷三《煬帝紀上》，第 70 頁。

55　《隋書》卷三《煬帝紀上》，第 71 頁；《資治通鑑》卷一百八十，第 5641 頁。

56　《隋書》卷六十《段文振傳》，第 1459 頁。

57　《隋書》卷六十三《楊義臣傳》，第 1500 頁。

58　《隋書》卷六十三《元壽傳》，第 1498 頁。

過於此。」[59]由此可見營建各種宮殿所用人力之巨了。並且由於隋朝統治者的殘酷壓榨和剝削，役丁死亡率很高，如大業元年「遣黃門侍郎王弘等往江南造龍舟及雜船數萬艘。東京官吏督役嚴急，役丁死者什四五，所司以車載死丁，東至城皋，北至河陽，相望于道」[60]。如此殘忍的壓迫使人民再也無法生活下去了。

　　隋煬帝時期如此慘重的徭役剝削，已使人民無法生活下去了。而隋煬帝又大舉進攻高麗，增置軍府，掃地為兵，成為隋末農民戰爭爆發的最直接、最重要的原因。

　　大業七年，「帝自去歲謀討高麗，詔山東置府，令養馬以供軍役。又發民夫運米，積於瀘河、懷遠二鎮，車牛往者皆不返，士卒死亡過半，耕稼失時，田疇多荒。……又發鹿車夫六十餘萬，二人共推米三石，道途險遠，不足充餱糧，至鎮，無可輸，皆懼罪亡命」[61]。當大業七年二月下詔進攻高麗時，敕幽州（今北京）總管元弘嗣去東萊（今山東萊州市）海口造船三百艘。由於監工官吏督役嚴急，使工匠「晝夜立水中，略不敢息，自腰以下皆生蛆，死者什三四」[62]。「先是，詔總徵天下兵，無問遠近，俱會於涿。又發江淮以南水手一萬人，弩手三萬人，嶺南排（即盾）鑹（即小矛）手三萬人。於是四遠奔赴如流。」「五月敕河南（黃河以南）、淮南、江南造戎車五萬乘送高陽（河北高陽）供載衣甲幔幕，令兵士自挽之。發河南、北民夫以供軍須。秋七月發江淮以南民夫及船，運黎陽及洛口諸倉米至涿郡，舳艫相次千餘里，載兵甲及攻取之具。往還在道常數十萬人，填咽于道，晝夜不

59　《舊唐書》卷七十五《張玄素傳》，中華書局 1975 年版，第 2640 頁。

60　《資治通鑑》卷一百八十，大業元年三月條，第 5619 頁。

61　《資治通鑑》卷一百八十一，第 5655-5656 頁。

62　《資治通鑑》卷一百八十一，第 5654 頁。

絕，死者相枕，臭穢盈路，天下騷動。」[63]大業八年（西元 612）正月
出兵進攻高麗，「詔左十二軍，……右十二軍……駱驛引途，總集平
壤。凡一百一十三萬三千八百人，號二百萬，其饋運者倍之」。又「分
江淮南兵，配驍衛大將軍來護兒，別以舟師濟滄海」[64]。從上述可知，
這真是一幅慘絕人寰的圖畫，如此巨大的徵調，不僅嚴重地破壞了生
產，而且還把千百萬人推到了死亡的邊緣，早已尖銳的階級矛盾，便
在隋煬帝進軍高麗的戰吼聲中於西元六一一年十月從「山東」地區爆
發了。[65]

　　為何農民起義首先爆發於山東地區呢？這是由於隋煬帝時期的種
種修建、各項徭役、力役大部分由山東地區的人民負擔，進軍高麗的
巨大徵調又是如此。加上這個地區又是隋進攻高麗的基地，軍旅頻
繁，進軍高麗所需運輸的民夫人數也在百萬以上，甚至更多，這樣艱
巨的運輸任務，大都由接近高麗前線，成為供應基地的山東地區的人
民承擔。因此，這個地區的人民比其他地區人民所遭受的苦難也更
深。此外，恰好在隋煬帝準備進軍高麗時，山東地區又遭到了極為嚴
重的水災，《隋書·煬帝紀》曰：大業七年「秋，大水，山東、河南漂
沒三十餘郡，民相賣為奴婢。」[66]由於這些因素交叉、結合在了一起，
所以山東地區就成了隋末農民起義的策源地了。

　　總而言之，隋王朝的迅速滅亡，是隋末農民起義鬥爭的結果。而
隋末農民起義的爆發，則是由於隋煬帝的進攻高麗。因此我們說，隋

63　《資治通鑑》卷一百八十一，第 5654 頁。

64　《資治通鑑》卷一百八十一，第 5659-5660 頁；《隋書·食貨志》，第 687 頁。

65　此所謂山東地區，是指太行山以東的廣大地區而言，並非今山東省，這是當時的習慣
　　用法。有時也稱為河北，是以營河為界線來說的。大體說來，約包括今河北省大部、
　　山東省全部及河南省北部。

66　《隋書》卷三《煬帝紀上》，第 76 頁。《隋書·食貨志》作「四十餘郡」。

煬帝對高麗的進攻，是隋朝滅亡的主要原因。如果沒有隋煬帝對高麗的征伐，隋王朝是不會迅速滅亡的。對此，唐人已有了一些模糊的認識，唐太宗説：「隋主亦必欲取高麗，頻年勞役，人不勝怨，遂死於匹夫之手。」[67]房玄齡也説：「昔漢武帝屢伐匈奴，隋主三征遼左，人貧國敗，實此之由。」[68]

二、以反徭役為主要特徵的農民戰爭

隋朝以前，由於社會生產力的低下，國家政權對於國家佃農的剝削，主要是徭役。統一南北的隋王朝，也和秦漢魏晉各朝一樣，對農民的剝削仍以徭役為主，而且隋王朝為了呈現它的專制主義的淫威，對徭役的徵發更加殘酷。所以隋末農民起義的一個主要特徵，也和秦末以來的所有農民起義一樣，是反對封建徭役，爭取生存權利和人身自由。

隋末繁重的力役、兵役，已使「百姓失業，道殣相望」[69]，「天下死於役而家傷於財」[70]。而山東地區，即現今山東、河北、河南交界的地區，又是當時力役、兵役最繁重的地區。當時雖然國家糧倉的貯積非常豐富，但廣大農民的生活卻異常貧困，甚至出現人相食的慘狀。《隋書‧食貨志》曰：「初皆剝樹皮以食之，漸及於葉，皮葉皆盡，乃煮土或搗藁為末而食之。其後人乃相食。」[71]廣大農民的貧困狀況由此可見一斑。而軍旅的徵調，急如星火，廣大百姓求生不得，山東鄒平人王薄於是在長白山首先發難，並作「無向遼東浪死歌以相感勸，避

---

67 （唐）吳兢撰：《貞觀政要》卷九《征伐》，上海古籍出版社 1978 年版，第 261 頁。

68 《貞觀政要》卷九《征伐》，第 263 頁。

69 《隋書》卷二十二《五行志》，第 636 頁。

70 《隋書》卷二十四《食貨志》，第 672 頁。

71 《隋書》卷二十四《食貨志》，第 688-689 頁。

徵役者多往歸之」[72]，揭開了隋末農民戰爭的序幕。

　　王薄在長白山的發難，是由於廣大人民無法忍受繁重的力役、兵役徵調的結果，而隋煬帝又發動了三征高麗的戰爭，更把廣大人民推向了死亡的邊緣，使久已尖銳的階級矛盾更加激化。當準備進攻高麗時，就「增置軍府，掃地為兵」[73]。大業七年二月，全國軍隊集中於涿郡，達到一百一十三萬三千八百人，民夫二百餘萬，共三百多萬人，開赴征遼戰場。「良家之子，多赴於邊陲，分離哭泣之聲，連響於州縣。」[74]從而使全國的大部分勞動力脫離生產，並使大量勞動人民死亡，造成了「耕稼失時，田疇多荒」、「行者不歸，居者失業……邑落為墟」、「老弱耕稼，不足以救飢餒；婦工紡績，不足以贍資裝」[75]的殘破社會景象，把社會經濟推向了崩潰的絕境。廣大農民再也無法生活下去了，「苦役者始為群盜」，因而王薄在長白山振臂一呼，天下響應者所在蜂起。竇建德、孫安祖在高雞泊的起義，劉霸道在豆子䴚的起義，其目的都是為了反對徵發遠征遼東的兵役。餘杭劉元進起兵一呼，「三吳苦役者莫不響至，旬月眾至數萬」[76]，朱燮起兵後，「民苦役者赴之如歸」。即使是大貴族楊玄感的起兵反隋，也是以「為天下解倒懸之急，救黎元之命」，反對「轉輸不息，徭役無期」[77]來號召群眾的。可見隋末農民起義的主要內容是反對隋王朝繁重的徭役剝削和對勞動人民的濫施徵發，而反對力役、兵役也就是隋末農民起義的一個主要

72　《資治通鑑》卷一百八十一，隋煬帝大業七年條，第5656頁。

73　《冊府元龜》卷四百八十四《邦計部・經費》，第5784頁下。

74　《隋書》卷二十四《食貨志》，第672頁。

75　《隋書》卷二十四《食貨志》，第672頁。

76　《隋書》卷七十《劉元進傳》，第1623頁。

77　《隋書》卷七十《楊玄感傳》，第1617頁。

特徵。

　　隋末農民起義的另一個特徵，就是在農民起義的同時，有大量地主武裝同時起兵反隋。

　　在隋末農民戰爭中，同時起兵反隋的地主武裝主要有三種類型：（一）楊玄感、李淵之類，他們都是隋王朝的高官顯宦，有一定的軍事實力，並有很大的政治野心，其目的是想在農民起義的過程中建立武裝，擴大勢力，與農民起義一起推翻隋王朝，並取而代之。楊玄感由於種種原因沒有實現其野心，李淵則建唐代隋，實現了其政治目的。（二）南朝貴族的後裔及江南的大族豪強，其中以蕭銑和沈法興為代表。蕭銑是後梁宣帝的曾孫，他在起兵後自稱：「我之本國，昔在有隋，以小事大，朝貢無闕。乃貪我土宇，滅我宗祊，我是以痛心疾首，無忘雪恥。」[78]沈法興一族，「代居南土，宗族數千家。為遠近所服」[79]。這一類地主武裝起兵反隋的目的，雖然不是要奪取全國的政權，但卻想在天下大亂中實現其反隋的願望，實行分裂割據，以便恢復其失去的政治特權。（三）梁師都、薛舉、李軌和劉武周之類，這些人是在門第上無可誇耀，卻在當地有一定勢力的土豪強。他們起兵的目的，既不像楊玄感、李淵，要奪取全國政權，也不像沈法興、蕭銑，要實行分裂割據。大多都是利用自己在地方上的威望，招募武裝，利用宗族的力量，在戰亂中求生存，免遭農民軍或其他地主武裝的襲擊。估計在隋末地主起兵中，這一類型的地主武裝要占絕大多數，這正如唐初人張玄素所說：「臣又觀隋末沸騰，被於宇縣，所爭天

78　（清）董誥等編：《全唐文》卷一百三十一，蕭銑《報董景珍書》，中華書局 1983 年版影印本，第 1314 頁上至 1314 頁下。

79　《舊唐書》卷五十六《沈法興傳》，第 2272 頁。

下者不過十數人，余皆保邑全身，思歸有道。」[80]

　　在整個推翻隋王朝的農民戰爭中，「農民起義約有一百二十六起，地主起兵約有六十起」[81]。在中國歷史上共有大大小小的農民起義和農民戰爭幾百次，但在一次起義中卻有這麼多的地主武裝起兵，實屬罕見，可以說只有隋末農民起義這一次。因此我們說，大量地主武裝同時起兵反隋，是隋末農民起義的又一個特徵。

三、農民起義的偉大歷史作用

　　轟轟烈烈的隋末農民戰爭雖然失敗了，但它從王薄發難到輔公祏失敗，前後達十四年之久。這次起義，共有一百多支起義軍、數百萬人的隊伍，分別戰鬥在全國各地，它是東漢以來最大的一次全國性的農民戰爭，其歷史作用是非常重要的。

　　首先，它給南北朝以來的高門大族以毀滅性的打擊。高門大族自南北朝以來，因為經過農民起義的層迭打擊，已經開始衰落，私家佃農的人身依附關係也開始減輕。經過隋末農民大起義，自然更促進了高門大族的衰落和依附關係的開始減輕。而依附關係的開始減輕，則提高了勞動者的生產積極性，在一定程度上解放了生產力，從而對唐代社會生產的發展起著重要的作用。

　　隋末各支起義軍所到之處，都給楊氏皇族、官僚貴族和士族大地主以沉重打擊。農民軍捉住「官人貪濁者，無輕重皆殺之」，「得隋官及山東士人皆殺之」，「得隋官及士族子弟皆殺之」[82]，有的地方「豪強

80　《舊唐書》卷七十五《張玄素傳》，第 2639 頁。

81　胡如雷：《關於隋末農民起義的若干問題》，載《文史》第 11 輯。又見胡如雷：《隋唐五代社會經濟史論稿》，中國社會科學出版社 1996 年版。

82　《資治通鑑》卷一百八十三，煬帝大業十二年條，第 5715 頁。

爭殺隋守令」[83]以響應起義。特別是士族豪強比較集中的山東、河北地區，始終是起義軍鬥爭的中心，士族豪強地主受到的打擊也更為沉重。如以崔、盧、李、鄭為首的山東士族，因為正處於農民起義的中心地帶，所以受到的打擊也特別沉重。「關東魏齊舊姓」已「皆淪替」，[84]燕趙之地的強宗豪族也「多失衣冠之緒」，失去了往日的威風。唐初「士子皆樂鄉土，不窺仕進，至於官員不充省符，追入赴京參選，遠州皆率衣糧以相資送，然猶辭訴求免」[85]。這並不是由於「士子皆樂鄉土」，而是士人對隋末農民戰爭中隋官的遭遇仍心有餘悸的緣故。正是因為隋末農民戰爭給士族門閥勢力以沉重打擊，所以到了唐初，尚存的舊士族「名雖著於州閭，身未免於貧賤」[86]。政治、經濟地位一落千丈，與魏晉時期已不可同日而語了。隨著他們政治、經濟勢力的衰颯，其門第閥閱觀念也不能與以前相提並論了，從而再也不能成為一支獨立的政治力量了。這說明，偉大的隋末農民戰爭基本上摧毀了士族豪強這股腐朽黑暗勢力，基本上結束了他們自魏晉以來幾百年在中國歷史上的統治地位，從而對中國歷史的發展產生了一定的進步作用。

　　正是由於隋末農民戰爭沉重打擊了士族門閥勢力，因而使生產者的人身依附關係有所減輕。在農民起義的過程中，大部分私家佃農和奴婢紛紛掙脫高門士族的羈絆，參加起義，掃蕩了人身依附關係異常強化的「部曲佃客蔭戶制」，使大批私家佃農和奴婢獲得了人身自由，從而使生產者的人身依附有所減輕，推動了唐代社會經濟的發展。

83　《資治通鑑》卷一百八十三，煬帝大業十二年條，第 5712 頁。

84　《舊唐書》卷八十二《李義府傳》，第 2769 頁。

85　（唐）封演撰，趙貞信校注《封氏聞見記校注》卷三《銓曹》，中華書局 1958 年版，第 18 頁。

86　（宋）王溥撰：《唐會要》卷八十三，上海古籍出版社 2006 年版，第 1810 頁。

　　其次，通過隋末農民戰爭，使唐初徭役有所減輕，促進了唐初社會經濟的發展。

　　隋末苛重的力役、兵役是引起農民起義的重要原因，農民戰爭的烈火也把隋王朝化為灰燼，這是李淵、李世民父子耳聞目睹的無情事實，因此，怎樣適當地減輕農民的力役、兵役負擔，是唐初統治者所面臨的迫切任務之一。早在武德六年（西元 623），唐高祖李淵鑒於繁重的力役、兵役導致隋亡的教訓，就下詔規定，河南、河北、江淮以南及荊州以西「非有別敕，不得輒差科徭役及迎送供承，庶其安逸」[87]。貞觀君臣認為：「竭澤取魚，非不得魚，明年無魚；焚林而畋，非不獲獸，明年無獸。」「人君賦斂不已，百姓既弊，其君亦亡。」[88]可見他們已經認識到了苛重暴行與國滅君亡的相互關係。從而指出：「民之所以為盜者，由賦繁役重，官吏貪求，飢寒切身，故不暇顧廉恥爾。」[89]農民在原有的條件下再也無法生活下去時，就不得不鋌而走險，起義反抗。要使農民安心生產，則必須「去奢省費，輕徭薄賦，選用廉吏。使民衣食有餘，則自不為盜」[90]。貞觀君臣不僅是這樣認識的，而且也是這樣行動的，對於一些不應興建的工程就罷而不建，對於宮殿的建造也能適可而止。《貞觀政要》曰：「崇飾宮宇，游賞池臺，帝王之所欲，百姓之所不欲。帝王所欲者放逸，百姓所不欲者勞弊……勞弊之事，誠不可施於百姓。」對於一些非建不可的工程，如「繕治器械，修葺城隍，及堤防浸決，橋梁壞毀」等，也注意到「須慰

87　（宋）宋敏求編：《唐大詔令集》卷一百十一《簡徭役詔》，中華書局 2008 年版，第578頁。

88　《貞觀政要》卷八《辯興亡》，第258頁。

89　《資治通鑑》卷一百九十二，唐武德九年，第 6025-6026 頁。

90　《資治通鑑》卷一百九十二，唐武德九年，第 6026 頁。

彼民心，緩其日用」[91]。唐初君臣的這種做法與隋煬帝的督役嚴急，限期促迫是大不一樣的。

也是由於隋末徭役繁重，唐初對正役有了明確規定：「凡丁，歲役二旬，……有事而加役者，旬有五日免其調，三旬則租調俱免。通正役，並不過五十日。」[92]唐初這種對超期服役的折算和限制，顯然是針對隋末力役、兵役繁重而做的新規定。這項措施是隋唐之際役法上的一大變化，也從一個側面體現了隋末農民戰爭的偉大作用。

再次，經過隋末農民戰爭，大批勞動者脫離了國家的羈絆，使唐初的戶口驟然而減。

《通典》卷七載：「煬帝大業五年，戶八百九十萬七千五百三十六，口四千六百一萬九千九百五十六，此隋之極盛也。」這條資料基本可信，反映了隋代戶口的真實情況。自從隋煬帝大業七年隋末農民戰爭爆發，再加上隋煬帝三征高麗，掃地為兵，農民的賦稅徭役大大增加，不堪忍受壓迫的農民，或逃亡山澤，或隱庇於高門大族之家，脫離了國家的羈絆，成為不著於國家戶籍的客籍之戶。並且農民軍所控制的地區，國家也無法統計戶口，因而從大業七年開始，國家的戶口就已開始減少，對戶口的記載也模糊了。

唐初武德年間有戶二百餘萬。貞觀初期，國家戶籍上的戶口也「不滿三百萬」[93]。貞觀二年，尚書左丞戴冑上言曰：「今喪亂之後，戶口凋殘，每歲納租，未實倉廩，隨時出給，才供常年，若有凶災，將何賑恤？」[94]貞觀六年魏徵說：「然承隋末大亂之後，戶口未復，倉廩尚

91　《全唐文》卷四，太宗《緩力役詔》，第55頁下。
92　《舊唐書》卷四十八《食貨志》，第2088頁。
93　《通典》卷七《歷代盛衰戶口》，第148頁。
94　《唐會要》卷八十八《倉及常平倉》，第1911-1912頁。

虛」[95]，並根據其所見所聞說：「今自伊、洛以東，暨乎海岱，灌莽巨澤，蒼茫千里，人煙斷絕，雞犬不聞，道路蕭條，進退艱阻。」[96]描繪了唐王朝版圖內人口稀少、雞犬不聞的荒涼景象，也說明了唐王朝此時的人口狀況。貞觀十一年，馬周上疏曰：「今百姓承喪亂之後，比於隋時才十分之一。」[97]《資治通鑑》記載馬周的上疏說：「今之戶口不及隋之十一。」[98]不論是十分之一或不及十分之一，只是一個大概的估計，並且是成數，而且提出這個數字的目的是在提醒唐太宗注意人口的缺乏，不要「多營不急之務」，因此馬周這個數字未免有些誇張，但唐初人口的稀少卻是事實。同年（貞觀十一年）岑文本也說：「既承喪亂之後，又接凋弊之餘，戶口減損尚多，田疇墾闢猶少。」[99]直到貞觀十六年，房玄齡還說：「遭隋室大亂之後，戶口太半未復。」[100]

　　雖然貞觀年間有許多關於戶口的記載，也有許多有識之士提出要重視戶口問題，但由於農民起義軍化整為零，繼續戰鬥，唐王朝也沒有真正統一，故此時唐政府沒有、也不可能將戶口問題提上議事日程。因而整個武德、貞觀年間對戶口都沒有確切記載，直到高宗永徽年間才對戶口有了確切記載：「高宗永徽三年七月二十二日，帝問戶部尚書高履行，去年進戶多少？」履行奏：「去年進戶一十五萬。」高宗以天下進戶既多，謂無忌曰：「比來國家無事，戶口稍多，三二十年，足堪殷實，因問隋有幾戶，今有幾戶？」履行奏：「隋大業中戶八百七

95　《資治通鑑》卷一百九十四，太宗貞觀六年條，第6094頁。

96　《舊唐書》卷七十一《魏徵傳》，第2560頁。

97　《舊唐書》卷七十四《馬周傳》，第2615頁。

98　《資治通鑑》卷一百九十五，太宗貞觀十一年條，第6132頁。

99　《舊唐書》卷七十《岑文本傳》，第2536-2537頁。

100　《貞觀政要》卷九《征伐》，第263頁。

十萬，今戶三百八十五萬。」[101]永徽三年（西元 652）有戶三百八十五萬，這是唐朝建國以來對戶口統計的第一個確切數字，與武德、貞觀年間相比，戶口已開始趨於上升，但戶口還是很少，顯得很不正常。此時唐已建國三十多年，戶口還不及隋朝，由此可見唐初戶口減少之程度了。

唐初戶口的減少，當然有許多原因，如大量隱戶、浮客的存在，隋末力役、兵役的繁重，突厥也擄取了一部分人口。但是，這些原因並不能完全解釋唐初戶口減少的情況。當然，沉重的力役、兵役是一個原因，突厥也擄取了一部分人口，但這畢竟是很有限的，絕對不可能占整個人口的四分之三。因此我們認為，唐初農民軍化整為零，依然相聚於山林川澤之間，自成邑落，繼續戰鬥，和新王朝相抗衡。他們不受國家檢括，也不成為國家的編戶，因而使許多地區都不為唐王朝所有，故不能將戶口統計進去，是唐初戶口銳減的一個重要原因。

如武德末年，秦王李世民為了和其兄弟建成、元吉爭奪皇帝的寶座，派遣其心腹張亮到洛陽「陰結山東豪傑以俟變，多出金帛，恣其所用」[102]。所謂「山東豪傑」，就是隋末山東農民軍的大小領袖。再如江淮嶺南地區，自從大規模的農民起義風暴過去後，起義餘波尚未平息。武德四年唐王朝「以南方寇盜尚多」[103]，特地設置淮南道和嶺南道兩行軍總管，來鎮撫百姓，其結果卻使農民軍轉入隱蔽，以山洞為據點繼續戰鬥。唐高宗永徽四年（西元 653）睦州女子陳碩真的起義，亦是隋末江淮農民起義的延續。這許多歷史跡象，都有力地表明唐初戶口之銳減，是由於隋末農民大起義被平息後，農民軍仍然化整為零，

---

101 《冊府元龜》卷四百八十六《邦計部‧戶籍》，第 5809 頁上。
102 《資治通鑑》卷一百九十一，武德九年六月條，第 6004 頁。
103 《資治通鑑》卷一百八十九，武德四年八月條，第 5927 頁。

繼續戰鬥。他們並沒有變為唐王朝的編戶，而是「王役不供，簿籍不掛」[104]，成為不受唐王朝控制的逃戶和浮客。這些不受封建統治與奴役的大量農民的存在，有力地推動著社會生產的發展，因而體現了隋末農民起義的偉大歷史作用。

此外，經過隋末農民大起義，生產者的人身依附相對減輕，從而引起了勞動生產率的提高。由於勞動生產率的提高，封建剝削率也隨之增長，封建統治者除了攫取更多的剩餘勞動外，便漸漸地以實物地租取代勞役地租，使之成為地租的主要形式。實物地租取代勞役地租，則是生產力逐步發展的結果，因而也從一個側面體現了隋末農民起義的偉大作用。

（本部分原題為《隋末農民起義的原因、特徵和作用》，發表於《西北師大學報》1988 年第 2 期）

第三節　隋末唐初戶口銳減原因試探

關於隋唐時期的人口問題，學術界歷來研究較少。《歷史研究》一九八〇年第六期發表了黃盛璋先生《唐代戶口的分布與變遷》一文，比較全面地探討了唐代戶口的分布與變遷。《中國史研究》一九八四年第四期發表了胡道修先生《開皇天寶之間人口的分布與變遷》一文，較全面地探討了開皇天寶間的人口狀況。但目前還未見專門探討隋末唐初戶口問題的文章，而黃文和胡文對隋末唐初戶口之銳減及原因都涉及不多，且認為開皇天寶之間戶口數量的變化為駝峰形，「有兩個高

104　《唐會要》卷八十五《逃戶》，第 1850 頁。

峰，一個在大業年間，一個在天寶年間，其峰谷在唐初武德年間，可見隋末戰爭對戶口的影響」[105]。將隋末戰爭作為隋末唐初戶口銳減的主要原因，我認為這僅僅是問題的一個方面，而且還不是主要的方面。現就隋末唐初的戶口情況及銳減原因試作探討，不當之處，請史學界前輩及其他同仁不吝賜教。

一、隋末唐初戶口之歷史考察

隋末唐初戰亂頻仍，史籍中關於這一時期戶口的記載，顯得殘缺不全。現在我們只能就這些殘缺不全的記載和其他一些間接性材料，對這一時期的戶口問題略作探討。

《通典》卷七載：「煬帝大業五年，戶八百九十萬七千五百三十六，口四千六百一萬九千九百五十六，此隋之極盛也。」[106]這條資料基本可信，也反映了隋代戶口的真實情況。因為它在唐高宗永徽三年七月，戶部尚書高履行的奏文中有所反映。《舊唐書》卷四《高宗本紀上》載，永徽三年秋七月「丁丑，上問戶部尚書高履行：『去年進戶多少？』履行奏稱：『進戶總一十五萬。』又問曰：『隋日有幾戶？今見有幾戶？』履行奏：『隋開皇中有戶八百七十萬，即今見有戶三百八十萬』」[107]。這一奏文在《冊府元龜》卷四百八十六《邦計部·戶籍》、《通鑑》卷一百九十九高宗永徽三年條和《唐會要》卷八十四《雜錄》中都有記載，且都為八百七十萬戶。只不過是《冊府元龜》繫於大業年間，而《舊唐書》、《通鑑》和《唐會要》都繫於開皇年間。我們認為《通典》和《冊府元龜》的記載比較可信，特別是《通典》繫於大業五年是很具體的。但都認為是八百七十萬戶或八百九十萬戶，這一點是

---

105 胡道修：《開皇天寶之間人口的分布與變遷》，《中國史研究》1984 年第 4 期。

106 《通典》卷七《食貨七·歷代盛衰戶口》，第 147 頁。

107 《舊唐書》卷四《高宗本紀上》，第 70 頁。

毋庸置疑的，因而我們可以確定，隋大業初有戶近九百萬。

自從隋煬帝大業七年（西元 611）農民戰爭爆發，再加上隋煬帝征伐高麗，掃地為兵，農民的賦稅徭役大大增加。不堪忍受殘酷壓迫和剝削的廣大農民，或逃亡山澤，或隱庇於高門大族之家，脫離了國家的控制，成為不著於國家戶籍的客籍之戶。在農民軍所控制的地區，國家又無法統計戶口。因而從大業七年開始，國家的戶口就開始減少，對戶口的記載也模糊了。

唐初武德年間有戶二百餘萬，「顯慶二年十月，上幸許、汝州，……問隋有幾戶？正倫奏：『大業初有八百餘萬戶，末年離亂，至武德有二百餘萬戶』」，[108]但沒有具體記載。「唐高祖初為唐王，下令曰：『比年寇盜，郡縣饑荒，百姓流亡，十不存一，貿易妻子，奔波道路。』」[109]「大唐貞觀戶不滿三百萬。」[110]此「不滿三百萬」，指貞觀初年，因為關於貞觀年間的戶口也無確切記載，只是一些大概情況。從現有的概況記錄中可知，貞觀後期戶口開始上升，肯定已有三百萬，故「不滿三百萬」只是貞觀最初的情況。貞觀二年，尚書左丞戴胄上言曰：「今喪亂之後，戶口凋殘，每歲納租，未實倉廩，隨時出給，才供常年，若有凶災，將何賑恤。」[111]戴胄的這個奏言，《舊唐書》卷七十《戴胄傳》和卷四十九《食貨志下》也有記載，內容和《唐會要》一樣。貞觀四年，給事中張玄素說：「百姓承亂離之後，財力凋盡，天恩含育，粗見存立，飢寒猶切，生計未安，三五年間，未能復舊。」[112]

---

108 《通典》卷七《《食貨七・歷代盛衰戶口》，第 148 頁。

109 《冊府元龜》卷四百八十六《邦計部・遷徙》，第 5820 頁上。

110 《通典》卷七《食貨七・歷代盛衰戶口》，第 148 頁。

111 《唐會要》卷八十六《倉及常平倉》，第 1911-1912 頁。

112 《貞觀政要》卷二《納諫》，第 56 頁。

這條材料，雖然沒有提到戶口，但也反映了唐初戶口缺少的情況，且認為「三五年間，未能復舊」。貞觀六年，魏徵說：「然承隋末大亂之後，戶口未復，倉廩尚虛。」[113]並根據其所見所聞說：「今自伊、洛以東，暨乎海岱，灌莽巨澤，蒼茫千里，人煙斷絕，雞犬不聞，道路蕭條，進退艱阻。」[114]描繪了唐王朝版圖內人口稀少、雞犬不聞的荒涼景象，也說明了唐王朝此時的人口狀況。貞觀十一年，馬周上疏說：「今百姓承喪亂之後，比於隋時才十分之一。」[115]《通鑑》記載馬周的上疏說：「今之戶口不及隋之什一。」[116]不論是十分之一或不及十分之一，只是一個大概的估計，並且是成數，只說明此時戶口很少，但不能反映此時戶口的具體情況。因為根據記載，此時的戶數已達三百萬，即使與隋代的最高戶數，即大業五年的八百九十萬戶相較，也不可能是十分之一，充其量是三分之一。馬周的這條奏文雖不能反映歷史的具體情況，但《舊唐書》、《唐會要》、《通鑑》、《貞觀政要》都照錄了，這一方面說明了此時戶口的稀少，另一方面也說明了唐朝統治者隨著農民起義的被平定，國家的統一，已開始重視戶口問題了。同年（貞觀十一年），岑文本也說：「既承喪亂之後，又接凋弊之餘，戶口減損尚多，田疇墾闢猶少。」[117]貞觀十四年，侯君集率兵進軍高昌時，高昌王麴文泰說：「往吾入朝（指貞觀四年），見秦、隴之北，城邑蕭條，非復有隋之比。」[118]平定高昌時，隴右，特別是河西地區負責軍糧的運

---

113 《資治通鑑》卷一百九十四，太宗貞觀六年條，第 6094 頁。
114 《舊唐書》卷七十一《魏徵傳》，第 2560 頁。
115 《舊唐書》卷七十四《馬周傳》，第 2615 頁。
116 《資治通鑑》卷一百九十五，太宗貞觀十一年條，第 6132 頁。
117 《舊唐書》卷七十《岑文本傳》，第 2536-2537 頁。
118 《資治通鑑》卷一百九十五，太宗貞觀十四年條，第 6154 頁。

輸，但由於唐初河西各「州縣蕭條，戶口鮮少，加因隋亂，減耗尤多」。[119]現在要負擔如此繁重的賦役，致使河西各州縣「十室九空，數郡蕭然，五年不復」。[120]直到貞觀十六年，房玄齡還說：「遭隋室大亂之後，戶口太半未復。」[121]

　　雖然貞觀年間有許多關於戶口的記載，也有許多有識之士提出要重視戶口問題，但由於農民軍化整為零、繼續戰鬥，唐王朝也沒有真正統一，故沒有，也不可能將戶口問題提到議事日程上，因而整個武德、貞觀年間，對戶口只是大概估計，沒有確切記載。對戶口有確切記載，是到高宗永徽年間了。「高宗永徽三年七月二十二日，帝問戶部尚書高履行：『去年進戶多少？』履行奏：『去年進戶一十五萬。』高宗以天下進戶既多，謂無忌曰：『比來國家無事，戶口稍多，三二十年，足堪殷實。因問隋有幾戶？今有幾戶？』履行奏：『隋大業中戶八百七十萬，今戶三百八十五萬。』」[122]永徽三年（西元 652）有戶三百八十五萬，這是唐朝建國以來對戶口統計的第一個確切數字，與武德、貞觀年間相比，戶口已開始趨於上升了。但戶口還是很少，顯得很不正常，面對這種情況，高宗皇帝說：「自隋末亂離，戶口減耗，邇來雖復甦息，猶大少於隋初。」[123]隋文帝開皇九年統一全國時，有戶「四百八十萬七千九百三十二」[124]。永徽初唐朝建國已三十多年，戶口還不及隋初，可見隋末唐初戶口減少之程度了。

119　《貞觀政要》卷九《安邊》，第 276 頁。

120　《貞觀政要》卷九《安邊》，第 278 頁。

121　《貞觀政要》卷九《征伐》，第 263 頁。

122　《冊府元龜》卷四百八十六《邦計部・戶籍》，第 5809 頁上。

123　《冊府元龜》卷四百八十六《邦計部・戶籍》，第 5809 頁上至 5809 頁下。

124　《通典》卷七《食貨七・歷代盛衰戶口》，第 148 頁。

　　綜上所述，我們知道，戶口銳減始於隋末，具體年代可定為大業七年。大業五年有戶八百九十萬，至武德有二百餘萬戶，可知武德年間的戶口只有隋大業五年的四分之一；貞觀初戶不及三百萬，即貞觀初的戶口只有隋大業五年的三分之一；永徽三年有戶三百八十五萬，即永徽三年的戶口是隋大業五年的三分之一強。直到武則天末年，唐國家所掌握的戶數才上了六百萬，開天之際，戶達八九百萬，達到了唐王朝的極盛時期。

二、隋末唐初戶口銳減的原因

　　隋末唐初的戶口為何減少如此之多？通過考察，我們認為主要是：

（一）徭役兵役的繁重

　　隋末的徭役、兵役是十分繁重的，並且是隋末農民戰爭爆發的原因之一。《通典》說：「（煬帝）承其全實，遂恣荒淫，登極之初，即建洛邑，每月役丁二百萬人。導洛至河及淮，又引沁水達河，北通琢郡，築長城東西千餘裡，皆征百萬餘人，丁男不充，以婦人兼，役而死者大半。」[125]這只是概括了隋末的徭役情況。大業七年（西元611）二月至四月，煬帝自江都幸琢郡，其隨行人員也一定不少。同年，準備東征高麗，「舳艫相次千餘里，載兵甲及攻取之具，往還在道常數十萬人」[126]。大業八年正月，大軍集於琢郡，「總一百一十三萬三千八百，號二百萬，其饋運者倍之」[127]。而煬帝又「親征吐谷渾，駐軍青海，遇雨雪，士卒死者十二三。又三駕東征遼澤，皆興百餘萬眾，饋

---

125 《通典》卷七《食貨七・歷代盛衰戶口》，第148頁。
126 《資治通鑑》卷一百八十一，煬帝大業七年七月條，第5654頁。
127 《隋書》卷三《煬帝本紀》，第81頁。

運者倍之」[128]。不僅徭役，而且兵役也十分繁重，煬帝「將事遼碣，增置軍府，掃地為兵，自是租賦之入益減矣」[129]。煬帝掃地為兵，反映了兵役的繁重。由於徭役、兵役繁重，使很多農民離開土地，去負擔徭役、兵役。由於徭役、兵役繁重，農民賦稅負擔不斷加重，國家對農民的剝削更加殘酷，農民無法忍受，便脫離國家的羈絆，逃亡山澤或隱入大族之家，從而使國家掌握的戶口日益減少，「自是租賦之入益減矣」。唐初的情況也與此差不多。經過武德，到了太宗貞觀年間，農民的徭役負擔還是很重的。貞觀六年，魏徵在談到唐初戶口時說：「而車駕東巡，千乘萬騎，其供頓勞費，未易任也。」[130]貞觀十一年，太宗謂侍臣曰：「朕昨往懷州，有上封事者云：『何為恆差山東眾丁於苑內營造？即日徭役，似不下隋時，懷、洛以東，殘人不堪其命。』」[131]同一年，當馬周上疏說到百姓只有隋十分之一後緊接著說：「而供官徭役，道路相繼，兄去弟還，首尾不絕，遠者往來五六千里，春秋冬夏，略無休時。」[132]武則天時期經營西域，「既徵發內地精兵，遠逾沙磧，並資遣衣糧等，甚為百姓所苦」[133]。這說明了唐朝的徭役仍很繁重，並和隋末一樣，是影響戶口的一個因素。

（二）突厥擄掠人口

突厥自隋末喪亂之後，不斷入侵，從武德到貞觀初年幾乎年年侵擾，多次擄掠人口。《新唐書・突厥傳》載，武德三年秦王李世民討劉

---

128 《通典》卷七《食貨七・歷代盛衰戶口》，第148頁。

129 《冊府元龜》卷四百八十七《邦計部・賦稅一》，第5828頁下。

130 《資治通鑑》卷一百九十四，太宗貞觀六年條，第6094頁。

131 《貞觀政要》卷十《畋獵》，第284-285頁。

132 《舊唐書》卷七十四《馬周傳》，第2615頁。

133 《舊唐書》卷一百九十八《西戎傳》，第5304頁。

武周時，突厥處羅可汗「以弟步利設騎二千會并州三日，多掠城中婦人女子去」。武德五年劉黑闥「以突厥萬人擾山東，又殘定州，頡利未得志，乃率十五萬騎入雁門，圍并州，深鈔汾、潞，取男女五千」。不但突厥進行抄掠，而且有些中國人也因隋末大亂而逃入突厥避亂。《資治通鑑》載：「時中國人避亂者多入突厥，突厥強盛，東自契丹、室韋，西盡吐谷渾、高昌，諸國皆臣之，控弦百餘萬。」[134]而且「中國士民在北者，處羅悉以配之，有眾萬人」[135]。可見中國人在突厥是很多的。正由於中國人在突厥很多，他們便在突厥「行隋正朔，置百官，居於定襄城」[136]。同時也引起了唐政府的重視，唐太宗專門有《修緣邊障塞詔》，詔書曰：「自隋氏季年，中夏喪亂，黔黎凋盡，州域空虛。突厥因之，侵犯疆場，乘間幸釁，深入長驅，寇暴滋甚，莫能御製。皇運以來，東西征伐，兵車屢出，未遑北討，遂令胡馬再入，至於涇渭，蹂踐禾稼，駭懼居民，喪失既多，虧廢生業。」[137]從而討伐突厥，使中國百姓在突厥者全部歸附。通過各種途徑，唐朝獲得從突厥歸附之中國百姓五十餘萬人。可見突厥的掠擄，也是隋末唐初戶口減少的原因之一。

（三）農民軍化整為零，許多地區不為唐王朝所有

隋末農民戰爭的烈火遍及全國各地，許多地主武裝也紛紛起兵，如地處偏僻的甘肅就有西秦霸王薛舉和河西大涼王李軌的割據政權。所有農民軍活動地區和地主武裝割據地區的戶口，當然不在唐王朝的戶口統計之內。由於這些大量的戶口未統計進去，故唐初在籍戶口銳

---

134 《資治通鑑》卷一百八十五，高祖武德元年條，第5792頁。

135 《資治通鑑》卷一百八十八，高祖武德三年條，第5878頁。

136 《舊唐書》卷一百九十四《突厥傳上》，第5154頁。

137 《唐大詔令集》卷一百七《備御》，第552頁。

減。

　　李淵建唐後，各支農民軍仍然繼續戰鬥，李淵、李世民父子便開始統一全國，向農民軍所占地區進軍。如山東、河北地區原是竇建德的勢力範圍，唐朝建立後，仍為竇建德控制。武德二年，「竇建德陷黎陽，盡有山東之地」，武德三年「建德僭稱夏王」[138]。從而形成「唐得關西、鄭得河南、夏得河北，共成鼎足之勢」[139]的局面。當然，鄭、夏所控制地區的戶口，唐王朝是無法統計的。對此，唐朝統治者是有清醒認識的，因而便積極努力消滅各支起義軍，以統一全國。武德四年七月竇建德被俘，斬於長安。緊接著「建德餘黨劉黑闥據漳南反。……八月，兗州總管徐圓朗舉兵反，以應劉黑闥，僭稱魯王」[140]。劉黑闥在建德舊境的活動，得到了普遍支持，「是時，山東豪傑多殺長吏以應黑闥」[141]。而劉黑闥「移書趙、魏，故竇建德將卒爭殺唐官吏以應黑闥。……黑闥南取黎、衛二州，半歲之間，盡復建德舊境」[142]。李密在山東地區也有很大勢力，當武德元年李密占有洛口倉，並開洛口倉散米時，「群盜來就食者並家屬近百萬口」[143]。同年，當李密投降唐朝時，對其部下說：「我擁眾百萬，一朝解甲歸唐，山東連城數百，知我在此，遣使招之，亦當盡至。」[144]「近百萬口」、「擁眾百萬」，都是很大的數字，因而也是唐初戶口銳減的一個重要原因。而李密投降唐朝後，「其舊境東至於海，南至於江，西至汝州，北至魏郡，勣並據之，

138　《舊唐書》卷一《高祖本紀》，第10頁。

139　《資治通鑑》卷一百八十八，高祖武德三年條，第5896頁。

140　《舊唐書》卷一《高祖本紀》，第12頁。

141　《資治通鑑》卷一百九十，高祖武德五年條，第5962頁。

142　《資治通鑑》卷一百八十九，高祖武德四年條，第5940-5941頁。

143　《資治通鑑》卷一百八十六，高祖武德元年條，第5808頁。

144　《資治通鑑》卷一百八十六，高祖武德元年條，第5816頁。

未有所屬」[145]。可見此時唐王朝也不能控制該地區，因而也不能將該地區的戶口統計進去。貞觀一朝，農民起義仍連續不斷。唐高宗永徽四年，「睦州女子陳碩貞舉兵反，自稱文佳皇帝，攻陷睦州屬縣」[146]。直到武則天時期，還有零星的地主武裝在起兵，如則天垂拱四年（西元688），「博州刺史、琅邪王沖據博州起兵，……沖父豫州刺史、越王貞又舉兵於豫州，與沖相應」[147]。可見隋末農民戰爭的長期性，從而也說明，唐初農民軍的化整為零、繼續戰鬥，是隋末唐初戶口減少的一個重要原因。

（四）大量隱戶、浮客的存在

唐初農民軍的化整為零、繼續戰鬥，是隋末唐初戶口銳減的重要原因。但農民軍在貞觀年間基本被平定，唐王朝完成了統一全國的事業，為何貞觀時戶仍不滿三百萬，高宗永徽時期戶才三百八十五萬？這又如何解釋？我們認為，大量隱戶、浮客的存在，才是隋末唐初戶口銳減的最主要原因。因為中國歷史上，「戶口之盛衰，與浮客之歸為編戶的多少有密切關係，浮客歸為編戶多了，戶口即盛，少了，戶口即衰」[148]。隋末唐初的戶口問題，也與浮客之歸為編戶的多少有密切關係，因此，只有對隋末唐初的隱戶、浮客加以探討，才能把握歷史的本質，也才能對隋末唐初戶口的減少作出合理的回答。

所謂浮客有兩層含義，一為佃食為生、不入國家戶籍的私家佃農，或者說客戶。《通典》卷七注：「浮客謂避公稅依強豪作佃家也。」就是指以佃食為生作為私家佃農的浮客。一為脫離私家羈絆，不入國

---

145 《舊唐書》卷六七《李勣傳》，第 2484 頁。

146 《舊唐書》卷四《高宗本紀上》，第 72 頁。

147 《舊唐書》卷六《則天皇后本紀》，第 119 頁。

148 金寶祥：《唐史探賾》，《西北師院學報》1986 年第 2 期。

家戶籍的客籍之戶。這類客籍之戶，有的是脫離私家羈絆而不歸於編戶的客籍之戶，有的是雖然歸於編戶，因不堪繁重的賦役而旋復逃亡他鄉的客籍之戶。[149]隋末，煬帝大興土木，到處巡幸，所費人力很多，「及帝將事遼碣，增置軍府，掃地為兵，自是租稅之人益減矣」[150]。由於沉重的徭役、兵役、賦稅負擔，使農民無法忍受，便脫離國家的羈絆，不受國家的控制，成為隱戶和浮客。「貞觀元年，朝廷議戶殷之處，聽徙寬鄉。陝州刺史崔善為上表曰：畿內之地，是謂戶殷，丁壯之民，悉入軍府，若聽移轉，便出關外。」[151]此時唐王朝所控制的地區主要是關中，而「丁壯之民，悉人軍府」，可見農民負擔之沉重。東京「洛陽因隋末喪亂，人多浮偽」[152]，即脫離國家的編戶，成為浮客和隱戶。武德五年，安州刺史李大亮因破輔公祏有功，「賜奴婢百人。大亮謂曰：『汝輩多衣冠子女，破亡至此，吾亦何忍以汝為賤隸乎？』一一皆放還」[153]。可見，就連「衣冠子女」也由於農民起義的打擊而破亡，成為不入國家編戶的奴婢。還有些奴婢是被高門大族所強占的國家編戶。「〔李〕義府先多取人奴婢，及敗，一時奔散，各歸其家。露布稱『混奴婢而亂放，各識家而競入』者，謂此也」[154]。貞觀四年，張玄素說：「百姓承亂離之後……飢寒猶切，生計未安，三五年間，未能復舊。」[155]貞觀十一年，馬周上疏曰：「而供官徭役，道路相繼，兄去弟

149 金寶祥：《唐史探賾》，《西北師院學報》1986 年第 2 期。

150 《冊府元龜》卷四百八十四《邦計部‧經費》，第 5784 頁下。

151 《唐會要》卷八十四《移戶》，第 1840 頁。

152 《舊唐書》卷六十一《竇軌傳》，第 2366 頁。

153 《唐會要》卷八十六《奴婢》，第 1859 頁。

154 《舊唐書》卷八十三《李義府傳》，第 2770 頁。

155 《貞觀政要》卷二《納諫》，第 56 頁。

還，首尾不絕，春秋冬夏，略無休時。」[156]貞觀十三年魏徵説：「比者疲於徭役。關中之人，勞弊尤甚。」[157]貞觀十四年，侯君集率兵進軍高昌，賦役負擔主要由河西地區承擔，故「王師初發之歲，河西供役之年，飛芻輓粟，十室九空，數郡蕭然，五年不復。陛下歲遣千餘人遠事屯戍，終年離別，萬里思歸。去者資裝，自須營辦，既賣菽粟，傾其機杼。經途死亡，復在其外」[158]。在這樣沉重的賦役負擔下，農民不得不逃亡，或逃入山澤，或逃入大族之家，成為隱庇於高門大族之家的隱戶，這樣，唐王朝的戶口怎能不減少呢？

　　到貞觀後期，唐王朝基本平定了農民起義，全國統一也已完成。戶口問題便被提上議事日程，國家也開始注意隱戶、浮客問題。貞觀十六年，唐政府「敕天下括浮游無籍者，限來年末附畢」[159]。國家開始以正式法令形式，讓浮客歸為編戶。隋末由於賦役繁重，百姓往往自折肢體，謂之「福手」、「福足」，到了貞觀十六年，「至是遺風猶存」。為了杜絕這種現象，國家規定，「自今有自傷殘者，據法加罪，仍從賦役」[160]。國家雖然以法令形式規定浮客歸為編戶，但浮客問題直到武則天時仍很嚴重。則天證聖元年（西元 695），李嶠上表曰：「今天下之人，流散非一。或違背軍鎮，或因緣逐糧，苟免歲時，偷避徭役。此等浮衣寓食，積歲淹年，王役不供，簿籍不掛，或出入關防，或往來山澤，非直課調虛蠲，闕於恆賦。」[161]可見此時簿籍不掛，即不入國家

---

156 《唐會要》卷八十三《租稅上》，第 1814 頁。

157 《新唐書》九十七《魏徵傳》，中華書局 1975 年版，第 3878 頁。

158 《舊唐書》卷八十《褚遂良傳》，第 2736 頁。

159 《資治通鑑》卷一百九十六，太宗貞觀十六年條，第 6175 頁。

160 《資治通鑑》卷一百九十六，太宗貞觀十六年條，第 6176 頁。

161 《唐會要》卷八十五《逃戶》，第 1850 頁。

戶籍的浮客、隱戶，仍然很多。並且這些浮客、隱戶，「或有檢察，即轉入他境，還行自容。所司雖具設科條，頒其法禁，而相看為例，莫肯遵承」，因此「浮逃不悛」[162]，可見浮客問題的嚴重性。李嶠不但指出了浮客問題的嚴重性，而且還提出了限制浮客，使其歸為國家編戶的具體措施，即「臣以為宜令御史督察簡較，設禁令以防之，垂恩德以撫之，施權衡以御之，為制限以一之，然後逃亡可還，浮寓可絕」[163]。李嶠雖然提出了四項具體措施，但並不能真正解決問題，因為浮客、隱戶的存在，主要是由於國家賦役負擔的繁重，國家佃農無法負擔，不得不逃亡，從而脫離國家的羈絆，成為隱庇於大族之家的隱戶。

關於唐前期的逃戶和隱戶情況，敦煌遺書和吐魯番文書中有許多實證，現摘引幾條，以說明之。

（1）《周天授二年（西元691）一月西州天山縣主簿高元頎牒》[164]

（前欠）

1. ▢▢▢▢▢▢

2. ▢▢▢据斯足▢▢

3. 伏乞詳驗，即知皂白區分。實不種逃死

4. 戶田，亦不回換粟麥。被問，依實謹牒。「感」

5. 　　　天授二年壹月日天山縣主簿高元頎牒

6. 　　　依▢▢責行敏歷追？▢

162　《唐會要》卷八十五《逃戶》，第1850頁。

163　《冊府元龜》卷四百八十六《邦計部・戶籍》，第5810頁上。

164　〔日〕池田溫：《中國古代籍帳研究》，東京大學東洋文化研究所1979年版，第321頁。

　　　　　　（後欠）

（2）《周天授二年（西元691）一月西州知田人郭文智辯（二斷

卷）》[165]

a

1. □□□□

2. 文智辨。被問，既稱主簿不種還公

3. 逃死戶絕等田陶菜。未知主簿總

4. □□□□年別營種幾許。職田並

　　　　　　（後略）

b

　　　　　　（前欠）

1. 者。謹審但文智主□□平□我□□

2. 實，不種逃死戶絕還公等田。如後虛

3. 妄，不依前款，求受重罪。被問，依實謹

4. 辨。「感」

5. 　　　　　　天授二年壹月　　日

（3）《周長安四年前後（西元704）敦煌縣狀》[166]

　　　　　　（前欠）

1. 逃人郭武生田，改配馬行僧、馬行感等營。

2. 　　　　右得索孝義牒，稱前件人等，昨配

3. 　　　　營田並隔越，今請改配者。件配如

4. 　　　　前，丞判任依，便狀帖知營。

5. 牒，件狀如前。狀至准狀營種，不得

---

165 〔日〕池田溫：《中國古代籍帳研究》，第322頁。

166 〔日〕池田溫：《中國古代籍帳研究》，第345頁。

6. 失時。二月廿一日　　史郭超狀。

7. 　　　　丞郭（後欠）

（4）《周載初元年（西元690）──月西州高昌縣張思別、王隆海、寧和才戶手實》[167]

a

（前未發表）

1. 牒，件通當戶新舊口並田段畝數四至，具狀如前。

如後

2. 有人糾告隱一口，求受違敕之罪。謹牒。

3. 　　　　載初元年一月　　日，戶主大女張思別牒。

b

1. 戶主王隆海年伍拾壹歲　篤疾

2. 弟隆住年肆拾壹歲　衛士

3. 　　　右件人，見存籍帳。

4. 隆妻翟年叁拾伍歲

5. 　　　右件妻，籍後娶為妻，漏附。

（以下余白）

c

1. 戶主寧和才年拾肆歲

2. 母趙年伍拾貳歲

3. 妹和忍年拾參歲

4. 　　　右件人，見有籍。

---

167 〔日〕池田溫：《中國古代籍帳研究》，第236-237頁。

5. 姊和貞年貳拾貳歲

6. 姊羅勝年拾伍歲

7.　　　　　右件人，籍後死。

8. 合受常部田

　　　　　（中間略）

14. 牒，件通當戶新舊口、田段畝數四至，具狀如前。如後有人糾

15. 告隱漏一口，求受違敕之罪。謹牒。

16.　　　　　載初元年壹月　　日戶主寧和才牒

　　　　　（以下余白）

　　從上引敦煌遺書和吐魯番文書可知，不僅有大量逃戶，而且還有許多隱戶。隱戶之中，既有隱庇於高門大族之家的隱戶，也有普通百姓為了逃避國家公賦，將家裡部分人口隱漏不報，即不入國家戶籍。如上引王隆海一戶共三口，他與其弟隆住二人見存籍帳，而隆妻翟是他們兄弟二人上了戶籍後所娶，就沒有上報戶籍，因而便「漏附」了。

　　對於隱漏戶口的民戶，《唐律》規定：「諸脫戶者，家長徒三年；無課役者，減二等；女戶，又減三等。」「脫口及增減年狀，以免課役者，一口徒一年，二口加一等，罪止徒三年。」[168]《唐律》還規定：

　　諸里正不覺脫漏增減者，一口笞四十，三口加一等；過杖一百，十口加一等，罪止徒三年。若知情者，各同家長法。

　　諸州縣不覺脫漏增減者，縣內十口笞三十，三十口加一等；過杖一百，五十口加一等。州隨所管縣多少，通計為罪。各罪止徒三年。

168　（唐）長孫無忌等撰，劉俊文點校：《唐律疏議》卷十二《戶婚律》，中華書局 1983 年版，第 231-232 頁。

知情者，各同里正法。

　　諸里正及官司，妄脫漏增減以出入課役，一口徒一年，二口加一等。贓重，入己者以枉法論，至死者加役流；入官者坐贓論。[169]

　　雖然有這樣嚴密的組織和嚴格的督責，但逃丁隱口問題仍然很嚴重。武周時韋嗣立說：「今天下戶口，亡逃過半。」[170]因此，唐王朝便不得不採取各種辦法檢括戶口。

　　武則天時期，狄仁傑上疏說：「逃丁避罪，並集法門。無名之僧，凡有幾萬。都下檢括，已得數千。且一夫不耕，猶受其弊。浮食者眾，又劫人財。」[171]提出了招括浮客的問題。而武則天也派「十道使括天下亡戶」[172]。關於武則天時期的括浮問題，敦煌吐魯番文書中也有反映，證實了史籍記載的可靠性。如黃文弼先生曾在吐魯番哈拉和卓舊城中發現了八件唐代西州時期的浮逃戶殘籍，其中還有一件武則天時期的「狀上括浮逃使殘狀」，[173]殘存五行，現轉引如下：

1. 浮逃行客等
2. 稱前件色等先……
3. ……鄉得里正粟感……
4. ……等可通如前捉獲……
5. 二年壹月廿八日　史

---

169 《唐律疏議》卷十二《戶婚律》，第 233-235 頁。
170 《舊唐書》卷八十八《韋思謙附嗣立傳》，2867 頁。
171 《舊唐書》卷八十九《狄仁傑傳》，第 2893_2894 頁。
172 《新唐書》卷一百二十五《蘇瓌傳》，第 4397 頁。
173 黃文弼：《吐魯番考古記》，中國科學院 1954 年版，第 44 頁。

　　敦煌遺書中也發現了一件武周長安三年（西元703）三月括逃使牒。從這件遺書中可以看出武則天時期括浮客為編戶的具體規定，現將遺書移錄如下[174]：

1. 甘、涼、瓜、肅所居停沙州逃戶

2. 牒，奉處分：上件等州，以田水稍寬，百姓多

3. 悉居城，莊野少人執作。沙州力田為務，

4. 小大咸解農功；逃迸投詣他州，例被招

5. 攜安置。常遣守莊農作，撫卹類若家

6. 僮。好即薄酬其傭，惡乃橫生構架。為

7. 客腳危，豈能論當。荏苒季序，逡巡不

8. 歸。承前逃戶業田，差戶出子營種。所收苗

9. 子，將充租賦。假有餘剩，便入助人。今奉

10. 明敕：逃人括還，無問戶第高下，給

11. 復二年。又今年逃戶所有田業，官貸

12. 種子，付戶助營。逃人若歸，苗稼見在，課

13. 役俱免，復得田苗。或恐已東逃人，還被主人

14. 衒誘，虛招在此有苗，即稱本鄉無業。

15. 漫作由緒，方便覓住。此並甘、涼、瓜、肅百姓、

16. 共逃人相知，詐稱有苗，還作住計。若不牒

17. 上括戶採訪使知，即慮逃人訴端不息。

18. 謹以牒舉。謹牒。

19. 　　　長安三年三月日　典陰永牒。

---

174 編號為大谷2835，圖版見〔日〕小田義久：《大谷文書集成》第一卷，法藏館1984年版，圖一二〇、一二一，釋義第105-106頁。〔日〕池田溫：《中國古代籍帳研究》，第342-343頁。

▲ 大谷 2835《周長安三年三月括逃使牒》（局部）

　　這件遺書共四十六行，後面二十七行是牒文在縣級機構內的承轉批語。這件公文在各機構處理完畢後，最後一行是由此公文的內容而擬的標題，寫著「為括逃使牒，請牒御史，並牒涼、甘、肅、瓜等州事」。

　　從以上敦煌吐魯番文書中，可以看到武則天時期的括浮客情況，從而可知唐前期的浮客、隱戶之多，亦可說明唐政府對戶籍的重視，進而說明國家戶口之多少，與浮客之歸為編戶的多少有密切關係。因此我們說，隋末唐初戶口的減少，浮客、隱戶的大量存在是最主要的原因。

（原載《中國經濟史研究》1989 年第 3 期）

第四節　常何與隋末唐初政治

　　常何，是隋末唐初的一個重要人物。但由於《隋書》未提到常何，兩《唐書》只在《馬周傳》、《東夷傳·高麗》、《李密傳》和《太宗本

紀下》中簡略提及，語焉不詳，以致學者們長期以來對其研究甚少。可喜的是在敦煌遺書中發現了一卷李義府撰《常何墓碑》，為我們研究常何其人及隋末唐初的政治史提供了寶貴材料。

《常何墓碑》寫本原卷現存文字一百九十行，計三千三百七十二字，由法國伯希和獲於敦煌石室，現藏法國巴黎國家圖書館，編號為P.2640。數十年來，國內學術界已對該碑進行了不少的研究[175]，取得了可喜的成果。本文即據敦煌寫本《常何墓碑》（以下簡稱《墓碑》）及其他史籍，對有關常何的幾個問題試加論述。

一、常何與隋末農民起義

隋末由於繁重的力役、兵役引起了農民大起義。隋末農民起義，共有一百二十餘起，參加人達數百萬。起義軍「大則跨州連郡，稱帝稱王，小則千百為群，攻城剿邑」[176]。常何正是在這種背景下起義反隋的。

隋末各支農民軍經過幾年奮戰，由分散到集中，逐漸形成了以竇建德為首的河北起義軍、翟讓和李密領導的瓦崗軍以及杜伏威和輔公祏領導的江淮起義軍。這三支大的起義隊伍從地區分布看，主要有兩個地區：河北起義軍和瓦崗軍主要在山東地區（即河北地區）；江淮起義軍主要在長江、淮河流域，即江南地區。

《常何墓碑》稱：

其先居河內溫縣。乃祖游陳留之境，因徙家焉，今為汴州浚儀人也……祖岑，齊殿中司馬……父緒，朝散大夫。

---

175 參見黃永年：《敦煌寫本〈常何墓碑〉和唐前期宮廷政變中的玄武門》，見《1983年全國敦煌學術討論會論文集·文史遺書編》上，甘肅人民出版社1987年版。又見黃永年：《文史探微》，中華書局2000年版。

176 《隋書》卷四《煬帝紀下》，第96頁。

　　常何的籍貫汴州浚儀（今河南開封），正屬於隋末農民起義的策源地——河北地區。《墓碑》說常何：

　　習行陣於通莊，植旌旗於曲陌……聲高四海，望重三川……嘉賓狎至，俠侶爭歸……鄉中豪傑五百餘人，以公誠信早彰，譽望所集，互相糾率，請為盟主。公謂之曰：「今一道喪，九野塵驚，寓縣崩離，生靈塗炭。咸希逐兔之捷，爭申掎鹿之謀。莫救紛回，空磋蕩析。物極斯反，否終則泰。夏政衰而商業達，嬴俗弊而漢道融。五德相循，三微遞應。雖凶徒之擾攘，固聖人之驅除。往賢成敗之機，前修得失之跡，誠為久悟，非始今辰。請徇酈商之蹤，冀享陳嬰之福，保全宗戚，用佇明時。」於是共稟公言，咸遵指授，訓戎習武，闡義弘仁，尊卑葉同，壘壁嚴固。

▲ P.2640《常何墓碑》（局部）

　　這説明隋末農民紛紛起義，在群雄競起的時代，常何也揭竿而起，並且是汴州浚儀地方農民起義的一個首領。

　　瓦崗軍建立之初，常何即率眾歸附了瓦崗軍。常何歸附瓦崗軍的第一次大戰鬥，就是攻打張須陁的滎陽大海寺之戰。李密歸附翟讓後，與翟讓一起破金隄關，攻取滎陽。《新唐書》卷八十四《李密傳》載：

　　滎陽太守楊慶、河南討捕大使張須陁合兵討（翟）讓，讓素憚須陁，欲引去。密曰：「須陁健而無謀，且驟勝易驕，吾為公破之。」讓不得已，陣而待。密率驍勇常何等二十人為遊騎，伏千兵莽間。須陁素輕讓，引兵搏之，讓少卻，伏發，與遊軍乘之，遂殺須陁。

　　由此可知，李密擊潰張須陁部，是「率驍勇常何等二十人為遊騎，伏千兵莽間」，圍殺了張須陁。可見此時常何已經是李密的心腹親隨和得力幹將了，並在擊潰張須陁的戰鬥中顯示了才能，立下了戰功。

　　擊潰張須陁後，翟讓「分兵與密，別為牙帳，號蒲山公」。李密向翟讓建議説：「今群豪競興，公宜先天下攘除群凶，寧常剽奪草間求活哉？若直取興洛倉，發粟以賑窮乏，百萬之眾一朝可附，霸王之業成矣。」[177]大業十三年二月，李密率眾攻占興洛倉，並開倉散米，「群盜來就食者並家屬近百萬口」。[178]《墓碑》説：「李密擁兵敖庚（興洛倉），枕威河曲，廣集英彥，用托爪牙。乃授公上柱國、雷澤公。」可知李密率兵襲興洛倉時，常何已被授予一級勳官，説明此時常何在李

177　《新唐書》卷八十四《李密傳》，第3680頁。

178　《資治通鑑》卷一百八十六，高祖武德元年條，第5808頁。

密起義隊伍中已居重要地位了。

　　西元六一八年，唐王朝建立後，全國統一已是人心所向，大勢所趨。常何對這一形勢有著清醒的認識，就極力鼓動李密歸附唐王朝。《墓碑》稱：

　　公智葉陳張，策逾荀賈。料安危之勢，審興亡之跡，抗言於密，請歸朝化。

　　李密「一聽指南之籌，便從入西之議」。説明降唐之計最早是常何提出來的，而李密也是在常何的反覆規勸、極力鼓動下，才決定投降唐王朝的。在他們西進長安途中，「諸將希功，咸規反噬。唯公獨昭峻節，孤擅貞心，扶翊於顛沛之間，備御於兵戈之際」。不少將領反對入關降唐，只有常何一人「獨昭峻節，孤擅貞心」，堅持並幫助李密降唐。《墓碑》説：

　　密竟奉謁丹墀，升榮紫禁。言瞻彼相，實賴於公。

　　也説明李密歸附唐王朝，常何起了非常重要的作用。基於此因，唐高祖便授常何「清義府驃騎將軍、上柱國、雷澤公」，不僅保留了李密給常何的官爵「上柱國、雷澤公」，而且還授予「清義府驃騎將軍」的實職，使之成為唐王朝的府兵將領。

　　李密投降唐朝，唐高祖遣使迎勞，李密大喜，便對其部下説：「我擁眾百萬，一朝解甲歸唐，山東連城數百，知我在此，遣使招之，亦

當盡至。」[179]説明此時李密在山東地區仍有很大勢力，實際情況也如此。李密投降唐朝後，「其舊境東至於海，南至於江，西至汝州，北至魏郡，勣並據之，未有所屬」[180]唐王朝也深知這一情形，便「詔右翊衛大將軍淮安王神通為山東道安撫大使，山東諸軍並受節度；以黃門侍郎崔民干為副」，[181]想通過撫慰的辦法收編山東地區的農民軍，結果一無所獲。而李密向唐高祖説：「山東之眾皆臣故時麾下」，唐高祖便「遣密詣山東，收其餘眾之未下者」。[182]李密赴山東招納舊部，唐王朝以王伯當為副，賈閏甫隨行。由於常何是李密的心腹人物和得力幹將，所以常何這次又「以本官隨密」。

李密離開長安後，又有重建義旗之企圖。賈閏甫認為唐已定關中，對李密叛唐之議極力諫阻，而李密對賈閏甫説：「縱使唐遂定關中，山東終為我有。」[183]可見李密很自信，山東仍是他的勢力範圍。王朝對這一點有清醒的認識，絕不讓李密陰謀得逞，便派兵在半路將其圍殺。與此同時，唐又派「張道源慰撫山東」[184]。武德二年四月，又「遣大理卿新樂郎楚之安撫山東」[185]。

關於李密叛唐及常何的情況，《墓碑》也有所反映，可以補史乘之缺。《墓碑》説：

　　密至函城之境，有背德之心。公既知逆謀，乃流涕極諫。

179 《資治通鑑》卷一百八十六，高祖武德元年十月條，第5816頁。
180 《舊唐書》卷六十七《李勣傳》，第2484頁。
181 《資治通鑑》卷一百八十六，高祖武德元年十月條，第5816頁。
182 《資治通鑑》卷一百八十六，高祖武德元年十一月條，第5824-5825頁。
183 《資治通鑑》卷一百八十六，高祖武德元年十二月條，第5831頁。
184 《資治通鑑》卷一百八十六，高祖武德元年十二月條，第5828頁。
185 《資治通鑑》卷一百八十七，高祖武德二年四月條，第5852頁。

密憚公強正，遂不告而發。軍敗牛關之側，命盡熊山之陽。

可知常何是反對李密叛唐的，並「流涕極諫」。但李密未聽常何等人的諫阻，遂被唐王朝所殺。《墓碑》又載：

公徇義莫從，獻忠斯阻，欲因機以立效，聊枉尺以直尋。言造王充，冀傾瀘洛。為充所覺，奇計弗成。率充內營左右，去逆歸順。

也就是説，常何諫阻李密叛唐的建議雖未被採納，但他並沒有離開李密，而仍隨從李密。李密被殺後，又投降王世充。碑文所説常何「率充內營左右，去逆歸順」，就是指常何投降王世充後，又再度歸附唐王朝。

《墓碑》説：

高祖嘉其變通，尚其英烈，臨軒引見，特申優獎，授車騎將軍。

此所謂「變通」，就是指常何跟隨李密叛唐後又歸附唐朝的行為。雖然唐高祖對其「變通」行為仍給予肯定，「特申優獎」，但就授予「車騎將軍」的官職品階而言，和他第一次降唐後被授予的「驃騎將軍」相比，是低了一級。《唐會要》卷七十二府兵條稱：武德元年六月十九日，唐改軍頭為驃騎將軍，副為車騎將軍。車騎位次於驃騎，可知官品是降了一階。

《墓碑》説：

武德二年，令與劉弘基等至百崖招慰。軍還，又與宇文穎平夏

縣。太宗文皇帝出討東都，以公為左右驍騎。王充恃金湯之固，未伏
天誅；竇德總漳滏之師，來援凶虐。窮圍復振，元惡有徒。征風之
酋，方茲蓋小；觸山之長，匹此猶輕。太宗辟金壇，紆玉帳，指岩
邑，控伊川，高旆掩丹霞，曾麾回白日。騁七縱七擒之略，騰百戰百
勝之威。

　　此說常何「與宇文穎平夏縣」。宇文穎，乃隋右領軍大將軍、杞國
公宇文忻兄宇文善之子。《隋書》卷四十《宇文忻傳》曰：「穎至大業
中，為司農少卿。及李密逼東都，叛歸於密。」[186]可知宇文穎也是李密
的故吏，後投降唐朝。《資治通鑑》武德三年五月條載，尉遲敬德殺夏
州刺史呂崇茂後，「敬德去，崇茂餘黨復據夏縣拒守。秦王世民引軍自
晉州還攻夏縣，壬午，屠之」[187]。李世民之屠夏縣，其具體執行者可能
就是常何、宇文穎等人。

　　李世民出討王世充，竇建德率眾來援，是在武德三四年間。竇建
德在武德元年始稱夏國，建都樂壽。李密失敗後，竇建德便於武德二
年攻陷黎陽，「盡有山東之地」。[188]同年又攻陷洺州，並遷都於洺州。
此時王世充也在洛陽建立了鄭國。從而形成了「唐得關西，鄭得河南，
夏得河北，共成鼎足之勢」的局面。[189]對此，唐王朝是不能容忍的。李
世民便於武德三年底率大軍攻王世充。王世充向建德求救，而建德猶
豫不決。此時建德中書舍人劉斌向其獻策說：

186　《隋書》卷四十《宇文忻傳》，第1167頁。
187　《資治通鑑》卷一百八十八，高祖武德三年五月條，第5884頁。
188　《舊唐書》卷一《高祖本紀》，第10頁。
189　《資治通鑑》卷一百八十八，高祖武德三年十月條，第5896頁。

今唐有關內，鄭有河南，夏居河北，此鼎足相持之勢也。聞唐兵悉眾攻鄭，首尾二年，鄭勢日蹙而唐兵不解。唐強鄭弱，其勢必破鄭。鄭破則夏有齒寒之憂。為大王計者，莫若救鄭，鄭拒其內，夏攻其外，破之必矣。若卻唐全鄭，此常保三分之勢也。若唐軍破後而鄭可圖，則因而滅之，總二國之眾，乘唐軍之敗，長驅西入，京師可得而有，此太平之基也。[190]

竇建德聽後非常高興，便於武德四年二月率大軍救王世充。由於不聽凌敬的建議，與李世民所率唐軍直接戰鬥，結果兵敗逃入牛口渚，被唐軍所俘，並斬於長安。

根據《墓碑》記載，常何不僅參加了這次戰役，而且還被李世民授予「左右驍騎」之軍階，帶兵作戰。《墓碑》說：「世民『命公別總銳師，乘間迴鷲，率先士卒，獎勵驍雄』」。說明常何以「左右驍騎」之軍階率「銳師」作戰，並身先士卒。正是由於在這次戰役中常何「勇邁三軍，聲超七萃（士卒）。著高庸於甲令，紀茂績於雕戈」。所以戰役結束後，李世民給他「上口二人，物八百段，珍玩五十件」的賞賜，以示獎勵。

《墓碑》說：

徐圓朗竊據沂克，稱兵淮泗，龜蒙積沴，蜂午（舞）挺妖。公與史萬寶併力攻圍，應期便陷。方殄餘噍，奉命旋師。令從隱太子討平河北。又與曹公李勣窮追圓朗。賊平，留鎮於洧州。六年，奉敕應接趙郡王於蔣州。玉駑未揚，金陵已肅。還居舊鎮，撫慰新境。

---

190 《舊唐書》卷五十四《竇建德傳》，第 2240 頁。

　　徐圓朗是兗州（今山東省兗州市）人，義寧元年（西元 617）正月，他攻陷東平（今山東省東平縣西北）後，繼續擴展，有眾二萬餘人。他曾經歸附於瓦崗軍。瓦崗軍失敗後，歸附於竇建德。竇建德失敗，又投降唐廷。《資治通鑑》載：「初，洛陽既平，徐圓朗請降，拜兗州總管，封魯郡公。」[191]

　　《墓碑》所說「又與曹公李勣窮追圓朗」，是指徐圓朗再次起義之後的戰鬥，當時李勣為曹國公。《舊唐書·李勣傳》載，武德二年李密投降唐朝後，其舊境都由李勣統之，李勣便「具錄州縣名數及軍人戶口，總啟魏公」，讓李密獻於唐王廷。唐高祖知道後非常高興，便授李勣「黎陽總管、上柱國、萊國公。尋加右武候大將軍，改封曹國公，賜姓李氏，賜良田五十頃，甲第一區」。[192]

　　劉黑闥重舉義旗，得到民眾普遍支持。「是時，山東豪傑多殺長吏以應黑闥。」而劉黑闥「移書趙、魏，故竇建德將卒爭殺唐官吏以應黑闥」。[193]兗州總管徐圓朗於武德四年八月再次起義，以齊、兗之地附於黑闥。《資治通鑑》載：「劉黑闥作亂，陰與圓朗通謀。上使葛公盛彥師安集河南，行至任城；辛亥，圓朗執彥師，舉兵反。黑闥以圓朗為大行臺元帥，兗、鄆、陳、杞、伊、洛、曹、戴等八州豪右皆應之。」[194]九月辛酉，「徐圓朗自稱魯王」[195]。徐圓朗起義後，唐王朝便派李勣等人率兵鎮壓。《舊唐書·李勣傳》載：「圓朗重據兗州反，授河南大總管以討之，尋獲圓朗，斬首以獻，兗州平。」《墓碑》說常何

191　《資治通鑑》卷一百八十九，高祖武德四年八月條，第 5927 頁。

192　《舊唐書》卷六十七《李勣傳》，第 2484 頁。

193　《資治通鑑》卷一百八十九，高祖武德四年十二月條，第 5940 頁。

194　《資治通鑑》卷一百八十九，高祖武德四年八月條，第 5927 頁。

195　《資治通鑑》卷一百八十九，高祖武德四年九月條，第 5929 頁。

與李勣窮追圓朗，可知二人共同平息了徐圓朗的起義軍。

《墓碑》所説「令從隱太子討平河北」，是指鎮壓劉黑闥起義軍。竇建德被殺後，建德餘眾並沒有全部投降唐王朝，而是化整為零，繼續戰鬥。劉黑闥振臂一呼，他們紛紛響應，整個山東地區又全為農民軍所控制。劉黑闥也建立了統一的農民革命政權。

武德五年正月，「劉黑闥自稱漢東王，改元天造，定都洺州。……竇建德時文武悉復本位；其設法行政，悉師建德，而攻戰勇決過之。」[196]

劉黑闥起義軍的英勇戰鬥，使唐王朝非常恐慌。當時「諸道有事則置行臺尚書省，無事則罷之。朝廷聞黑闥作亂，乃置山東道行臺於洺州，魏、冀、定、滄並置總管府。丁丑，以淮安王神通為山東道行臺右僕射」[197]，組織力量鎮壓起義軍。唐軍的幾次鎮壓失敗後，就派秦王李世民率大軍進攻。經過幾次激烈的戰鬥，劉黑闥失敗，並於武德五年三月與范願等二百騎奔突厥，河北地區暫時被平定了。由於劉黑闥的失敗逃走，唐王朝於同月廢棄了山東行臺。然而，劉黑闥並沒有屈服，六月，他又在突厥的支持下率兵進攻山東。七月，「劉黑闥至定州，其故將曹湛、董康買亡命在鮮虞，復聚兵應之」[198]。

劉黑闥的重舉義旗，使唐王朝驚慌不安，便「以淮陽王道玄為河北道行軍總管以討之」[199]。十月，淮陽王道玄率唐軍與劉黑闥戰於下博，被黑闥所殺。山東震駭，各「州縣皆叛附於黑闥，旬日間，黑闥

---

196 《資治通鑑》卷一百九十，高祖武德五年正月條，第 5942 頁。

197 《資治通鑑》卷一百八十九，高祖武德四年條，第 5926 頁。

198 《資治通鑑》卷一百九十，高祖武德五年七月條，第 5952 頁。

199 《資治通鑑》卷一百九十，高祖武德五年七月條，第 5952 頁。

盡復故地」[200]。唐王朝又以齊王元吉為領軍大將軍、並州大總管，率兵
進軍山東討伐劉黑闥，而「元吉畏黑闥兵強，不敢進」[201]。此時，太子
建成和秦王世民正在為爭奪皇位繼承權而進行著激烈的鬥爭，雙方都
想經略山東，積極依靠和爭取山東豪傑。《舊唐書》卷六十四《隱太子
傳》曰：

及（太宗）將行（往洛陽），建成、元吉相與謀曰：「秦王今往洛
陽，既得土地甲兵，必為後患。留在京師制之，一匹夫耳。」密令數人
上封事曰：「秦王左右多是東人，聞往洛陽，非常欣躍，觀其情狀，自
今一去，不作來意。」高祖於是遂停。[202]

世民親自經營山東之計畫未能實現，便派其心腹張亮去結納山東
豪傑。《舊唐書》卷六十九《張亮傳》曰：「太宗以洛州形勝之地，一
朝有變，將出保之，遣亮之洛陽，統左右王保等千餘人，陰引山東豪
傑以俟變，多出金帛，恣其所用。」[203]對於世民的這一計畫，建成及其
親信有著清醒的認識，太子中允王珪、洗馬魏徵對太子建成說：「秦王
功蓋天下，中外歸心，殿下但以年長位居東宮，無大功以鎮服海內。
今劉黑闥散亡之餘，眾不滿萬，資糧匱乏，以大軍臨之，勢如拉朽，
殿下宜自擊之以取功名，因結納山東豪傑，庶可自安。」[204]建成也看到
了這一問題的重要性，便向李淵請求赴山東鎮壓起義軍。唐高祖就派

200　《資治通鑑》卷一百九十，高祖武德五年十月條，第 5956-5957 頁。
201　《資治通鑑》卷一百九十，高祖武德五年十一月條，第 5957 頁。
202　《舊唐書》卷六十四《隱太子傳》，第 2417-2418 頁。
203　《舊唐書》卷六十九《張亮傳》，第 2515 頁。
204　《資治通鑑》卷一百九十，高祖武德五年十一月條，第 5960 頁。

建成率大軍討伐劉黑闥，「其陝東道大行臺及山東道行軍元帥、河南、河北諸州並受建成處分，得以便宜從事」[205]。建成的幾次軍事行動失敗後，魏徵對其建議説：「前破黑闥，其將帥皆懸名處死，妻子系虜，故齊王之來，雖有詔書赦其黨與之罪，皆莫之信。今宜悉解其囚俘，慰諭遣之，則可坐視離散矣！」[206]建成聽從了魏徵的建議，又經過幾次戰鬥後，劉黑闥食盡，部眾多逃亡，黑闥遂夜遁饒州，被農民軍的叛徒諸葛德威於武德六年正月所執，舉城降唐。從《墓碑》記載看，常何也跟隨建成參加了鎮壓劉黑闥起義軍的戰役，可補史載之缺。

二、常何與玄武門事變的關係

關於玄武門事變，史家已多有研究，現僅根據《墓碑》及其他史籍，對常何與玄武門事變的關係略加述論。

《墓碑》載：「九年六月四日，令總北門之寄」，這是《墓碑》講到常何與玄武門事變有直接關係的重要史料。有的研究者認為，在玄武門事變中，常何採取中立態度，在建成、元吉遭到襲擊時既不干預，更不救護，進而認為常何並沒有率兵駐守玄武門[207]。此說與歷史事實不符。據《資治通鑑》卷一九一高祖武德九年六月丁巳（六月一日）條載：

敬德曰：「王（太宗）今處事有疑，非智也；臨難不決，非勇也。且大王素所畜養勇士八百餘人，在外者今已入宮，擐甲執兵，事勢已

---

205 《資治通鑑》卷一百九十，高祖武德五年十一月條，第 5960 頁。
206 《資治通鑑》卷一百九十，高祖武德五年十二月條，第 5962-5963 頁。
207 見黃永年：《敦煌寫本〈常何墓碑〉和唐前期宮廷政變中的玄武門》，載《1983 年全國敦煌學術討論會文集・文史、遺書編上》，甘肅人民出版社 1987 年版。

成，大王安得已乎！」[208]

　　庚申（六月四日），世民帥長孫無忌等人，伏兵於玄武門。[209]

　　此時世民與建成、元吉的矛盾已到了你死我活的最後時刻。在這種形勢下，太宗居然能夠把親兵八百人執槍被甲地遣入宮內，又在六月四日親自率長孫無忌等人埋伏到宮廷要地──玄武門。這與常何六月四日領兵駐守玄武門有著必然的連繫。

　　《資治通鑑》載，建成、元吉被殺後：

　　翊衛車騎將軍馮翊馮立聞建成死，嘆曰：「豈有生受其恩而死逃其難乎！」乃與副護軍薛萬徹、屈咥直府左車騎萬年謝叔方帥東宮、齊府精兵二千馳趣玄武門。張公謹多力，獨閉關以拒之，不得入。云麾將軍敬君弘掌宿衛兵，屯玄武門，挺身出戰……與中郎將呂世衡大呼而進，皆死之。……守門兵與萬徹等力戰良久，萬徹鼓譟欲攻秦府，將士大懼。[210]

　　《舊唐書》卷一百八十七上《忠義傳上・謝叔方傳》載：

　　太宗誅隱太子及元吉於玄武門，叔方率府兵與馮立合軍，拒戰於北闕下，殺敬君弘、呂世衡。太宗兵不振。[211]

208　《資治通鑑》卷一百九十一，高祖武德九年六月條，第6008頁。
209　《資治通鑑》卷一百九十一，高祖武德九年六月條，第6010頁。
210　《資治通鑑》卷一百九十一，高祖武德九年六月條，第6010-6011頁
211　《舊唐書》卷一百八十七上《謝叔方傳》，第4873頁。

《舊唐書》卷一百八十七上《敬君弘傳》載：

武德中，為驃騎將軍，封黔昌縣侯，掌屯營兵於玄武門，加授云麾將軍。隱太子建成之誅也，其餘黨馮立、謝叔方率兵犯玄武門，君弘挺身出戰……與中郎將呂世衡大呼而進，並遇害。太宗甚嗟賞之，贈君弘左屯衛大將軍，世衡右驍衛將軍。[212]

《舊唐書》卷一百八十七上《馮立傳》曰：

馮立……隱太子建成引為翊衛車騎將軍，托以心膂。建成被誅，其左右多逃散，立嘆曰：「豈有生受其恩而死逃其難！」於是率兵犯玄武門，苦戰久之，殺屯營將軍敬君弘，謂其徒曰：「微以報太子矣！」遂解兵遁於野。俄而來請罪，太宗數之曰：「汝在東宮，潛為間構，阻我骨肉，汝罪一也；昨日復出兵來戰，殺傷我將士，汝罪二也」。[213]

《舊唐書》卷六十八《張公謹傳》曰：

六月四日，公謹與長孫無忌等九人伏於玄武門以俟變。及斬建成、元吉，其黨來攻玄武門，兵鋒甚盛。公謹有勇力，獨閉關以拒之。[214]

分析以上史料可知，武德九年六月四日，以玄武門宿衛兵及世民

212　《舊唐書》卷一百八十七上《敬君弘傳》，第4872頁。

213　《舊唐書》卷一百八十七上《馮立傳》，第4872-4873頁。

214　《舊唐書》卷六十八《張公謹傳》，第2506頁。

秦府兵為一方，以建成東宮兵及元吉齊府兵為另一方，展開了激烈的
鬥爭。從戰鬥情況看，太宗的情勢是很危險的，因此，常何及其所領
宿衛兵是否忠於太宗，則是關係到太宗成敗的關鍵。由此知道，玄武
門事變中太宗之成功，主要是由於玄武門之宿衛常何及其部下轉向太
宗。同時證明了常何在玄武門事變中占有十分重要的地位，並建立了
重大功勛。

　　從以上敘述可知，玄武門的地位是非常重要的。如此重要之地
位，建成、元吉為何不加防備？太宗死黨為何能事先占據此要害之
地？這都要從常何處尋找答案。

　　《墓碑》載：

　　太宗文皇帝出討東都，以公為左右驍騎。……令從隱太子討平河
北。又與曹公李勣窮追員朗。……（武德）七年，奉太宗令追入京，
賜金刀子一枚，黃金卅挺，令於北門領健兒長上。仍以數十金刀子委
公錫驍勇之夫。趨奉藩朝，參聞霸略，承解衣之厚遇，申繞帳之深
誠。九年六月四日，令總北門之寄。

　　從以上記載可知，在玄武門事變之前，常何曾於武德四年隨李世
民出討東都，一年後又從建成討平河北。之後又成為李勣的部下。與
世民、建成都沒有特別密切的關係，更不是他們的心腹親隨。而這正
是太宗能夠用重金收買常何及其部下的有利條件；而建成也因常何是
其舊部而不懷疑。正由於此故，所以「太宗能於武德九年六月四日預
伏其徒黨於玄武門，而守衛將士亦竟不之發覺。建成、元吉雖先有警
告，而不以為意者，殆必以常何輩守衛玄武門之將士至少非太宗之黨

徒也」。[215]

太宗收買常何後，將其安插在玄武門駐守，幫助太宗發動事變，爭奪皇位，《墓碑》所說「趨奉藩朝，參聞霸略」即指此。

或曰：由於常何在玄武門事變中態度中立曖昧，過去又有過降叛反覆的不光彩經歷，因此政變後不得重用正是事理之所必然[216]。然而，實際情況也並非如此。

據《墓碑》記載，玄武門事變後兩個月，即「其年八月，凶奴至便橋，授馬軍副總管。賊退，除真化府折衝都尉，特令長上。封武水縣開國男，食邑三百戶。」由此可見，對常何的提升，當時已被提上了議事日程。現據《墓碑》記載，將其陞遷過程排列如下：

貞觀六年，賜絹一百匹，加太中大夫、除延州諸軍事、延州刺史，晉爵武水縣開國伯，食邑五百戶。

十一年，入朝，授正義大夫、涇州諸軍事、行涇州刺史。

十二年，入為右屯衛將軍。

十六年，敕修營九成宮。其年授左領軍將軍。

十八年，奉詔領兵於豐靈等州，懷集延陀之眾。軍還，兼右武衛將軍。

十九年，授平壤道行軍副大總管。

廿一年，除資州諸軍事、資州刺史。

永徽三年，遷使持節都督黔思費等十六州諸軍事、黔州刺史。

永徽四年五月十六日死後，追贈為左武衛大將軍，余官封並如故。

---

215 陳寅恪：《論隋末唐初所謂「山東豪傑」》，載《金明館叢稿初編》，上海古籍出版社 1980 年版，第 226 頁。

216 黃永年：《敦煌寫本〈常何墓碑〉和唐前期宮廷政變中的玄武門》，載《1983 年全國敦煌學術討論會文集・文史遺書編上》，甘肅人民出版社 1987 年版，第 148 頁。

　　由以上記述可知，玄武門之變後，常何的官職不斷在陞遷，只不過沒有直線上升，而是按部就班罷了。為什麼會如此呢？眾所周知，常何既不是世家大族的後裔，又不是山東和關隴兩地區武裝力量的代表人物，再加上以前降叛的歷史，唐太宗完全可以對其置之不理。但為何還要對其不斷陞官加爵呢？這正說明常何與玄武門事變有著密切的關係，唐太宗不會忘記其在爭奪皇位中的功勞，因此才不斷地給予陞遷。當然，由於上面所述原因，再加上常何原來畢竟只是一名小小的車騎都尉，也不是太宗的心腹親隨，所以沒有直線升遷。

　　正是由於常何在玄武門事變中的功勞，其親屬也得到了一定的優惠照顧，如其父的情況就是一個顯著的例子。據《墓碑》記載，常何對太宗說：「臣父遇可封之日，尚沉淪窮巷。不勝私願，乞預朝班。太宗降因心之慈，弘榮親之典，授公父朝散大夫。」可見太宗當時就答應了常何的請求，將其父從「沉淪窮巷」的百姓，提升為朝散大夫。當常何還鄉拜謁其父時，太宗又「特賜所御貂袍一領，尚方綾錦四十段，借上閒馬六匹，至鄉賜米粟什物」等。太宗為何對常何如此厚待呢？從常何的出身、地位、姻親各方面都找不出答案，只能在常何與玄武門事變的關係中來回答。

三、「唐麗戰爭」與常何

　　唐太宗、高宗父子曾多次攻打高麗，關於常何在其中的地位與作用，《墓碑》載：

（貞觀）十九年，授平壤道行軍副大總管。降手敕曰：兵聞拙速，不在工遲；撫眾以恩，臨軍以信；刑以威之，賞以勸之。如此則所向無前，何敵之有！公業均方邵，功追衛霍。推鋒北指，則塵清玄塞；揚旗東邁，則務卷青丘。賞冊已多，恩錫為最。還居領軍之任，用彰

效官之美。銅梁遐險，玉津形勝。斜連嶠外，遠極資中。九折之峰，王尊叱馭；千仞之閣，張載留銘。不有奇材，孰能遷俗。

從《墓碑》所載太宗專降手敕於常何以慰勉可知，常何在唐王朝與高麗的決戰中處於比較重要的地位，並且是僅次於李勣的重要將領。

兩《唐書》在記述唐麗戰爭時，只在三處提到常何：

《舊唐書》卷三《太宗本紀下》載：

（貞觀）十八年十一月壬寅，車駕至洛陽宮。庚子，命太子詹事、英國公李勣為遼東道行軍總管，出柳城，禮部尚書、江夏郡王道宗副之；刑部尚書、郇國公張亮為平壤道行軍總管，以舟師出萊州，左領軍常何、瀘州都督左難當副之。發天下甲士，召募十萬，並趣平壤，以伐高麗。[217]

《新唐書》卷二百二十《東夷傳‧高麗》載：

帝幸洛陽，乃以張亮為平壤道行軍大總管，常何、左難當副之，冉仁德、劉英行、張文幹、龐孝泰、程名振為總管，帥江、吳、京、洛募兵凡四萬，吳艘五百，泛海趨平壤。[218]

《舊唐書》卷一九九上《東夷傳‧高麗》載：

---

217 《舊唐書》卷三《太宗本紀下》，第 56-57 頁。
218 《新唐書》卷二百二十《高麗傳》，第 6189 頁。

十九年，命刑部尚書張亮為平壤道行軍大總管，領將軍常何等率江、淮、嶺、硤勁卒四萬，戰船五百艘，自萊州泛海趨平壤。

關於唐太宗父子多次攻打高麗的原因，我們準備在另文中詳加討論。這裡我們僅依據有關史籍記載，將常何參與此戰鉤沉如下。

貞觀十八年，太宗決定征高麗，七月：

敕將作大監閻立德等詣洪、饒、江三州，造船四百艘以載軍糧。甲午，下詔遣營州都督張儉等帥幽、營二都督兵及契丹、奚、靺鞨先擊遼東以觀其勢。以太常卿韋挺為饋運使、以民部侍郎崔仁師副之，自河北諸州皆受挺節度，聽以便宜從事。又命太僕少卿蕭銳運河南諸州糧入海。[219]

此次進兵，太宗並沒有做好準備，只是先擊遼東以「觀其勢」罷了。當張儉等渡遼水時，「值遼水漲，久不得濟，上以為畏懦，召儉詣洛陽」[220]。張儉到洛陽，向太宗報告了遼東的山川險易、水草美惡等情況後，太宗始決意親征。「於是北輸粟營州，東儲粟古大人城」，[221]並於十月幸洛陽宮。為親征高麗，太宗還專門頒發了《親征高麗手詔》[222]。詔書曰：「高麗莫離支蓋蘇文，弒逆其主，酷害其臣，竊據邊隅，肆其蜂蠆。朕以君臣之義，情何可忍，若不誅翦遐穢，無以澄肅中華，今欲巡幸幽薊，問罪遼碣。……略言必勝之道，蓋有五焉：一

---

219 《資治通鑑》卷一百九十七，太宗貞觀十八年條，第6209-6210頁。

220 《資治通鑑》卷一百九十七，太宗貞觀十八年條，第6213頁。

221 《新唐書》卷二百二十《高麗傳》，第6189頁。

222 《全唐文》卷七《親征高麗手詔》，中華書局1983年影印本，第86頁上至86頁下。

日以我大而擊其小，二曰以我順而討其逆，三曰以我安而乘其亂，四曰以我逸而敵其勞，五曰以我悅而當其怨。」這次戰役分水陸二路並進。水軍以張亮為平壤道行軍大總管，常何、左難當副之，「帥江、淮、嶺、峽兵四萬，長安、洛陽募士三千，戰艦五百艘，自萊州泛海趨平壤」[223]。陸軍以李勣為遼東道行軍大總管，江夏王道宗副之，「帥步騎六萬及蘭、河二州降胡趨遼東，兩軍合勢並進」[224]。又詔「新羅、百濟、奚、契丹分道擊高麗」[225]。貞觀十九年二月，「上親統六軍發洛陽。……三月壬辰，上發定州。……四月癸卯，誓師於幽州城南」，[226] 開始了親征高麗之大戰。

　　李勣軍先從柳城（即營州，今遼寧朝陽市）出發，出高麗不意。據《資治通鑑》記載，貞觀十九年四月：「世勣自通定濟遼水，至玄菟。高麗大駭，城邑皆閉門自守。壬寅，遼東道副大總管江夏王道宗將兵數千至新城。」[227]然後李勣「攻蓋牟城，拔之，得戶二萬，糧十萬石，以其地為蓋州」[228]。攻取蓋牟城（今遼寧蓋州市）後，李勣便圍了遼東城（今遼寧遼陽市），五月，「高麗步騎四萬救遼東，江夏王道宗將四千騎逆擊之……李世勣引兵助之，高麗大敗，斬首千餘級」[229]。此時唐太宗率大軍逾遼澤，渡遼水，然後太宗親率數百騎，至遼東城下，與李勣軍攻克了遼東城，「所殺萬餘人，得勝兵萬餘人，男女四萬

223 《資治通鑑》卷一百九十七，太宗貞觀十八年條，第6214頁。

224 《資治通鑑》卷一百九十七，太宗貞觀十八年條，第6214頁。

225 《資治通鑑》卷一百九十七，太宗貞觀十八年條，第6215頁。

226 《舊唐書》卷三《太宗本紀下》，第57頁。

227 《資治通鑑》卷一百九十七，太宗貞觀十九年條，第6218-6219頁。

228 《新唐書》卷二百二十《高麗傳》，6190頁。

229 《資治通鑑》卷一百九十七，太宗貞觀十九年條，第6220頁。

口，以其城為遼州」。[230] 攻克遼東城後，便於六月進軍白岩城（今遼寧遼陽市東北），《資治通鑑》載其事曰：

六月，丁酉，李世勣攻白岩城西南，上臨其西北。城主孫代音潛遣腹心請降，臨城，投刀鉞為信，且曰：「奴願降，城中有不從者。」上以唐幟與其使，曰：「必降者，宜建之城上。」代音建幟，城中人以為唐兵已登城，皆從之。[231]

攻取白岩城後，太宗又親率大軍從遼東出發，進攻安市城（今遼寧海城市南），高麗北部耨薩（相當於都督）延壽、惠真帥高麗、鞮鞨兵十五萬救安市。太宗在山上指揮，運用誘敵深入、四面圍擊之戰術，打敗了高麗援軍。延壽、惠真帥其眾三萬六千八百人請降，太宗將耨薩以下酋長三千五百人授以戎秩，遷之內地，其余都釋放，讓還平壤。「收靺鞨三千三百人，悉阬之，獲馬五萬匹，牛五萬頭，鐵甲萬領，他器械稱是。高麗舉國大駭，後黃城、銀城皆自拔遁去，數百里無復人煙。……更名所幸山曰駐驆山。」[232] 水路大軍由張亮統率，自東萊（今山東萊州市）渡海，襲卑沙城（今遼寧金縣東），「其城四面懸絕，惟西門可上。程名振引兵夜至，副總管王文度先登，五月，己巳，拔之，獲男女八千口。分遣總管丘孝忠等曜兵於鴨綠水」[233]。然後張亮軍至建安城下，與營州都督張儉攻破建安城（今遼寧營口東南），斬首數千級。

---

230 《資治通鑑》卷一百九十七，太宗貞觀十九年條，第6221頁。
231 《資治通鑑》卷一百九十八，太宗貞觀十九年條，第6222頁。
232 《資治通鑑》卷一百九十八，太宗貞觀十九年條，第6226-6227頁。
233 《資治通鑑》卷一百九十七，太宗貞觀十九年條，第6220頁。

七月，太宗率諸軍攻安市城，經過二個月的浴血奮戰，仍不能克。至九月，遼東已非常寒冷，風雪滿天，草枯水凍，士馬難久留。且此時所攜帶糧食也將盡，太宗便命班師。

貞觀十九年太宗親征高麗的戰爭結果，《資治通鑑》記載曰：

拔玄菟、橫山、蓋牟、磨米、遼東、白岩、卑沙、麥谷、銀山、後黃十城，徙遼、蓋、岩三州戶口入中國者七萬人。新城、建安、駐驆三大戰，斬首四萬餘級，戰士死者幾二千人，戰馬死者什七、八。上以不能成功，深悔之，嘆曰：「魏徵若在，不使我有是行也！」[234]

這次戰役失敗的原因很多，因無關本文主旨，不再詳論。

（原載《中國史研究》1998 年第 4 期）

第五節　唐初對高麗的戰爭

關於唐太宗、高宗對高麗之征伐，史學界歷來研究較少，很少有專文發表。在隋唐史著作和中國通史中，也是簡單涉及，語焉不詳。或認為唐太宗自滅突厥後，滋長了侵略野心，便出兵侵略高麗[235]；或認為是唐太宗追求個人功業的慾望迷住了自己的心竅[236]。

筆者認為，唐和高麗的戰爭是必然的，唐太宗父子不斷征伐高麗，並不是好大喜功、耀武揚威，而是有很重要的政治利害關係的。

---

234 《資治通鑑》卷一百九十八，太宗貞觀十九年條，第 6230 頁。
235 范文瀾主編：《中國通史》（第三冊），人民出版社 1987 年版，第 349 頁。
236 胡如雷：《李世民傳》，中華書局 1984 年版，第 230-232 頁。

筆者結合歷史文獻，擬將唐征伐高麗之戰作初步探討。

一、唐伐高麗之動機與原因

關於唐之征伐高麗，有許多具體原因。

第一，是為了恢復舊疆。

遼東之地，本為中原王朝所有。隋代裴矩説：「高麗之地，本孤竹國也，周代以之封箕子，漢時分為三郡，晉氏亦統遼東。今乃不臣，列為外域，故先帝欲征之久矣。」[237] 唐代溫彥博説：「遼東之地，周為箕子之國，漢家之玄菟郡耳。魏晉已前，近在提封之內，不可許以不臣」[238]。高麗所據之遼東，本為中原王朝所有，漢武帝元封四年（西元前107），「滅朝鮮、置玄菟郡，以高句麗為縣以屬之。漢時賜衣幘朝服鼓吹，常從玄菟郡受之。後稍驕，不復詣郡，但於東界築小城受之，遂名此城為幘溝漊。『溝漊』者，句麗『城』名也」[239]。由此可知，西元前二世紀時，高麗就是漢王朝之一屬縣，「賜衣幘朝服鼓吹」，可見漢王朝對高麗的控制是非常嚴格的，而高勾麗之名稱，也來源於漢王朝所築小城——幘溝漊。

正因為如此，所以隋唐之征高麗，有恢復舊疆之目的。《新唐書‧高麗傳》曰：「會新羅遣使者上書言：『高麗、百濟聯和，將見討。謹歸命天子。』……於是遣司農丞相裡玄獎以璽書讓高麗，且使止勿攻。」當相裡玄獎到平壤時，莫離支已率兵侵新羅，並破其兩城，高麗王高藏遣使召之，莫離支才返回高麗。「玄獎諭使勿攻新羅，莫離支曰：『昔隋人入寇，新羅乘釁侵我地五百里，自非歸我侵地，恐兵未能已。』玄獎曰：『既往之事，焉可追論！至於遼東諸城，本皆中國郡

237　《舊唐書》卷六十三《裴矩傳》，第2407頁。

238　《舊唐書》卷六十一《溫大雅傳》，第2360頁。

239　《北史》卷九十四《高麗傳》，中華書局1974年版，第3111頁。

縣，中國尚且不言，高麗豈得必求故地」。[240]唐朝使臣相裡玄獎以「遼東故中國郡縣」為由，來阻止高麗之攻新羅，而「莫離支竟不從」，「於是帝欲自將討之，召長安耆老勞曰：『遼東故中國地，而莫離支賊殺其主，朕將自行經略之』。」[241]此時唐太宗已準備征伐高麗了。貞觀十九年三月，太宗對侍臣說：「遼東本中國之地，隋氏四出師而不能得；朕今東征，欲為中國報子弟之仇」[242]。因而便親率大軍大規模征伐高麗了。

第二，是為了預防後世之憂。

唐太宗時全國已大體統一，貞觀十四年平高昌後，同唐王朝相抗衡者，只有高麗和吐蕃了。唐太宗又下嫁文成公主給吐蕃贊普松贊干布，通過和親的方式，同吐蕃建立了友好關係。此時和唐王朝相抗衡者，便只有高麗了。貞觀十八年唐太宗準備征伐高麗，但苦於師出無名，兵部尚書李勣說：「曩薛延陀盜邊，陛下欲追擊，魏徵苦諫而止。向若擊之，一馬不生返。後復畔擾，至今為恨。」帝曰：「誠然。但一慮之失而尤之，後誰為我計者？」[243]貞觀十九年二月，「帝自洛陽次定州，謂左右曰：『今天下大定，唯遼東未賓，後嗣因士馬盛強，謀臣導以征討，喪亂方始，朕故自取之，不遺後世憂也」[244]。其征伐高麗之目的，即「不遺後世憂」。《資治通鑑》載，唐太宗對侍臣說，其東征高麗原因很多，其中原因之一是當時「方隅大定，惟此未平，故及朕之

---

240 《資治通鑑》卷一百九十七，太宗貞觀十八年正月條，第 6206-6207 頁。
241 《新唐書》卷二百二十《高麗傳》，第 6189 頁。
242 《資治通鑑》卷一百九十七，太宗貞觀十九年三月條，第 6217-6218 頁。
243 《新唐書》卷二百二十《高麗傳》，第 6189 頁。
244 《新唐書》卷二百二十《高麗傳》，第 6190 頁。

未老，用士大夫餘力以取之」。[245]即其東征高麗，是怕養癰遺患，滋蔓難除。金毓黻先生說：「唐代對高麗『若不大張撻伐，則後日契丹、女真、蒙古之禍，不難先演於唐代』」。[246]

第三，海東三國關係的影響。

海東三國，即高麗、百濟、新羅三國，長時期以來一直處於和戰、分合等錯綜複雜的關係之中。在唐太宗貞觀以前，高麗一直比較強大，新羅、百濟比較弱小，高麗也一直侵略新羅、百濟。如唐高祖武德九年「新羅、百濟遣使訟建武，云閉其道路，不得入朝。又相與有隙，屢相侵略。詔員外散騎侍郎朱子奢往和解之」[247]。唐太宗貞觀時期，唐王朝已大體統一，成為當時世界上的一個強大帝國，因而不能不對這一地區產生重大影響。此時，高麗統治者意識到，遼東將要被吞併，表面加緊對唐「進貢」，實做抵抗的準備。百濟勢軟力弱，國內矛盾重重，對高麗、新羅均無力取勝，只好忍痛與高麗結歡，以求在生存中伺機再起。至於新羅，則由於遠隔中原，面臨高麗、百濟的進攻，需厚結唐朝以為外援，便積極遣使入唐朝貢，因而新羅與唐朝的關係也就日益密切。而這對高麗又增加了其側翼的威脅，迫使高麗改變其對新羅、百濟雙管齊下的擴張政策，對百濟蠲棄前嫌，以圖聯合對付新羅，因而高麗、百濟便於貞觀十七年（西元 643）結成和親[248]。高麗、百濟和親後，更加緊侵略新羅。貞觀十七年九月，「新羅遣使言百濟攻取其國四十餘城，復與高麗連兵，謀絕新羅入朝之路，乞兵救

---

245 《資治通鑑》卷一百九十七，太宗貞觀十九年三月條，第 6218 頁。

246 金毓黻：《東北通史》上冊，（長春）社會科學戰線雜誌社 1981 年翻印，第 193 頁。

247 《舊唐書》卷一百九十九上《高麗傳》，第 5321 頁。

248 蔡靖夫：《就〈三國史記〉評唐麗戰爭》，《北方論叢》1983 年第 6 期。

援」[249]。唐太宗遣使齎璽書賜高麗曰：「新羅委質國家，朝貢不乏，爾與百濟各宜戢兵。若更攻之，明年發兵擊爾國矣！」[250]而「莫離支竟不從」，仍攻新羅不止。在高麗、百濟的聯合進攻下，新羅多次派使者人唐乞兵請援，太宗便下令征伐高麗。

第四，是為了拯救漢民。

隋文帝一征高麗，隋煬帝三征高麗，都以失敗而告終，除許多士兵戰死疆場，還有許多士兵被俘或散居高麗。唐高祖武德初年，「高祖感隋末戰士多陷其地，五年，賜建武書曰：『……但隋氏季年，連兵構難，攻戰之所，各失其民。遂使骨肉乖離，室家分析，多歷年歲，怨曠不申。今二國通和，義無阻異，在此所有高麗人等，已令追括，尋即遣送；彼處有此國人者，王可放還，務盡撫育之方，共弘仁恕之道。』於是建武悉搜括華人，以禮賓送，前後至者萬數，高祖大喜」[251]。武德初年以雙方交換的方式獲得漢人萬餘，可見隋末滯留高麗漢人之多。貞觀五年八月，唐太宗「遣使毀高麗所立京觀，收隋人骸骨，祭而葬之」[252]，並且唐太宗還專門頒發了《收瘞征遼士卒詔》。除此之外，還有個人去高麗收骸骨者，如唐初柳奭，其父柳則，「隋左衛騎曹，因使卒於高麗，奭入蕃迎喪柩，哀號逾禮，深為夷人所慕」[253]。

貞觀十五年，唐太宗遣職方郎中陳大德使高麗，大德「入其國，厚餉官守，悉得其纖曲。見華人流客者，為道親戚存亡，人人垂涕，

249　《資治通鑑》卷一百九十七，太宗貞觀十七年九月條，第6204頁。

250　《資治通鑑》卷一百九十七，太宗貞觀十七年九月條，第6204頁。

251　《舊唐書》卷一百九十九上《高麗傳》，第5320-5321頁。

252　《舊唐書》卷三《太宗本紀下》，第41頁。

253　《舊唐書》卷七十七《柳亨傳》，第2681-2682頁。

故所至士女夾道觀」。[254]《資治通鑑》曰：大德在高麗「無所不至，往往見中國人，自云：『家在某郡，隋末從軍，沒於高麗，高麗妻以游女，與高麗錯居，殆將半矣。』因問親戚存沒，大德紿之曰：『皆無恙』。咸涕泣相告。數日後，隋人望之而哭者，遍於郊野」[255]。可見，直到貞觀時期漢人留居高麗的數量也還有很多。陳大德回來後將所見情況報告了唐太宗，太宗說：「高麗本四郡地耳，吾發卒數萬攻遼東，彼必傾國救之，別遣舟師出東萊，自海道趨平壤，水陸合勢，取之不難。但山東州縣凋瘵未復，吾不欲勞之耳」[256]。胡三省注云：「觀帝此言，已有取高麗之心。」胡三省此言很有見地。從以上所述情況及太宗所言可知，為拯救隋末留居高麗之漢人，太宗已有了征伐高麗之意，只是由於「山東州縣凋瘵未復」，沒有立即出兵征伐高麗罷了。

第五，是為了聲討弒逆。

唐初，高建武為高麗王，唐與高麗關係比較融洽。貞觀十六年，「營州都督張儉奏高麗東部大人泉蓋蘇文弒其王武。蓋蘇文凶暴多不法，其王及大臣議誅之。蓋蘇文密知之，悉集部兵若校閱者，並盛陳酒饌於城南，召諸大臣共臨視，勒兵盡殺之，死者百餘人。因馳入宮，手弒其王，斷為數段，棄溝中，立王弟子藏為王。自為莫離支，其官如中國吏部兼兵部尚書也。」[257]得到蓋蘇文弒主建武之消息後，「亳州刺史裴行莊奏請伐高麗，上曰：『高麗王武職貢不絕，為賊臣所弒，朕哀之甚深，固不忘也。但因喪乘亂而取之，雖得之不貴。且山東凋

---

254 《新唐書》卷二百二十《高麗傳》，第6187頁。
255 《資治通鑑》卷一百九十六，太宗貞觀十五年條，第6169頁。
256 《資治通鑑》卷一百九十六，太宗貞觀十五年條，第6169-6170頁。
257 《資治通鑑》卷一百九十六，太宗貞觀十六年十一月條，第6181頁。

弊，吾未忍言用兵也」[258]，從太宗此言可知已有取高麗之意。《新唐書·高麗傳》曰：「帝聞建武為下所殺，惻然遣使者持節弔祭。或勸帝可遂討之，帝不欲因喪伐罪，乃拜藏為遼東郡王、高麗王。帝曰：『蓋蘇文殺君攘國，朕取之易耳，不願勞人，若何？』司空房玄齡曰：『陛下士勇而力有餘，戢不用，所謂止戈為武者』。」[259]《資治通鑑》載有唐太宗君臣的對話，李世民問曰：「蓋蘇文弒其君而專國政，誠不可忍，以今日兵力，取之不難，但不欲勞百姓，吾欲且使契丹、靺鞨擾之，何如？」長孫無忌答說：「蓋蘇文自知罪大，畏大國之討，必嚴設守備，陛下少為之隱忍，彼得以自安，必更驕惰，愈肆其惡，然後討之，未晚也。」上曰：「善！」[260]觀太宗君臣的議論，可知已準備東征高麗。《新唐書·高麗傳》載，唐太宗說：「去本而就末，舍高以取下，釋近而之遠，三者為不詳，伐高麗是也。然蓋蘇文弒君，又戮大臣以逞，一國之人延頸待救，議者顧未亮耳。」[261]此時太宗已決定征伐高麗，便於貞觀十八年「手詔諭天下，以高麗蓋蘇文弒主虐民，情何可忍！今欲巡幸幽、薊，問罪遼、碣，所過營頓，無為勞費」[262]。貞觀十九年三月，唐太宗對侍臣說：「朕今東征，欲為……高麗雪君父之恥耳」[263]。可見聲討弒逆，也是唐太宗征伐高麗的原因之一。

從以上所述可知，唐伐高麗是有多種原因的，但當時許多大臣都反對伐高麗，並有很多懇切的諫諍之詞。貞觀十七年，「太宗將征高

258 《資治通鑑》卷一百九十六，太宗貞觀十六年十一月條，第 6181-6182 頁。

259 《新唐書》卷二百二十《高麗傳》，第 6188 頁。

260 《資治通鑑》卷一百九十六，太宗貞觀十七年條，第 6202 頁。

261 《新唐書》卷二百二十《高麗傳》，第 6189 頁。

262 《資治通鑑》卷一百九十七，太宗貞觀十八年條，第 6214 頁。

263 《資治通鑑》卷一百九十七，太宗貞觀十九年三月條，第 6217-6218 頁。

麗，（姜）行本諫以為師未可動，太宗不從」[264]。張亮也「頻諫不
納」[265]。諫議大夫褚遂良上疏説：「今聞陛下將伐高麗，意皆熒惑。然
陛下神武英聲，不比周隋之主。兵若渡遼，事須克捷。萬一差跌，無
以示威遠方，必更發怒，再動兵眾，若至於此，安危難測。」[266]當唐太
宗決定親征高麗時，褚遂良又上《諫親征高麗疏》，認為不宜親征。尉
遲敬德也上疏説：「車駕若自往遼左，皇太子又監國定州。東西二京，
府庫所在，雖有鎮守，終自空虛。遼東路遙，恐有元（玄）感之變。
且邊隅小國，不足親勞萬乘。若克勝，不足為武，倘或不勝，恐為所
笑，伏請委之良將，自可應時摧滅」[267]。貞觀二十二年，房玄齡對其諸
子説：「當今天下清謐，咸得其宜，唯東討高麗不止，方為國患。」並
上書唐太宗：「向使高麗違失臣節，陛下誅之可也；侵擾百姓，而陛下
滅之可也；久長能為中國患，而陛下除之可也。有一於此，雖日殺萬
夫，不足為愧。今無此三條，坐煩中國，內為舊王雪恥，外為新羅報
仇，豈非所存者小，所損者大？」[268]當高宗又要親征高麗時，李君球也
上疏説：「彼高麗者，遐荒小丑，潛藏山海之間，得其人不足以彰聖
化，棄其地不足以損天威，何至乎疲中國之人，傾府庫之實，使男子
不得耕耘，女子不得蠶織。……設令高麗既滅，即不得不發兵鎮守，
少發則兵威不足，多發則人心不安。是乃疲於轉戍，萬姓無聊生也。
萬姓怨則天下敗矣，天下既敗，陛下何以自安。故臣以為征之不如不

264　《舊唐書》卷五十九《姜謩傳》，第2334頁。

265　《舊唐書》卷六十九《張亮傳》，第2515頁。

266　《全唐文》卷一百四十九，褚遂良：《諫討高麗疏》，第1509頁上。

267　《全唐文》卷一百五十三，尉遲敬德：《諫親征高麗疏》，第1566頁下。

268　《舊唐書》卷六十六《房玄齡傳》，第2464、2466頁。

征，滅之不如不滅」[269]。除褚遂良、房玄齡、尉遲敬德、張亮、姜行本、李君球外，還有許多人反對征伐高麗。可以説，太宗父子之征伐高麗，大臣們贊同者少，反對者多。反對者提出了許多疑問，即太宗父子為何要征伐高麗？筆者綜觀唐初歷史，對上面所述各種原因加以分析，也認為太宗父子無必要動用如此多的兵力，花如此大的代價征伐高麗。那麼太宗父子征伐高麗的真正意圖是什麼呢？

筆者認為，唐太宗、高宗父子之征高麗，也和隋文帝、煬帝父子征高麗一樣，雖是多種因素相互作用的結果，即有多種原因，但貫穿始終的最主要一條原因，則是雙方政治利益的衝突。不論隋、唐政府，或者是北魏政府，都想以中原為根據地，實現全國統一。而高麗為了保持其政治利益，不被中原王朝政府所兼併、統一，總是千方百計地阻礙中原王朝統一全國。正如金寶祥先生所指出的，高麗和中原王朝的矛盾，並非一般的經濟或婚姻關係引起的矛盾，而是因政治利害關係的不一致而引起的激烈矛盾[270]。

高麗所據遼東之地，本為中原王朝所有。隨著高麗的不斷發展壯大，再加上魏晉南北朝時期的大分裂、大動亂，高麗便脫離了中原王朝之控制。為了保持其既得利益，常常通過外交等途徑，來阻礙中原王朝之統一。南北朝對峙時期，從總體上言，北方力量強於南方，北方統一的條件也優於南方。高麗為了阻礙北朝統一，便不斷遣使南朝政權，而南朝各政權為了保持其一席之地，也想盡一切辦法來阻擋北朝南下，統一中國。由於共同的政治利益，使高麗和南朝相互勾結，不斷往來，並對北朝政權形成南北包圍之勢。「晉安帝義熙九年（西元

---

269 《全唐文》卷一百五十九，李君球：《諫高宗將伐高麗疏》，第 1625 頁上至 1625 頁下。

270 金寶祥：《吐蕃的形成、發展及其和唐的關係》，《西北史地》1985 年第 1-2 期。

413），高麗王高璉遣長史高翼奉表，獻赭白馬，晉以璉為使持節、都督營州諸軍事、征東將軍、高麗王、樂浪公」[271]。西元四二〇年，劉裕代晉稱帝，建立劉宋政權，是為宋武帝，南朝政權由此建立。劉裕為了維持其剛建立之政權，便和高麗相連繫，共同制約北朝的統一。「宋武帝踐阼，加璉征東大將軍，余官並如故。……少帝景平二年，璉遣長史馬婁等來獻方物，遣謁者朱邵伯、王邵子等慰勞之」[272]。劉宋政權剛剛建立，就與高麗建立了如此密切之關係，除了政治利益的一致性外，還能有其他別的因素嗎？

宋文帝劉義隆「自踐位以來，有恢復河南之志」，元嘉七年（西元430）春，派到彥之等攻魏，並派使者至魏說：「河南舊是宋土」，「今當修復舊境，不關河北」[273]，開始了宋魏爭戰的局面。同年北燕君主馮跋病死，其弟馮弘自立為燕天王，第二年北魏即來進攻。在北魏的連續攻擊下，元嘉十三年（西元436）馮弘率眾投奔高麗，北燕滅亡，地盡入魏。《南史·夷貊傳下》說：「馮弘為魏所攻，敗奔高麗北豐城。」馮弘不願在高麗久待，上表要求去宋，宋「文帝遣使王白駒、趙次興迎之，並令高麗資遣。」高麗王高璉不願馮弘南下，便於元嘉十五年殺了馮弘。宋文帝雖然很生氣，但為了兩者的共同政治利益，仍然維持著二者的親密關係。「十六年，文帝欲侵魏，詔璉送馬，獻八百匹。」由此說明了高麗與北魏的對峙及與南朝關係之親密，即高麗總是千方百計地阻擋北魏的統一。

元嘉三十年（西元453）宋文帝被殺，孝武帝即位。孝武孝建二年（西元455），「璉遣長使董騰奉表，慰國哀再周，並獻方物。大明二年

---

271 （唐）李延壽撰：《南史》卷七十九《夷貊傳下》，中華書局1975年版，第1970頁。

272 《南史》卷七十九《夷貊傳下》，第1970頁。

273 《資治通鑑》卷一百二十一，文帝元嘉七年條，第3814-3815頁。

（西元 458）又獻肅慎氏楛矢石砮。七年，詔進璉為車騎大將軍、開府儀同三司，余官並如故。明帝泰始（西元 465-471）、後廢帝元徽（西元 473-477）中，貢獻不絕」[274]。高璉死後，其子云立，南齊鬱林王隆昌中（西元 494），北魏發動攻齊的戰爭。齊與宋一樣，也和高麗有密切連繫，同年，齊以高麗王高云「為使持節，散騎常侍、都督營平二州、征東大將軍、高麗王、樂浪公」[275]。

西元 502 年，梁代齊，「梁武帝即位，進雲車騎大將軍。天監七年（西元 508），詔為撫東大將軍、開府儀同三司，持節、常侍、都督、王並如故。十一年（西元 512）、十五年（西元 516），累遣使貢獻。十七年，云死，子安立。普通元年（西元 520），詔安纂襲封爵，持節、督營平二州諸軍事、寧東將軍。七年（西元 526），安卒，子延立，遣使貢獻。詔以延襲爵。中大通四年（西元 532）、六年、大同元年（西元 535）、七年，累奉表獻方物。太清二年（西元 548），延卒，詔其子成襲延爵位」[276]。由上敘述可知，雖然南朝政權不斷改朝換代，但由於共同的政治利益，高麗一直和南朝各政權保持緊密的連繫。而南朝各政權也為了自己的既得利益，防止和阻礙北朝政權的南下，總是以加封官爵等各種辦法來討高麗之歡心，使高麗成為牽制北朝政權南下的一支有力力量。當然，高麗也非常明白，南朝政權存在一天，其受北朝中原政府的威脅就相對減少一天，反之亦然。

下面再談高麗和北朝各政權的關係。

高麗雖然和南朝各政權頻繁往來，以抵制北朝的南下統一。

但為了圖謀自存，高麗和北朝政權也時有周旋。北魏孝文帝時，

---

274 《南史》卷七十九《夷貊傳下》，第 1971 頁。
275 《南史》卷七十九《夷貊傳下》，第 1971 頁。
276 《南史》卷七十九《夷貊傳下》，第 1971 頁

高麗王高璉「貢獻倍前，其報賜亦稍加焉。時光州於海中得璉遣詣齊使余奴等，送闕。孝文詔責曰：『道成親殺其君，竊號江左，朕方欲興滅國於舊邦，繼絕世於劉氏。而卿越境外鄉，交通篡賊，豈同藩臣守節之義』」？[277] 可見高麗對北魏只是應付而已。真正連繫密切的則是南朝各政權。當北魏從海上獲高麗使南齊的使者時，孝文帝非常憤怒，也很清楚二者相互往來的目的，便對高麗明確表示要南下進行統一。為了免去後顧之憂，北魏便對高麗實行籠絡，神龜年間（西元 518-520），北魏「拜其（云）世子安為鎮東將軍、領護東夷校尉、遼東郡公、高麗王」[278]。但高麗和南朝為了其共同的政治利益，仍通過海路頻繁往來，北魏正光（西元 520-525）初年，「光州又於海中執得梁所授安寧東將軍衣冠劍珮，及使人江法盛等，送京師」[279]。

西元五三四年，北魏分裂為東西魏。大統十二年（西元 546），高麗王高成「遣使至西魏朝貢。及齊受東魏禪之歲，遣使朝貢於齊。齊文宣加成使持節、侍中、驃騎大將軍，領東夷校尉、遼東郡公、高麗王如故。天保三年（西元 552），文宣至營州，使博陵崔柳使於高麗，求魏末流人。……（崔）柳以五千戶反命」[280]。從高麗與東、西魏、北齊的關係中也可看出，高麗的目的仍是阻擋中原統一，以圖謀自存，它開始「至西魏朝貢」，後來看到西魏的力量逐漸強大，便又遣使東魏。北齊代東魏之後，又「遣使朝貢於齊」，而北齊文宣帝也對高麗王高成封官加爵。這種種歷史跡象，顯然是因為宇文泰所建立的西魏和後來又為宇文氏所篡奪而建立的北周，與東魏、北齊經過幾次交鋒，

277　《北史》卷九十四《高麗傳》，第 3113 頁。

278　《北史》卷九十四《高麗傳》，第 3114 頁。

279　《北史》卷九十四《高麗傳》，第 3114 頁。

280　《北史》卷九十四《高麗傳》。第 3114-3115 頁。

西魏、北周的軍事力量，顯然居於優勝的地位，「駸駸然有統一中原的氣勢，於是才有吐谷渾、高麗遣使東魏、北齊，結成與國來阻擋西魏、北周的統一中原。阻擋中原的統一，不但是高麗、吐谷渾遣使東魏、北齊的目的，同時也是遣使南朝的目的」[281]。雖然高麗不斷遣使南朝和北朝的東魏、北齊，以阻擋中原的統一，但是中原的統一乃至南北朝的統一，是歷史發展的必然趨勢。隋文帝楊堅代周建隋之後，就積極準備進兵陳朝，以統一南北。開皇九年（西元589），隋滅陳統一南北後，使阻擋統一的高麗感到非常恐慌。《資治通鑑》曰：「高麗王湯聞陳亡，大懼，治兵積穀，為拒守之策。」[282]與此同時，「吐谷渾可汗誇呂聞陳亡，大懼」[283]。其所以「大懼」，是因為隋滅陳統一南北後，就有力量來對付他們了。實際情況也是如此，隋統一南北後，所遇到的問題就是對付吐谷渾、突厥和高麗了。而吐谷渾、突厥、高麗也不斷遣使隋朝，表示友好，以圖自存。如《隋書·高祖紀》載，開皇二年春正月「高麗、百濟並遣使貢方物」，「十一月丙年，高麗遣使貢方物」[284]；開皇三年正月、四月、五月高麗曾三次「遣使來朝」；開皇十一年正月、五月高麗兩次「遣使貢方物」；開皇十七年五月，「高麗遣使貢方物」。高麗不斷地遣使隋朝，是由於高麗受到了隋朝的軍事威脅，對隋王朝「恆自猜疑」，便不斷遣使以訪隋朝消息，試探虛實，積極圖謀自存。從而更引起了隋朝對高麗的戒備，終於派大兵征伐高麗。開皇十八年（西元598）二月，隋王朝「以漢王諒為行軍元帥，水

---

281 金寶祥：《吐蕃的形成、發展及其和唐的關係》。

282 《資治通鑑》卷一百七十八，文帝開皇十七年條，第5559頁。

283 《資治通鑑》卷一百七十七，文帝開皇十一年二月，第5534頁。

284 《隋書》卷一《高祖紀上》，第16、18頁。

陸三十萬伐高麗」[285]，以失敗而告終。從此，高麗對隋更加戒備。

關於隋煬帝攻打高麗的原因，煬帝與裴矩君臣的對話很有啟發。大業三年（西元 607），裴矩「從帝巡於塞北，幸啟民帳。時高麗遣使先通於突厥，啟民不敢隱，引之見帝。矩因奏狀曰：『高麗之地，本孤竹國也。周代以之封於箕子，漢世分為三郡，晉氏亦統遼東。今乃不臣，別為外域，故先帝疾焉，欲征之久矣。但以楊諒不肖，師出無功。當陛下之時，安得不事，使此冠帶之境，仍為蠻貊之鄉乎？今其使者朝於突厥，親見啟民，合國從化，必懼皇靈之遠暢，慮後伏之先亡。協令入朝，當可致也。』帝曰：『如何？』矩曰：『請面詔其使，放還本國，遣語其王，令速朝觀。不然者，當率突厥，即日誅之。』帝納焉」[286]。煬帝在突厥啟民可汗帳中見到高麗使者，非常憤怒，便對高麗使者說：「歸語爾王，當早來朝見。不然者，吾與啟民巡彼土矣」[287]。從而積極準備征伐高麗。

前已述及，隋唐王朝三番五次的攻打高麗，是有深刻原因的。但有的學者卻將隋煬帝攻打高麗的責任推給裴矩，認為「煬帝發動侵略高麗的戰爭雖不能由裴矩負全部的責任，但始謀之罪卻是推卸不了的。」[288]

大業七年煬帝下詔曰：「高麗高元，虧失藩禮，將欲問罪遼左」[289]。並於大業八年、九年、十年三征高麗，三次失敗，引起了隋末農民戰爭的爆發，埋葬了隋王朝。

---

285 《隋書》卷二《高祖紀下》，第 43 頁。
286 《隋書》卷六十七《裴矩傳》，第 1581 頁。
287 《隋書》卷三《煬帝紀上》，第 70 頁。
288 齊陳駿：《裴矩功過述評》，載《敦煌學輯刊》創刊號（總第四期），1983 年。
289 《隋書》卷三《煬帝紀上》，第 75 頁。

　　唐王朝建立初年，由於各地農民起義還未平息，唐王朝還沒有統一全國，因而與邊疆各族和平往來。武德二年，高麗王建武「遣使來朝。四年，又遣使朝貢」[290]。高祖感隋末戰士多陷其地，便於武德五年賜建武書，要求將隋末留居高麗之漢人全部放還，「建武悉搜括華人，以禮賓送，前後至者萬數，高祖大喜」[291]。武德七年，「高麗王建武遣使來請班歷」[292]，高祖便「遣前刑部尚書沈叔安往冊建武為上柱國、遼東郡王、高麗王，仍將天尊像及道士往彼，為之講《老子》，其王及道俗等觀聽者數千人。」[293]武德九年，「新羅、龜茲、突厥、高麗、百濟、党項並遣使朝貢」[294]。同年，「新羅、百濟遣使訟建武，云閉其道路，不得入朝。又相與有隙，屢相侵略，」高祖也沒有多加責備，只是派員外散騎侍郎朱子奢往「和解之」[295]罷了。高祖曾對群臣説：「名實之間，理須相副。高麗稱臣於隋，終拒煬帝，此亦何臣之有？朕敬於萬物，不欲驕貴，但據土宇，務共安人，何必令其稱臣以自尊大？」[296]並準備下詔以述此意。雖然在溫彥博、裴矩等人的勸説下，高祖未下此詔，但武德一朝也沒有對高麗進行征伐。

　　唐太宗即位後，全國已統一，便開始經營邊疆。首先要對付的就是突厥、高昌、高麗和吐蕃。貞觀二年，唐太宗派兵「破突厥頡利可汗」後，高麗王「建武遣使奉賀，並上封域圖」[297]。

290　《舊唐書》卷一百九十九上《高麗傳》，第5320頁。

291　《舊唐書》卷一百九十九上《高麗傳》，第5321頁。

292　《資治通鑑》卷一百九十，高祖武德七年二月，第5976頁。

293　《舊唐書》卷一百九十九上《高麗傳》，第5321頁。

294　《舊唐書》卷二《太宗本紀上》，第32頁。

295　《舊唐書》卷一百九十九上《高麗傳》，第5321頁。

296　《舊唐書》卷六十一《溫大雅傳》，第2360頁。

297　《舊唐書》卷一百九十九上《高麗傳》，第5321頁。

　　貞觀五年，唐太宗下詔「遣廣州都督府司馬長孫師往收瘞隋時戰亡骸骨，毀高麗所立京觀。建武懼伐其國，乃築長城，東北自扶餘城，西南至海，千有餘里。」[298]貞觀十四年，侯君集率軍平定高昌，執高昌王麴智盛，高麗得知後非常恐慌，便遣「其太子桓權來朝」[299]以探訪唐朝消息。貞觀十五年，職方郎中陳大德使高麗，回來後對唐太宗說：「其國聞高昌亡，大懼，館候之勤，加於常數。」[300]貞觀十九年唐太宗親征高麗，從遼東返回後，吐蕃贊普遣祿東贊來賀，奉表曰：「聖天子平定四方，日月所照之國，並為臣妾，而高麗恃遠，闕於臣禮。天子自領百萬，度遼致討，隳城陷陣，指日凱旋。夷狄才聞陛下發駕，少進之間，已聞歸國。雁飛迅越，不及陛下速疾」[301]。不論高麗遣使來朝，還是吐蕃遣使來賀，其起初意圖都是討好唐朝，以圖謀自存。以筆者見解，高麗通過各種途徑阻擋南北統一，以圖自存，便是隋文帝父子、唐太宗父子征伐高麗的根本原因。

　　二、唐與高麗之決戰

　　唐出兵征伐高麗，歷經太宗、高宗兩朝，凡二十餘年，出征六次，現將唐伐高麗情況述說如下。

　　第一次，貞觀十八、十九年。

　　貞觀十八年，太宗決定征高麗，七月，「敕將作大監閻立德等詣洪、饒、江三州，造船四百艘以載軍糧。甲午，下詔遣營州都督張儉等帥幽、營二都督兵及契丹、奚、靺鞨先擊遼東以觀其勢。以太常卿

---

298 《舊唐書》卷一百九十九上《高麗傳》，第5321頁。

299 《舊唐書》卷一百九十九上《高麗傳》，第5321頁。桓權，《舊唐書·太宗紀》作「相權」。

300 《資治通鑑》卷一百九十六，太宗貞觀十五年條，第6169頁。

301 《舊唐書》卷一百九十六《吐蕃傳上》，第5222頁。

韋挺為饋運使，以民部侍郎崔仁師副之，自河北諸州皆受挺節度，聽以便宜從事。又命太僕少卿蕭銳運河南諸州糧入海。」[302]此次進兵，太宗並沒有做好準備，只是先擊遼東以「觀其勢」罷了。當張儉等渡遼水時，「值遼水漲，久不得濟，上以為畏懦，召儉詣洛陽」[303]。張儉到洛陽，向太宗報告了遼東的山川險易，水草美惡等情況後，太宗始決意親征。「於是北輸粟營州，東儲粟古大人城」[304]，並於十月幸洛陽宮。為親征高麗，太宗還專門頒發了《親征高麗手詔》，詔書曰：「高麗莫離支蓋蘇文，弒逆其主，酷害其臣，竊據邊隅，肆其蜂蠆。朕以君臣之義，情何可忍，若不誅翦遐穢，無以澂肅中華。今欲巡幸幽薊，問罪遼碣。……略言必勝之道，蓋有五焉：一曰以我大而擊其小，二曰以我順而討其逆，三曰以我安而乘其亂，四曰以我逸而敵其勞，五曰以我悅而當其怨」[305]。

這次戰役分水陸二路並進。水軍以張亮為平壤道行軍大總管，常何、左難當副之，冉仁德、劉英行、張文干、龐孝恭、程名振為總管，「帥江、淮、嶺、峽兵四萬，長安、洛陽募士三千，戰艦五百艘，自萊州泛海趨平壤」[306]。陸軍以李勣為遼東道行軍大總管，江夏王道宗副之，張士貴、張儉、執失思力、契苾何力、阿史那彌射、姜德本、麴智盛、吳黑闥為行軍總管隸之，「帥步騎六萬及蘭、河二州降胡趨遼東，兩軍合勢並進」[307]。又詔「新羅、百濟、奚、契丹分道擊高

---

302 《資治通鑑》卷一百九十七，太宗貞觀十八年條，第6209-6210頁。

303 《資治通鑑》卷一百九十七，太宗貞觀十八年條，第6213頁。

304 《新唐書》卷二百二十《高麗傳》，第6189頁。

305 《全唐文》卷七，《親征高麗手詔》，第86頁上至86頁下。

306 《資治通鑑》卷一百九十七，太宗貞觀十八年條，第6214頁。

307 《資治通鑑》卷一百九十七，太宗貞觀十八年條，第6214頁。

麗」[308]。貞觀十九年二月，「上親統六軍發洛陽，……三月壬辰，上發定州，……四月癸卯，誓師於幽州城南」[309]，開始了親征高麗之大戰。

李勣軍從柳城（即營州，今遼寧朝陽市）出發，出高麗不意，貞觀十九年四月，「自通定濟遼水，至玄菟。高麗大駭，城邑皆閉門自守。壬寅，遼東道副大總管江夏王道宗將兵數千至新城」。[310]然後李勣「攻蓋牟城拔之，得戶二萬，糧十萬石，以其地為蓋州。」[311]攻取蓋牟城（今遼寧蓋州市）後，李勣便圍了遼東城（今遼寧遼陽市），五月，「高麗步騎四萬救遼東，江夏王道宗將四千騎逆擊之……李世勣引兵助之，高麗大敗，斬首千餘級」。[312]此時唐太宗率大軍逾遼澤、渡遼水，然後太宗親率數百騎，至遼東城下，與李勣軍攻克了遼東城，「所殺萬餘人，得勝兵萬餘人，男女四萬口，以其城為遼州」。[313]攻克遼東城後，便於六月進軍白巖城（今遼寧遼陽市東北）。《資治通鑑》載：「六月丁酉，李世勣攻白巖城西南，上臨其西北。城主孫代音潛遣腹心請降，臨城，投刀鉞為信，且曰：『奴願降，城中有不從者。』上以唐幟與其使，曰：『必降者，宜建之城上。』代音建幟，城中人以為唐兵已登城，皆從之。」[314]「得城中男女萬餘口，上臨水設幄受其降，……以白巖城為巖州，以孫代音為刺史。」[315]同時，以蓋牟城為蓋州。然後太宗親率大軍從遼東出發，進攻安市城（今遼寧海城市南），高麗北部耨

308　《資治通鑑》卷一百九十七，太宗貞觀十八年條，第6215頁。

309　《舊唐書》卷三《太宗本紀下》，第57頁。

310　《資治通鑑》卷一百九十七，太宗貞觀十九年條，第6218-6219頁。

311　《新唐書》卷二百二十《高麗傳》，第6190頁。

312　《資治通鑑》卷一百九十七，太宗貞觀十九年條，第6220頁。

313　《資治通鑑》卷一百九十七，太宗貞觀十九年條，第6221頁。

314　《資治通鑑》卷一百九十八，太宗貞觀十九年條，第6222頁。

315　《資治通鑑》卷一百九十八，太宗貞觀十九年條，第6223頁。

薩（相當於都督）延壽、惠真率高麗、靺鞨兵十五萬救安市。太宗在山上指揮，運用誘敵深入、四周圍擊之戰術，打敗了高麗援軍。延壽、惠真帥其眾三點六八萬人請降，太宗將耨薩以下酋長三千五百人，授以戎秩，遷之內地，其餘都釋放，讓還平壤。「收靺鞨三千三百人，悉坑之，獲馬五萬匹，牛五萬頭，鐵甲萬領，他器械稱是。高麗舉國大駭，後黃城、銀城皆自拔遁去」。[316]

水路大軍由張亮統率，自東萊（今山東萊州市）渡海，襲卑沙城（今遼寧金縣東），「其城四面懸絕，惟西門可上。程名振引兵夜至，副總管王文度先登。五月，己巳，拔之，獲男女八千口。分遣總管丘孝忠等曜兵於鴨綠水」。[317]然後張亮軍至建安城下，與營州都督張儉攻破建安城（今遼寧營口東南），斬首數千級。

七月，太宗率諸軍攻安市城，經過兩個月的浴血奮戰，仍不能克。至九月，遼東已非常寒冷，風雪滿天，草枯水凍，士馬難以久留。且此時所攜帶糧食也將盡，太宗便命班師。太宗此次親征高麗，「拔玄菟、橫山、蓋牟、磨米、遼東、白岩、卑沙、麥谷、銀山、後黃十城，徙遼、蓋、岩三州戶口人中國者七萬人。新城、建安、駐驆三大戰，斬首四萬餘級，戰士死者幾二千人，戰馬死者什七、八。上以不能成功，深悔之，嘆曰：『魏徵若在，不使我有是行也！』」[318]

第二次，貞觀二十一年。

自貞觀十九年太宗親征高麗未獲勝而班師後，「蓋蘇文益驕恣，雖遣使奉表，其言率皆詭誕；又待唐使者倨慢，常窺伺邊隙。」太宗多次

316 《資治通鑑》卷一百九十八，太宗貞觀十九年條，第 6226 頁。

317 《資治通鑑》卷一百九十七，太宗貞觀十九年條，第 6220 頁。

318 《資治通鑑》卷一百九十八，太宗貞觀十九年條，第 6230 頁。

頒敕，「令勿攻新羅，而侵陵不止」[319]，因此太宗決定再伐高麗。但許多大臣認為，「高麗依山為城，攻之不可猝拔。前大駕親征，國人不得耕種，所克之城，悉收其谷，繼以旱災，民太半乏食。今若數遣偏師，更迭擾其疆場，使彼疲於奔命，釋耒入堡，數年之間，千里蕭條，則人心自離，鴨綠之北，可不戰而取矣」。[320]太宗分析了大臣們的意見，認為所述情況比較符合實際，就再沒有派大軍征伐高麗，只命偏師，出擾高麗，至高宗總章元年而滅高麗。

貞觀二十一年三月，太宗以左武衛大將軍牛進達為青丘道行軍大總管，右武候將軍李海岸為副大總管，發兵萬餘人，乘樓船自萊州泛海而入。又以李勣為遼東道行軍大總管，右武衛將軍孫貳朗等為副大總管，將兵三千人，自新城道入高麗，兩軍將士皆選取既善戰又習水者。

李勣、牛進達軍入高麗後，雖取得了一些勝利，但沒有大的進展，且此次攻伐高麗兵寡將少，便於七月率軍回師。

第三次，貞觀二十二年。

貞觀二十二年，太宗又詔右武衛將軍薛萬徹為青丘道行軍大總管，右衛將軍裴行方副之，將兵三萬餘人伐高麗，「萬徹渡海入鴨綠水，進破其泊灼城，俘獲甚眾」。[321]此次進軍與貞觀二十一年一樣，都是騷擾性進攻而已，八月班師回軍。

薛萬徹軍班師後，太宗認為高麗困弊，大規模征伐高麗的時機已到，便決定次年發兵三十萬，一舉滅之。太宗命江南造大船，並「遣陝州刺史孫伏伽召募勇敢之士，萊州刺史李道裕運糧及器械，貯於烏

---

319 《資治通鑑》卷一百九十八，太宗貞觀二十年條，第6241頁。

320 《資治通鑑》卷一百九十八，太宗貞觀二十一年二月條，第6245頁

321 《舊唐書》卷一百九十九上《高麗傳》，第5326頁。

胡島，將欲大舉以伐高麗，未行而帝崩」。[322]太宗征伐高麗之壯志未
酬，這一任務自然落在了太宗的繼位者——高宗身上。

第四次，永徽六年。

高宗即位後，仍然執行太宗征伐高麗之政策。只是剛剛即位，內
部還不夠鞏固，沒有立即出兵罷了。永徽六年，高麗與百濟、靺鞨聯
兵侵略新羅，攻占新羅三城，新羅王春秋遣使求援。二月，高宗「遣
營州都督程名振、左衛中郎將蘇定方發兵擊高麗。」五月，程名振等渡
遼水，「高麗見其兵少，開門渡貴端水逆戰，名振等奮擊，大破之，殺
獲千餘人，焚其外郭及村落而還」。[323]

顯慶三年（西元 658）六月和四年十一月，程名振和薛仁貴又率軍
兩次自營州出師征高麗，皆無大戰。

第五次，高宗顯慶五年、龍朔元年。

此時百濟在高麗的支持下，不斷侵略新羅，使新羅喪地失民，新
羅王春秋上表唐高宗求救。顯慶五年三月，高宗便以左武衛大將軍蘇
定方為神丘道行軍大總管，帥左驍衛將軍劉伯英等水陸十萬以伐百
濟，並以新羅王春秋為峭夷道行軍總管，將新羅之眾，與蘇定方聯合
進軍百濟。

蘇定方率軍自成山濟海，百濟軍隊據熊津江口以拒唐兵。定方以
山為陣，與之大戰，百濟失敗，死者數千人。定方軍「連舳入江，水
陸齊進，飛楫鼓噪，直趣真都」。[324]真都為百濟之國都，當定方軍離真
都二十餘里時，百濟眾傾國來拒，結果大敗，被殺萬餘人。定方軍追
奔入郭，百濟王義慈及太子隆逃於北境，定方圍其城，義慈王次子泰

---

322 《舊唐書》卷一百九十九上《高麗傳》，第 5326 頁。

323 《資治通鑑》卷一百九十九，高宗永徽六年條，第 6287-6288 頁。

324 《冊府元龜》卷九百八十六《外臣部·征討五》，第 11577 頁下。

自立為王，率眾固守。太子隆之子文思説：「王與太子雖並出城，而身見在，叔總兵馬，專擅為王，假令漢退，我父子當不全矣」。[325]遂率其左右逾城而降，百姓從之，泰不能止。定方令兵士登城立唐幟，泰開門請降，「其大將祢植又將義慈來降，太子隆並與諸城主皆同送款，百濟悉平」。[326]「百濟故有五部，分統三十七郡、二百城、七十六萬戶，詔以其地置熊津等五都督府，以其酋長為都督、刺史」。[327]

　　平百濟後，十二月高宗又以契苾何力為浿江道行軍大總管，蘇定方為遼東道行軍大總管，劉伯英為平壤道行軍大總管，程名振為鏤方道總管，率兵分道擊高麗。龍朔元年（西元 661）正月，又「募河南北、淮南六十七州兵，得四萬四千餘人，詣平壤、鏤方行營。」並「以鴻臚卿蕭嗣業為扶餘道行軍總管，帥回紇等諸部兵詣平壤」，[328]共同進擊高麗。三月，高宗與群臣及外夷宴於洛城門，「觀屯營新教之舞，謂之《一戎大定樂》。時上欲親征高麗，以象用武之勢也」。[329]四月詔任雅相、契苾何力、蘇定方軍及諸胡兵共三十五萬，「川陸分途，先觀高麗之釁，帝將親率六軍以繼之」。[330]而蔚州刺史李君球建言：「高麗小丑，何至傾中國事之？有如高麗既滅，必發兵以守，少發則威不振，多發人不安，是天下疲於轉戍。臣謂征之未如勿征，滅之未如勿滅」。[331]恰好此時皇后武則天也苦諫高宗勿親征，故高宗沒有親征高麗。

---

325 《冊府元龜》卷九百八十六《外臣部·征討五》，第 11577 頁下。

326 《冊府元龜》卷九百八十六《外臣部·征討五》，第 11577 頁下至 11578 頁上。

327 《資治通鑑》卷二百，高宗顯慶五年條，第 6321 頁。

328 《資治通鑑》卷二百，高宗龍朔元年正月條，第 6323 頁。

329 《資治通鑑》卷二百，高宗龍朔元年三月條，第 6323 頁。

330 《冊府元龜》卷九百八十六《外臣部·征討五》，第 11578 頁上。

331 《新唐書》卷二百二十《高麗傳》，第 6195-6196 頁。

　　七月，蘇定方在浿江打敗了高麗兵，屢戰皆捷，奪其馬邑山，以山為營，遂圍平壤城。蘇定方圍平壤後，經過多次大戰，仍不能攻破，直到龍朔二年二月，才解圍而還。

　　第六次，乾封元年。

　　乾封元年（西元 666）高麗蓋蘇文卒，其長子男生代為莫離支。男生知國政後，便出巡諸城，讓其弟男建、男產留平壤暫理國政。有人對男建、男產挑撥說：「男生惡二弟之逼，意欲除之，不如先為計，」二弟聽了並不相信。又有人對男生說：「二弟恐兄還奪其權，欲拒兄不納」。[332] 男生聽後便偷偷遣其心腹去平壤觀察動靜，而被二弟所執。男建、男產就以國王之命召男生回平壤，男生害怕不敢回。男建便自立為莫離支，發兵討男生。男生遣其子獻誠來唐求救，蓋蘇文之弟淨土也請向唐割地投降。六月，高宗遣契苾何力為遼東道安撫大使，以獻誠為嚮導，率兵救男生。同時派龐同善、高侃率兵同討高麗。

　　九月，龐同善大破高麗兵，並與泉男生部眾相會合。十二月，高宗又命李勣、郝處俊率軍繼發，以討高麗。

　　乾封二年九月李勣拔高麗之新城（今遼寧鐵嶺附近），並率軍進擊，沿途十六城皆被攻破。同時，郭待封率水軍也自別道趣平壤。

　　乾封三年二月李勣、薛仁貴率兵拔高麗之扶餘城（今吉林四平市懷德一帶）。接著，薛仁貴又率兵拔南蘇（今遼寧西豐南）、木底（今遼寧新賓附近）、蒼岩（今吉林通化）三城。

　　總章元年（西元 668）九月，李勣率兵拔平壤，高麗悉平，遂虜高藏、男建、男產等以歸京師。並「分高麗五部、百七十六城、六十九萬余戶，為九都督府、四十二州、百縣，置安東都護府於平壤以統

---

332 《資治通鑑》卷二百一，高宗乾封元年五月條，第6347頁。

之，擢其酋帥有功者為都督、刺史、縣令，與華人參理。以右威衛大
將軍薛仁貴檢校安東都護，總兵二萬人以鎮撫之」[333]。至此，唐征高麗
以勝利而告終。

　　總章二年（西元 669）五月，唐「移高麗戶二萬八千二百，車一千
八十乘，牛三千三百頭，馬二千九百匹，駝六十頭，將入內地，萊、
營二州般次發遣，量配於江、淮以南及山南、並、涼以西諸州空閒處
安置」。[334]

三、唐征高麗之勝負評價

　　隋煬帝征高麗，其失敗雖然有許多原因，但煬帝親征不能不說是
一主要原因。當煬帝率大軍親征高麗時，命令諸將：「高麗若降者，即
宜撫納，不得縱兵」。[335]使各路帶兵將領不能按實際情況指揮戰爭，一
切軍事行動都得服從於煬帝之詔令，因而使許多戰機被貽誤。當高麗
得知這一情形後，即有了對付的辦法。每當隋軍將要攻破高麗城池
時，高麗即請求投降，各路將領因有煬帝詔令，都不能決定軍事行
動，就派傳令兵去奏請煬帝。當煬帝的命令傳到軍隊時，既不符合戰
爭的實際情況，而來去耗費時日，高麗又做好了防禦的準備。正是這
樣多次的反覆，「由是食盡師老，轉輸不繼，諸軍多敗績，於是班
師」。[336]

　　唐太宗征高麗之失敗，也是由於重蹈煬帝之覆轍，犯了親征之大
忌。當貞觀十九年唐太宗親率大軍攻克白岩城後，準備乘機攻取建
安，便對李勣說：「吾聞安市城險而兵精，其城主材勇，莫離支之亂，

---

333 《資治通鑑》卷二百一，高宗總章元年十月條，第 6356-6357 頁。

334 《舊唐書》卷五《高宗本紀下》，第 92 頁。

335 《隋書》卷八十一《高麗傳》，第 1817 頁。

336 《隋書》卷八十一《高麗傳》，第 1817 頁。

城守不服，莫離支擊之不能下，因而與之。建安兵弱而糧少，若出其不意，攻之必克。公可先攻建安，建安下，則安市在吾腹中，此兵法所謂『城有所不攻』者也。」而李勣回答說：「建安在南，安市在北，吾軍糧皆在遼東。今逾安市而攻建安，若賊斷吾運道，將若之何？不如先攻安市，安市下，則鼓行而取建安耳」。[337]由於太宗親征，所有軍事行動，首先要確保太宗之絕對安全，因而便違背了軍法所謂「出其不意，攻其不備」之原則。當時太宗也認識到，攻建安是「出其不意，攻之必克」。但在李勣的勸說反對下，並沒有堅持，反而說：「以公為將，安得不用公策。」遂攻安市城，但久攻不下。此時已降唐朝之高麗耨薩高延壽、高惠真對唐太宗說，現在應該先攻取烏骨城，然後鼓行而前，直取平壤。唐朝群臣也認為，張亮水軍已到沙城（即卑沙城），召之兩夜可以到達，水陸軍合力攻取烏骨城（今遼寧鳳城附近），然後渡鴨綠水，直取平壤，太宗將從之。唯獨長孫無忌認為：「天子親征，異於諸將，不可乘危徼幸。今建安、新城之虜，眾猶十萬，若向烏骨，皆躡吾後，不如先破安市，取建安，然後長驅而進，此萬全之策也」。[338]在長孫無忌「萬全之策」的勸說下，太宗放棄了這次攻取平壤的機會，失去了一次很好的戰機，不久便班軍回師。以後唐太宗雖再沒有親征，但也沒有派大軍征伐高麗，只是不斷派偏師騷擾高麗罷了。

李世民當秦王時，曾勇敢善戰，並多次出奇制勝。當了皇帝後，就不同於以前的秦王了，再也不敢乘危猛進，而是背上了「至尊」的包袱，並要選擇「萬全之策」，戰術也趨於保守。因而在作戰中畏首畏尾，不能取勝。這正如胡三省所說：「太宗之定天下，多以出奇取勝，

337 《資治通鑑》卷一百九十八，太宗貞觀十九年條，第 6228 頁。
338 《資治通鑑》卷一百九十八，太宗貞觀十九年條，第 6229 頁。

獨遼東之役，欲以萬全制敵，所以無功」。[339]

貞觀二十年二月，太宗回到京師後問李勣：「吾以天下之眾困於小夷，何也？」李靖說：「此道宗所解。」李勣沒有回答，而是圓滑地把球踢給了江夏王道宗，道宗坦率地指出了當時未乘虛遠襲平壤的失策。太宗聽後悵然而嘆：「當時匆匆，吾不憶也。」這是太宗的自我解嘲，也從一個側面反映出太宗已承認自己親征及未乘虛而入的錯誤。胡三省尖銳地指出：「是役也，不唯不用乘虛取平壤之策，乘虛取烏骨之策亦不用也」。[340]這些事實也說明，作為軍事家的唐太宗，在晚年已失去了當年的勇決、明斷和魄力，軍事方面已產生了每況愈下的傾向。如果太宗不要親征，而是像伐高昌、突厥一樣，派大將率兵出征作戰，戰爭的結果可能會是另外一種情況，因此我們認為，太宗親征是此次戰役失敗的重要原因之一。

唐太宗征伐高麗失敗之原因，從高麗方面看：首先，當時高麗沒有內亂，無機可乘。雖然泉蓋蘇文以不正當手段奪得莫離支之位，並實際控制了軍政大權。但令出一人，共同對付唐兵，因而力量也就相對強大，唐無法一時取勝。正如高宗時侍御史賈言忠說：「隋煬帝東征而不克者，人心離怨故也；先帝東征而不克者，高麗未有釁也」。[341]

其次，自貞觀五年（西元631）唐太宗遣廣州都督府司馬長孫師毀高麗所立京觀後，高麗王建武怕唐伐其國，便用十五年的時間築成東北起扶餘城，西南至渤海岸長達千餘里的長城。高麗軍民早有準備，全國上下團結一致，群起應戰，造成了曠日持久的形勢，長時間的拉鋸戰對高麗有利，對唐不利。

339　《資治通鑑》卷一百九十八，太宗貞觀十九年條，第6229頁。

340　《資治通鑑》卷一百九十八，太宗貞觀二十年二月條，第6235頁。

341　《資治通鑑》卷二百一，高宗總章元年二月條，第6354頁。

　　再次，由於前兩種因素的影響，唐未能巧妙地利用遼東的地理、氣候條件。正如陳寅恪先生所説：「中國東北方冀遼之間其雨季在舊曆六七月間，而舊曆八九月至二三月又為寒冬之時期。故以關中遼遠距離之武力而欲制服高麗攻取遼東之地，必在凍期已過雨季未臨之短時間獲得全勝而後可。否則，雨潦泥濘冰雪寒凍皆於軍隊士馬之進攻餽糧之輸運已甚感困難，苟遇一堅持久守之勁敵，必致無功或覆敗之禍」。[342]我們知道，唐王朝繼承宇文氏「關中本位政策」，其武力重心即府兵主要置於西北一隅，特別是在長安附近，距遼東之高麗甚遠。從遼東的地理、氣候條件看，要取得征伐高麗之勝利，只能是速戰速決。太宗一再放棄捨安市而攻建安、取烏骨直搗平壤的戰略，不能出奇制勝，從而形成持久戰。至九月，遼東寒冷，冰天雪地，士馬難久留，且糧食將盡，運輸艱難，太宗不得不下令班師。

　　至唐高宗時，情形已發生了變化。龍朔三年（西元 631）百濟悉平，使高麗失去了一重要同盟軍。另外，乾封元年（西元 666）高麗蓋蘇文卒，其長子男生代為莫離支，男生之弟男建、男產攻男生，使男生無法立足，便向唐求救。可以説，高麗內亂，為唐征伐高麗提供了一次非常有利的戰機，《資治通鑑》説：「今高藏微弱，權臣擅命，蓋蘇文死，男建兄弟內相攻奪，男生傾心內附，為我鄉導，彼之情偽，靡不知之。以陛下明聖，國家富強，將士儘力，以乘高麗之亂，其勢必克」。[343]此外，高麗地小人少，經不起長年累月的折騰。自貞觀十九年唐太宗征高麗後，二十餘年間，常常有戰爭爆發，高麗丁壯年得全部從軍，不能從事生產，可以説這種疲勞戰式的戰爭，把高麗拖也拖

---

342 陳寅恪：《唐代政治史述論稿》，上海古籍出版社 1982 年版，第 140 頁。
343 《資治通鑑》卷二百一，高宗總章元年二月條，第 6354 頁。

垮了。《三國史記》載，高麗因連年戰爭，「兵戈不息，徭役無期，力竭哀惶，不勝其弊」。[344]也正是由於丁壯年不能從事生產，使糧食減少，「高麗連年饑饉，妖異屢降，人心危駭，其亡可翹足待也」。[345]

　　唐朝方面，經過太宗時的「貞觀之治」後，至高宗時，全國一派繁榮富饒景象，國力也非常強盛，對付高麗已不成問題。而高宗在李君球、武后等人的諫諍下，沒有親征，即未蹈煬帝、太宗之覆轍，從而使將士盡力，終於取得了征伐高麗的勝利。

　　附論：敦煌本《兔園策府・征東夷》產生的歷史背景

　　敦煌本《兔園策府》保存在 S.614、S.1086、S.1722 和 P.2573 寫本中，P.2721《雜抄》中也曾提及。據臺灣學者郭長城先生綴合校補，現存序文及卷第一之辨天地、正曆數、議封禪、征東夷、均州壤。[346]

　　關於該書的性質，宋人王應麟《困學紀聞》曰：「《兔園策府》三十卷，唐蔣王惲令僚佐杜嗣先仿《應科目策》，自設問對，引經史為訓注。」[347]這與《兔園策府》序文中所說：「忽垂恩教，令修新策，今乃勒成一部，名曰《兔園策府》，並引經史，為之訓注」是一致的。由此可知，該書從某種意義上說，是唐代科舉考試之模擬題。

　　《舊唐書・太宗諸子》載曰：「蔣王惲，太宗第七子也。（貞觀）十年，改封蔣王、安州都督，賜實封八百戶。二十三年，加實封滿千戶。永徽三年，除梁州都督。……上元年，有人詣闕誣告惲謀反，惲

344　《三國史記・金庾信列傳中》，轉引自蔡靖夫：《就〈三國史記〉評唐麗戰爭》，《北方論叢》1983 年第 6 期。

345　《資治通鑑》卷二百一，高宗總章元年二月條，第 6354 頁。

346　參閱郭長城：《敦煌寫本兔園策府敘錄》，《敦煌學》第八輯，1984 年。

347　〔宋〕王應麟：《困學紀聞》卷十四《考史・兔園策府》，上海古籍出版社 2008 年版，第 1670 頁。

懼自殺。」[348]由此可知，惲於貞觀十年（西元 636）改封蔣王，上元中（西元 674-676）自殺。《兔園策府》也應產生於這一時期。

眾所周知，辨天地、正曆數、議封禪、均州壤，是中國各代封建王朝所關注的重大問題，因此，它們出現在科舉考試之模擬題中，也是非常自然的。但在唐代前期，作為太宗之子的蔣王，在令其僚佐杜嗣先所擬策問題中，為何會出現《征東夷》這樣的「問對」呢？也就是說，《征東夷》是什麼歷史背景下的產物呢？這就不得不使我們注意唐前期唐王朝所面臨的重大問題，即與高麗的關係。這也從一個側面反映了唐代科舉考試積極的一面，即經世致用思想。

在唐太宗父子攻打高麗的過程中，尤其是要親征時，大臣褚遂良、房玄齡、尉遲敬德、張亮、姜行本、李君球等，都持反對態度。可以說，太宗父子攻打高麗，大臣們贊同者少，反對者多。

面對高麗的威脅，太宗父子不得不積極攻打，但又多次失敗；面對大臣們的反對，太宗父子又不得不給予解釋說明，但解釋說明的範圍畢竟有限，絕對不可能及於官僚階層的大部分。一向以善於納諫而著稱的唐太宗，對此也的確有點無可奈何。

《兔園策府・征東夷》正是在唐太宗父子面臨困境下的產物。當時，一方面攻打高麗不斷失敗，又沒有更好的辦法；另一方面，大臣們又不斷反對。正是在這一歷史背景下，作為太宗之子的蔣王，令其僚佐擬出《征東夷》的策問，既可以讓僚佐們廣泛討論，徵得各方面的意見，以便供最高統治者參考。又從一個側面體現了唐代科舉考試注重社會現實，學以致用的積極方面。

---

[348]《舊唐書》，第 2660 頁；《新唐書・太宗諸子》：「上元中，……惲惶懼自殺。"第 3575 頁。

　　（本部分由《試論唐太宗、唐高宗父子對高麗的戰爭》和《敦煌本
〈兔園策府・征東夷〉產生的歷史背景》兩文合併修改而成，前載《中
國邊疆史地研究》1995 年第 3 期，後載《敦煌研究》1998 年第 1 期）

第二章

敦煌寺院與社會生活

　　敦煌石窟是佛教石窟，敦煌藝術是佛教藝術，敦煌文獻也是以有
關佛教的內容為主。因此，佛教生活的許多方面，都可以在敦煌找到
材料，或彌補不足，或填補空白。

　　佛教寺院的僧尼生活、寺院經濟等，在《大藏經》、敦煌文書、房
山雲居寺石經及各地所藏碑石文獻中均有比較詳細的記載，學術界也
取得了不少成績，如姜伯勤《唐五代敦煌寺戶制度》[1]，法國學者謝和
耐的《中國五一十世紀的寺院經濟》[2]，謝重光、白文固《中國僧官制
度史》[3]，張弓《漢唐佛寺文化史》[4]，唐耕耦《敦煌寺院會計文書研

1　中華書局 1987 年版。
2　甘肅人民出版社 1987 年版；上海古籍出版社 2004 年版。
3　青海人民出版社 1990 年版。
4　中國社會科學出版社 1997 年版。

究》[5]，郝春文《唐後期五代宋初敦煌僧尼的社會生活》[6]，張黚弓（即張弓）《漢傳佛教與中古社會》[7]，謝重光《中古佛教僧官制度和社會生活》[8]，何茲全主編《五十年來漢唐佛教寺院經濟研究》[9]等，就是這方面的代表作，都在各自的研究領域中取得了突出的成績。我們僅僅以學術界研究較為薄弱的一個側面，即佛教寺院的「唱衣」為例，來探討佛教寺院的僧人生活，進而使我們對敦煌的寺院與中古時期民眾的社會生活有一個比較明確的認識。

第一節　敦煌「唱衣」研究史敘說

P.2638 號《後唐清泰三年沙州儭司教授福集等狀》[10]是有關沙州寺院生活的一件重要文書，全文共八十八行，為了使我們的討論方便，現將前二十五行移錄如下：

1. 儭司教授福集、法律金光定、法律願清等狀
2. 右奉處分，令執掌大眾儭利，從癸巳年六
3. 月一日已後，至丙申年六月一日已前，中間三年，應
4. 所有官施、私施、疾病死亡僧尼散施及車

5　（臺北）新文豐出版公司 1997 年版。

6　中國社會科學出版社 1998 年版。

7　（臺北）五南圖書出版股份有限公司 2005 年版。

8　商務印書館 2009 年版。

9　北京師範大學出版社 1986 年版。

10　文書圖版見《法藏敦煌西域文獻》第十七冊，上海古籍出版社 2001 年版，第 36-39 頁。錄文見唐耕耦、陸宏基編：《敦煌社會經濟文獻真跡釋錄》（以下簡稱《釋錄》）第三輯，全國圖書館文獻縮微複製中心 1990 年版，第 391-395 頁。

5. 頭、齋儭兼前儭回殘，所得綾錦綿綾絹緤褐布

6. 衣物盤椀臥具什物等，請諸寺僧首、禪律、老宿

7. 等，就淨土寺算會，逐年破除，兼支給以應管僧尼

8. 一一出唱，具名如左：

9. 巳年：官施衣物唱得布貳阡參伯貳拾尺；陰僧

10. 統和尚衣物唱得布玖阡參拾貳尺；價（賈）法律衣物唱

11. 得布參伯陸拾參尺；陰家夫人臨曠（壙）衣物唱得

12. 布捌伯參拾尺。甲午年：官施衣物唱得布貳阡參

13. 伯貳拾尺，又壹件衣物唱得布肆阡捌伯壹拾尺，又

14. 壹件衣物唱得布伍阡伍伯狇拾尺；龍張僧政衣

15. 物唱得布肆阡柒伯柒拾陸尺；普精進衣物唱

16. 得布貳阡玖伯壹拾捌尺。乙未年：曹僕射臨曠（壙）衣物

17. 唱得布參阡伍伯肆拾尺；大王臨壙衣物唱

18. 得布捌阡參伯貳拾尺；梁馬步臨壙衣物唱得

19. 布伍伯壹拾尺；國無染衣物唱得布參阡肆伯

20. 柒拾伍尺；普祥能衣物唱〔得〕[11]布貳阡伍伯捌拾

21. 尺；天公主花羅裙唱得布捌伯尺；王僧統

22. 和尚衣物唱得布陸阡參伯捌拾貳尺；孫法律衣

23. 物唱得布貳阡貳伯陸拾陸尺。

24. 　　　　上件應出唱衣物，計得布伍

25. 　　　　萬捌阡伍伯貳尺。

　　　　　（後略）

11　得，圖版無，據文意補。

▲ P.2638 號《後唐清泰三年沙州儭司教授福集等狀》（局部）

　　這件文書，多次出現了有關「唱」的詞，如「出唱」、「唱得布」，其中「唱得布」出現十七次。這裡的「唱」是什麼意思？為什麼「唱」與「布」緊密相連？

　　對於「唱」的探討，經過了一個比較漫長的認識過程。眾所周知，由於敦煌文獻的大部分被劫往國外，早期的敦煌學者，除極個別學者有條件親赴倫敦、巴黎閱讀有關敦煌文獻外，絕大部分學者僅能利用北京圖書館所藏「劫餘」敦煌遺書，因此，最早對「唱」的探討，也

是從北圖成字 96 號（北敦 2496 號）《目連救母變文》[12]背面的一段文字
開始的。本件文書共二十行，現移錄如下：

1. 法律德榮唱紫羅鞋兩，得布伍伯捌拾尺。支本分一百五十尺，
支

2. 乘延定真一百五十尺，支乘政會一百五十尺，支圖福

3. 盈一百五十尺，餘二十尺。

（中空）

4. 法律保宣舊肆阡捌伯玖拾尺。

（中空）

5. 僧政願清唱緋綿綾被，得布壹阡伍伯貳拾尺，舊觖壹阡尺。

6. 支圖海朗一百五十尺，支圖願護一百五十尺，支智全一百

7. 五十尺，支智榮一百五十尺，支圖福盛一百五十尺，

8. 支圖應求一百五十尺，支圖願德一百五十尺，支圖法興

9. 一百五十尺，支圖大應一百五十尺，支圖應祥一百五十

10. 十尺，支圖應慶一百五十尺，支圖大進一百五十尺，

11. 支圖大願一百五十尺，支圖談濟一百五十尺，支圖廣

12. 進一百五十尺。

（中空）

13. 金剛唱扇，得布伍拾伍尺。支本分壹百五十尺，餘九十五尺。

（中空）

---

12 文書圖版見《國家圖書館藏敦煌遺書》第三十四冊，北京圖書館出版社 2006 年版，
第 411-414 頁。錄文見《敦煌社會經濟文獻真跡釋錄》第三輯，第 151-152 頁；郝春
文：《唐後期五代宋初沙州僧尼的宗教收入（二）——嚫狀初探》，載《段文傑敦煌
研究五十年紀念文集》，世界圖書出版公司 1996 年版，第 456-457 頁。

14.道成唱白綾襪，得布壹伯柒拾尺。支本分一百五十尺，支普

15.願法一百五十尺，餘壹百參十尺。

（中空）

16.道明舊儭參伯玖拾尺。

17.法律道英唱白綾襪，得布參伯尺；又唱黃畫帔子，得布伍伯
尺。

18.支圖道明一百五十尺，支本分一百五十尺，支圖祥定一百五十

19.尺，支圖談宣一百五十尺，支圖談惠一百五十尺，支圖戒

20.云一百五十尺，支云賢惠一百五十尺，支云祥通一百五十

（後缺）

　　一九三一年，向達先生在《國立北平圖書館館刊》第五卷第六號上發表了《敦煌叢鈔》，其中就披露了以上資料，認為這是「僧人書在外唱小曲所得賬目」，「紫羅鞋雨（兩）」等是「所唱小曲」的名目。

　　一九三四年，向達先生發表了《唐代俗講考》，又過錄了此文獻，並以此為據立了「僧人之唱小曲」一節，對此作了專門的解說，認為這是「當時僧人書為人唱曲所得佈施同分配的賬目」，並進而指出：「賬內記有所唱各種小曲的名目，如紫羅鞋雨（兩），緋綿綾被，白綾襪，黃畫坡（帔）等……至於紫羅鞋雨（兩）等內容若何，今無可考。」由此可見，「唐代僧人為人作法事以外，並也歌唱一種小曲，以博佈施」。[13]

　　正是「因為向達先生對這則敦煌手抄資料的解說，不少學者後來紛紛採納借鑒，並反覆引用。有的甚至踵其事而增華，將『僧侶們之

13　向達：《唐代俗講考》，載《燕京學報》第 16 期，1934 年。

唱小曲』的事情說得活靈活現，尤其治唐宋文學的人」[14]。

一九四八年，全漢昇在《中古自然經濟》中引用了此資料，認為這是「僧人唱曲賬目」，「其中詳記寺院僧人因演唱變文小曲而得的布的長短」，「可以見出當日西北人以布帛支付工資的情形」，並認為可以此為據，「探討當日西北實物工資盛行的情況」。[15]

一九五四年，任二北先生在《敦煌曲初探》一書中同樣引用了這個資料，認為它是「唐僧唱曲得酬」，其中的「紫羅鞋兩」等是「詠物曲子」，並由此推斷唐代已經有了與講唱、歌舞、戲曲相對立的「清唱。」[16]

一九五八年，任半塘先生在其大著《唐戲弄》中更進一步發揮了這一論點，該書第五章《伎藝》共分劇本、音樂、歌唱、舞蹈、說白、表演和化裝七節，在「歌唱」一節中專列「從清唱想像演唱」一目，仍然以一九三一年《國立北平圖書館館刊》所刊發的資料為據，對「唱」字進行了更進一步的申論：「敦煌卷子《目連變文》之背面，寫法律德榮唱『紫羅鞋兩』，僧政願清唱『緋綾綿被』，又金剛唱扇，又道成及法律道英各唱『白綾襪』，又唱『黃畫帔』，均各得布若干尺。……卷中曰『唱』者五，曰『清唱』者一（此清唱是指僧政願清唱緋綾綿被），絕非他字之訛。『紫羅鞋兩』等，均不似故事，宜為詠物之曲，曰『清唱』，可能有三方面意義……隋唐既有女伎『清歌』，及僧侶『清唱』之名，已反映同時存在者必尚有『演唱』。……僧侶於講唱以外，雖不能有普通歌舞，卻可以有俳優……僧侶唱詠物小曲，

14　銳聲：《想起了向達先生》，載《文匯讀書週報》2003 年 4 月 25 日。

15　全漢昇：《中古自然經濟》，載《歷史語言研究所集刊》第十本，臺北中央研究院」歷史語言研究所，1948 年，第 139-140 頁。

16　任二北：《敦煌曲初探》，上海文藝聯合出版社 1954 年版，第 325-327 頁。

殆亦因有別於俳優，故謂之『清唱』歟？」[17]

　　一九八四年，加拿大籍華人學者葉嘉瑩女士發表了《論詞之起源》一文，其中第三部分專門用敦煌文獻討論詞的起源問題，認為從「敦煌卷子中的資料來看，足可知當時之俗曲歌舞，確實曾與寺院僧徒結合有密切之關係。此種關係之形成，可以說是既有其歷史之淵源，亦有其社會之因素。」從歷史淵源而言，「唐代寺院僧徒之往往抄寫及創作俗曲」；從社會因素言之，「則唐代之寺院更曾普設戲場……而當時之觀戲者，則不僅為市井百姓，亦有王公貴婦。」正是「在這種社會風氣之下，則佛教僧徒之唱曲、作曲，甚至扮為俳優之戲，當然便都是一種自然的現象。在敦煌卷子《目蓮變文》第三種之背面，即曾寫有法律德榮唱『紫羅鞋兩』，僧政願清唱『緋綿綾被』，又金剛唱『扇』，又道成及法律道英各唱『白綾襪』，又唱『黃畫帔』，均各得布若干尺。……寺院僧徒既與樂曲之演唱有如此密切之關係，故俗曲既可由佛寺僧徒借用演唱以流傳佛法，而僧徒之佛曲乃亦有演化為俗曲之詞調者。」[18]

　　葉嘉瑩女士寫作和發表此文時，《國立北平圖書館館刊》發表此資

17　任半塘：《唐戲弄》，上海古籍出版社 1984 年版，第 920-921 頁。任二北原名任中敏，從二十世紀四〇年代開始，出版著作時多用任二北一名。二北，寓意北宋詞和金、元散曲。1955 年，他完成了《唐戲弄》，但書稿付梓時，他已被錯劃為「右派」，原擬由人民文學出版社出版的《唐戲弄》，因避諱他的「政治問題」，馮雪峰建議改由作家出版社出版。為避免麻煩，希望換個署名，不要署任二北。任先生說：「名字只是一個記號，只要書能出，隨便叫什麼都行。曹寅在揚州搞《全唐詩》，我不敢同他比並，且這本書只論戲劇，不論俳優、百戲，只是一個『半邊體』，就署『半唐』吧！」這是寄寓他後半生所從事的唐代音樂文藝研究事業。而出版社在排印時又加了個「土」旁，變成了「半塘」。參閱陳文和、鄧傑編：《從二北到半塘——文史學家任中敏》，南京大學出版社 2000 年版，第 11-13 頁、第 121-122 頁。

18　〔加〕葉嘉瑩：《論詞之起源》，《〈中國社會科學》1984 年第 6 期。

料已五十多年，向達先生的《唐代俗講考》也已發表整整五十年了，敦煌學研究已經有了長足的發展，但葉嘉瑩女士仍然以《北平圖書館館刊》所載向達先生撰《敦煌叢刊》為據，沿襲了向達先生一九三四年《唐代俗講考》的內容。

實際上，早在一九四〇年，向達先生就重新修訂了《唐代俗講考》[19]一文，並刪除了「僧人之唱小曲」一節，放棄了以前的論點。該文前有一簡短的說明：「本文初稿曾刊《燕京學報》第十六期。其後獲見英法所藏若干新材料，用將舊稿整理重寫一過。一九四〇年五月向達謹記於昆明。」到一九五六年整理其一生中最重要的代表作《唐代長安與西域文明》[20]時，所收人的《唐代俗講考》也是一九四〇年修訂、一九五〇年發表的修改稿，並非是一九三四年的原稿，可見向達先生是一位「與時俱進」的學者。

由於國外所藏敦煌文獻逐漸被有的學者介紹、引用，學者們的見聞逐漸廣泛，對於「唱」的認識也就更趨深入和正確。一九五〇年，楊聯陞教授在《哈佛亞洲學報》上發表了《佛教寺院與國史上四種籌措金錢的制度》[21]一文，結合佛教寺院的有關規定，利用北圖成字 96 號文書和 P.2638 號文書，對「唱」進行了初步探討：

這兩件文書都是佛教寺院的財務賬目。就我所知，在此之前尚無人能對「唱」字提出一個令人滿意的解釋，就眼前所呈現的，「唱」可

19 發表於《文史雜誌》第三卷第九、十期，1944 年；《國學季刊》第六卷第四號，《向達先生紀念論文集》後附閻萬鈞編「向達先生著譯系年」繫於 1946 年，而《唐代長安與西域文明》所收此文後則繫於 1950 年 1 月出版。

20 生活.讀書.新知三聯書店 1957 年版。

21 原載《哈佛亞洲學報》第 13 卷第 2 期，1950 年；漢譯本見楊聯陞：《〈國史探微》，遼寧教育出版社 1998 年版，第 201-209 頁。

能就是「唱衣」，即拍賣的簡寫。

楊先生此文，將「唱」與「唱衣」相結合，對「唱」的性質有了進一步的認識。遺憾的是楊先生此文用英文發表，再加上眾所周知的原因，國內學者難得見到，也未見引用和介紹。

一九五六年，法國學者謝和耐在其博士論文《中國五─十世紀的寺院經濟》[22]中，首次公佈了 P.2638 號文書，並引用了北圖成字 96 號文書，也對「唱衣」進行了探討：

在中國佛教團體的生活中，為唱由寺院作為佈施物或遺產而獲得的衣物、織物和其他那些微小物品的大型廟會該占有多麼重要的地位。

並由此指出：

「唱衣」在中國早就流行了，而且是根據《敕修百丈清規》中所描述的一種非常具體的儀規進行的。[23]

在一九八七年本書漢譯本出版之前，由於語言的隔閡等原因，除極個別學者外，國內能利用此書，或了解此書的學者很少。

一九七五年，張永言先生發表了《關於一件唐代的「唱衣歷」》[24]一文，利用 P.2638 和 P.2689《僧人析唱帳》、P.3410《各寺佈施及僧人

22　漢譯本由耿昇翻譯，甘肅人民出版社 1987 年版。

23　《中國五─十世紀的寺院經濟》漢譯本，第 113-114 頁。

24　張永言：《關於一件唐代的「唱衣歷」》，《文物》1975 年第 5 期；又見沙知、孔祥星編：《敦煌吐魯番文書研究》，甘肅人民出版社 1984 年版，第 388-393 頁。

亡歿後唱衣歷》、P.3850 背《唱衣歷》等文書，對北圖成字 96 號文書中的「唱」進行了正確的闡釋：

這個資料裡的「唱」並不是一般「唱歌」、「唱曲」的唱，而是當時佛寺特殊用語「唱衣」或「估唱」的唱；「紫羅鞋兩」等並不是和尚們歌唱的曲子，而是他們唱賣的具體實物。

並進一步指出：

在唐代寺院裡，有所謂「分賣」衣物的制度……分賣的東西，主要是施主的某些「佈施」品以及亡歿僧人的遺物。因為在分賣的時候要唱出所買物品的名目，而所賣的物品主要是衣著之類，所以叫做「唱衣」。

一九七七年，陳祚龍發表了《關於敦煌古抄「唱衣歷」》[25]一文，對張永言先生的論文進行了批評：

我覺得，單從張氏的這一篇文章之中，我們皆必可以看出：
就像他這樣專門研討此種所謂「顯學」——敦煌學的「文士」，雖然似已懂得屬行「批判」與「辯證」往日某些有關「行家」，對於某些敦煌卷、冊文字所作的一些錯釋、妄釋與誤解、曲解，但至少他自己似乎仍不知道：就像他所加以「批」、「辯」的「玩意」，事實上，早即

---

25 陳祚龍：《關於敦煌古抄「唱衣歷」》，載（臺灣）《民主潮》第 27 卷第 3 期，1977 年；又見同氏《中華佛教文化史散策初集》，（臺北）新文豐出版公司 1978 年版，第 375-379 頁。

均經國內、海外的其他有關學者，作了一番更為縝密周詳的「宣演」！譬如：張氏只知對於向達、全漢昇、任二北諸人，分別在其著述：《敦煌叢鈔》和《唐代俗講考》、《中古自然經濟》、《敦煌曲初探》和《唐戲弄》之中，引用那一份現仍藏於北京圖書館的敦煌卷子（成字九六號）背面所有之文字，皆因失察，而相繼造成的一些錯釋、妄釋與誤解、曲解。但他並不曉得，就像這一份卷子背面原經古人抄存的全部文字，至少早即已由我的法籍同學、同道老朋友──謝和耐教授，在其巨製（《中國五至十世紀的寺院經濟》）之中，作了一番誠可夠稱精當、完美的考釋與譯注！謝教授對於向、全、任諸人的有關錯釋、妄釋與誤解、曲解，當時固已悉予「摒棄」不談。另外，他還特將有關學術的一些問題，演繹得至為清楚。換言之，我怕張氏述「學」、求「真」，迄今實際似猶未能做到「博瞻中外」與「會通東西」的有關研究成果，而也許照常受了環境的限制，不得不繼行「坐井觀天」與「閉門造車」！

眾所周知，在二十世紀八〇年代以前，由於中國特殊的學術環境，當時國際交往、學術交流之路不暢，國內學者很難見到楊聯陞、謝和耐的論著。就是陳祚龍先生本人，也沒有提到楊聯陞教授的論文，可見要真正做到「博瞻中外」是多麼的不容易！當然從科學的角度看，我們應盡量做到「博瞻中外」、「會通東西」。另外，從作文的角度看，張永言先生也僅僅是從語言學的角度對「唱衣」進行了探討，並非從敦煌學或文書學方面對該文書進行全面研究，怎能要求他的一篇小文將所有問題都談透或解決呢？

近年來，隨著敦煌文獻的進一步整理刊布，促進了敦煌學向專精的方向發展，林聰明、郝春文先生在其論著中，也對此問題有所涉

及。[26]

　　隨後，郝春文先生又有專文《關於唐後期五代宋初沙州僧團的「出唱」活動》，利用敦煌文書及《禪苑清規》、《釋氏要覽》、《敕修百丈清規》等傳世佛教典籍，對「唱衣」進行了更深入地探討，指出「出唱」活動類似於近代以來的拍賣，「是唐後期五代宋初沙州僧團頻繁舉行的一項重要經濟活動。」[27]

　　從以上關於「唱衣」的研究可見，學術研究是有繼承性的，後人總是站在前人的肩上向上攀登的。但由於我們所受教育的局限，再加上學科的劃分越來越細，每個人都是著力於耕好自己的三分地，不要說文史哲兼通，就是文史兼通，或對歷史學各個領域都有發言權的學者也幾乎沒有了。這正如高克勤先生在《走近饒宗頤》中所說：「令人感慨的是，當今學科越分越細，生活節奏越來越快，很難使人兼通和澹定，饒先生這樣具有如此多方面巨大成就的一代學者，今後是再難以出現了。」[28]

　　任二北、葉嘉瑩都是文學領域的大專家，更是戲曲和詞學研究的頂尖高手，就是這樣的大家學者，也由於對佛教典籍、敦煌文書和經濟史不大熟悉，從而出現了失誤，這對我們不能不說是深刻的教訓。

　　由於敦煌文書包含的範圍非常廣泛，寫本時代的文字又多種多樣，對研究者的要求也就相對較高。「即使是某一部古籍，其涉及到的

26　參閱林聰明：《談敦煌學研究上的一些障礙問題》，載臺灣中正大學中國文學系主編《全國敦煌學研討會論文集》，1995年；郝春文：《唐後期五代宋初沙州僧尼的宗教收入（二）──儭狀初探》，見敦煌研究院編《段文傑敦煌研究五十年紀念文集》，第449-461頁。

27　郝春文：《關於唐後期五代宋初沙州僧團的「出唱」活動》，載《首都師範大學史學研究》第一輯，首都師範大學出版社1999年版，第108-117頁。

28　高克勤：《走近饒宗頤》，載《文匯讀書週報》2007年1月12日。

知識也不完全在一個領域裡面，在整理研究某一種文獻時，學者們往往在其專業範圍以外出錯或者考慮不周。」[29]而敦煌學又是一門綜合性的學問，在研究中又會常常涉及到研究者專業以外的學問，甚至會是多學科的碰撞。因此，在以後的研究中，史學要與文學、語言學、宗教學等學科相互學習借鑒，盡量多了解一些其他學科的研究狀況，從而使我們少走彎路。

（原載《社會科學戰線》2008 年第 11 期）

第二節　唐五代佛教寺院的「唱衣」

對於敦煌寺院「唱衣」的探討，經歷了一個比較漫長的認識過程，向達、全漢昇、任二北、楊聯陞、謝和耐、張永言、陳祚龍等先生都曾對此進行過研究。[30]二十世紀九〇年代前，筆者在學習、閱讀敦煌文獻時，也曾關注過其中的「唱衣」，並撰寫了有關讀書筆記。在隨後的學習中感覺到所寫讀書筆記還有一些不清楚，甚至存在文獻考釋乃至斷句方面的錯誤。現在，根據讀書中的一些體會，對其再做進一步的探討。

P.2638 號《後唐清泰三年沙州儭司教授福集等狀》是有關沙州寺院生活的一件重要文書，全文共八十八行。從前引本件文書的前二十五

29　榮新江：《敦煌學新論》，甘肅教育出版社 2002 年版，第 171 頁。

30　向達：《敦煌叢鈔》，載《國立北平圖書館館刊》第五卷第六號，1931 年；《唐代俗講考》，載《燕京學報》第 16 期，1934 年。全漢昇：《中古自然經濟》，載《歷史語言研究所集刊》第十本，第 139-140 頁。任二北：《敦煌曲初探》，第 325-327 頁；《唐戲弄》，第 920-921 頁。楊聯陞：《佛教寺院與國史上四種籌措金錢的制度》，載《國史探微》第 201-209 頁。謝和耐著，耿昇譯：《中國五─十世紀的寺院經濟》，第 113-114 頁。張永言：《關於一件唐代的「唱衣歷」》，載《文物》1975 年第 5 期。陳祚龍：《關於敦煌古抄「唱衣歷」》，載臺灣《民主潮》第 27 卷第 3 期，1977 年。

▲ P.2638 號《後唐清泰三年沙州槦司教授福集等狀》（局部）

行可知，這是一件敦煌寺院的「唱衣」賬目，它算會的是「從癸巳年六月一日已後，至丙申年六月一日已前，中間三年」的寺院出入賬。後唐清泰三年乃西元九三六年，是年為丙申，向前推可知，九三三年是癸巳、九三四年是甲午、九三五年是乙未，因此，從癸巳年六月一日至丙申年六月一日就是從西元九三三年六月到九三六年六月，中間整整是三年。

　　這件文書中多次出現了有關「唱」的詞，如「出唱」、「唱得布」等，其中「唱得布」出現十七次。這裡的「唱」是什麼意思？為什麼「唱」與「布」緊密相連？這就是本文將要討論的重點所在。

一、佛教典籍中有關「唱衣」的規定

敦煌文獻中的「唱衣」制度，應該是來源於佛教律藏的有關規定，

因為「釋門的『律』，猶如世俗社會的『禮』和『法』一樣，是要規範僧尼的思想和行為，使之整飭有序，合於釋門理念」。[31]從早期佛教律典可知，僧侶圓寂後，其衣物等便分給別的僧眾。但據唐初由義淨翻譯的《根本說一切有部目得迦》中可知，在印度，拍賣是用來處分這些私人所有物的辦法。

「唱衣」制何時在中國寺院中施行，目前還無法得知具體的時間，但在唐初道宣的《四分律刪繁補闕行事鈔》[32]中，已有了分僧物的記載：

> 分比丘物者，先將亡去者，藏已送喪，僧還來至寺，取亡人物著僧前，然後如上，依法集僧分之。
>
> 將亡人輕重之物，並集僧中，若不勝舉床甕屋舍園林牛奴等，並須歷帳，對僧明讀，令知其多少。……後鳴鐘遍召，一同僧式，不得閉門限客，假托昏夜，意遮十方。……次定輕重訖，如上分之，重者一處依名抄記，輕物一處依名抄之。[33]
>
> 若在私莊寺致死，或作僧使，在莊檢校而死，若有家人及比丘守者，重物入亡者本寺，輕物隨現分之，亦不得尼眾分也。縱令近僧來攝重物，亦不須與。[34]

由此可知，僧人圓寂後，其遺物分為輕重兩部分，床、甕、屋

31　張弓：《漢唐佛寺文化史》，第 447 頁。

32　（唐）道宣：《四分律刪繁補闕行事鈔》，見〔日〕小野玄妙：《大正藏》第 40 冊，大正一切經刊行會，1934 年，第 1-156 頁。

33　《四分律刪繁補闕行事鈔》，《大正藏》第 40 冊，第 116 頁。

34　《四分律刪繁補闕行事鈔》，《大正藏》第 40 冊，第 117 頁。

舍、園林、牛、奴等重物歸寺院所有，一切輕物，主要是衣物等生活
用品，便由僧尼分配。

　　《四分律刪繁補闕行事鈔》中，雖然沒有說到唱衣之法，但估計此
時已有了唱賣的例證，或者說唱賣已經在寺院中實行了。因為當僧尼
分配亡者輕物時，若遇分配不均，可能就採取競賣的辦法，將亡僧的
輕物變賣，然後由僧尼均分錢財。道宣曾對其進行譴責：

　　　律無賣物分法，今時分賣，非法非律，至時喧笑，一何顏厚。佛
令分付，為息貪情，令各自省，今反樂笑。[35]

　　由此可見，當時寺院中已出現了「分賣」現象，只不過還未得到
律藏的許可。歷史上許許多多的規章制度，大多是先在民間傳布、流
行，然後才逐漸得到官府的默許、認可，最後才以制度、規章的形式
來加以規範、約束。「唱衣」之起源，可能也走過了這樣一條漫長的道
路，即先在「非法非律」的狀態下在某些寺院中流行，然後得到認可，
最後才將其進行規範。

　　唐代中葉以後，伴隨著禪宗的勃興，懷海制定了《百丈清規》。
「《清規》的產生是禪林制度確立的標誌。」[36]可惜的是《百丈清規》在
宋代就已失傳了，南宋宗賾所編《禪苑清規》和元代德輝重編的《敕
修百丈清規》，雖非懷海原貌，但它們畢竟是唐宋間寺院及其僧人生活
的真實寫照，由此我們可以窺見唱衣制的一些情況。

　　寺院唱賣的衣物，絕大部分是亡僧生前財產。僧人的財產，分為

35　《四分律刪繁補闕行事鈔》，《大正藏》第 40 冊，第 117 頁。
36　《漢唐佛寺文化史》，第 304 頁。

兩部分，即重物和輕物。所謂重物，主要是指田宅、園林、奴婢、牲畜、金銀等等，按內律規定，這些應入常住，即歸寺院所有。對於常住之物，不僅內律規定不可侵奪，而且敦煌文書中也有一些具體的反映，如 P.2187 號《河西都僧統悟真處分常住榜》[37]曰：

　　應諸管內寺宇，蓋是先帝敕置，或是賢哲修成。內外舍宅、莊田，因乃信心施入，用為僧飯資糧；應是戶口家人，壇（檀）越將持奉獻，永充寺舍居業。世人共薦共揚，不合侵陵，就加添助，資益崇修，不陷不傾，號曰常住。

　　所謂「常住」，本指恆久不變的意思，轉意指僧伽的共有財產。從本件敦煌文書可知，由官府施入或一般檀越（施主）施入的地產和人戶，就構成了稱為「常住」的這種所有權。[38]凡屬寺院的常住，內律都給予保護，不許任何人侵占：

　　凡是常住之物，上至一針，下至一草，兼及人戶，老至己小，不許倚形恃勢之人，妄生侵奪，及知典賣。或有不依此式，仍仰所由具狀申官。[39]

　　所謂輕物，主要是指那些「可隨身資道」的，即日常生活中的必

37　文書圖版見《法藏敦煌西域文獻》第八冊，上海古籍出版社 1998 年版，第 181 頁。文書定名及錄文，見鄧文寬《敦煌文獻〈河西都僧統悟真處分常住榜〉管窺》，載《週一良先生八十生日紀念論文集》，中國社會科學出版社 1993 年版；又載同氏《敦煌吐魯番學耕耘錄》，（臺北）新文豐出版公司 1996 年版，第 159-180 頁。

38　姜伯勤：《唐五代敦煌寺戶制度》，第 166 頁。

39　P.2187 號《河西都僧統悟真處分常住榜》。

需品，其中以衣物為主。「由於禪林中沒有個人不動產，《清規》只對
亡僧衣物處理做規定。」[40]這些衣物應由眾僧均分。由於分配不均，才
進行唱賣，然後均分唱賣後的錢財。《釋氏要覽》引《增輝記》云：

佛制，分衣本意，為令在者見其亡物分與眾僧，作是思念，彼既
如斯，我還若此，因其對治令息貪求故。今不能省察此事，翻於唱賣
之時，爭價上下，喧呼取笑，以為快樂，誤之甚也，仁者宜忌之。[41]

按照禪門規範，當僧人病重時，便有「病僧念誦法」。當然首先念
誦的是佛經，但同時還要對自己的衣物做出承諾，以便死後由寺院唱
賣。由於這一規定是禪門僧徒必須進行的一道程序，故為了便於眾
僧，就制定了專門的念誦式樣：

抱病僧某
右某本貫某州某姓，幾歲給到某處度牒為僧，某年到某寺掛搭。
今來抱病，恐風火不定，所有隨身行李合煩公界抄箚，死後望依叢林
清規津送。

年　　月　　日抱病僧　某甲口詞[42]

這一念誦樣式，相當於唐代之書儀，可見它具有普遍性。
所有唱賣的衣物，在亡僧病重或臨死之前，都要進行清點、估

40　《漢唐佛寺文化史》，第319頁。

41　（宋）道誠集《釋氏要覽》卷下「唱衣」條，見《大正藏》第54冊，第309頁。

42　（元）德輝：《重編敕修百丈清規》卷七《大眾章・病僧唸誦》，見《大正藏》第48
　　冊，第1148頁。

價、封存。僧人有遺囑者，還要考慮處理方式。《禪苑清規》卷七《亡僧》條載：

如僧人病勢稍困，堂主計會維那、監院、首座、藏主、書記、知客，同共抄箚口辭，收祠部。並衣物入堂司收掌，首座封押並收掌鑰匙。[43]

《敕修百丈清規》載，凡有僧病危：

直病者即白延壽堂主，稟維那請封行李……同到病人前抄寫口詞。直病者同執事人，收拾經櫃函櫃衣物，抄箚具單，見數一一封鎖外，須留裝亡衣服，合用之物並作一處包留，延壽堂主同直病者收掌。或病者不能分付，維那首座為當主行。無行李者，亦須盡禮津送。單帳鎖匙封押納首座處。所封行李……只留本房，庫司差人看守。亡僧非生前預聞住持，兩序勤舊，及無親書，不可擅自遺囑衣物。[44]

關於亡僧圓寂前的衣物登記、抄錄情況，《百丈清規證義記》的記載更為具體、詳細：

凡主持病覺沉重，監院預集班首權執等人至室（若系余人，移歸病堂），監院白云：抱病堂頭和尚（餘人改云某某執事師），諱某甲，

43　（宋）宗賾：《禪苑清規》卷七《亡僧》，〔日〕前田慧云、中野達慧編《卍新纂續藏經》第 63 冊，（臺北）新文豐出版公司 1975 年版，第 541 頁。

44　《重編敕修百丈清規》卷六《大眾章・病僧唸誦》，《大正藏》第 48 冊，第 1147 頁。

字某甲，年幾十幾歲，系某省某府某縣籍，於某年某月某日，住持本寺，領眾辦道（餘人則云，本寺安單，在眾學道），於今年某月某日，偶值病緣，恐風火不測，於今某月某日，移居東堂（餘人則云，入省行堂），所有隨身衣缽，請書記師抄錄板帳，以便後事，伏希眾悉。計開某衣某衣共若干，某物某物共若干，年月日。首座某甲押，監院某甲（余人則添寫）省行堂主某甲押，維那某甲押，知客某甲押，知庫某甲押，書記某甲押，看病某甲押。物件仍留方丈，命公謹有德人看守（餘人寄存內庫房），待病癒，憑眾歸原人，否則以俟估唱。[45]

這一登記入賬程式，雖非《百丈清規》原文，只是清人的證義，肯定打上了當時的烙印，但它畢竟是這一制度的反映，能夠從中窺見亡僧圓寂前的衣物入賬情況。

僧人圓寂後，就對已人賬的衣物進行估價，為唱賣做準備。據《敕修百丈清規》載，當亡僧的後事辦理完畢之後：

維那分付堂司行者，請住持兩序侍者就堂司，或就照堂對眾呈過包籠，開封出衣物，排地上席內，逐件提起呈過，維那估值，首座折中，知客侍者上單，排字號就記價值，在下依號寫標。貼衣物上入籠，仍隨號依價，逐件別寫長標，以備唱衣時用。方丈兩序諸寮舍，並不許以公用為名分去物件。常住果有必得用者，依價於抽分錢內准。或亡僧衣缽稍豐，當放低估價利眾，以薦冥福。[46]

45　（清）儀潤：《百丈清規證義記》卷五「板帳」，《續藏經》第 111 冊，（臺北）新文豐出版公司 1976 年版，第 701 頁。

46　《重編敕修百丈清規》卷六《大眾章·病僧唸誦》，《大正藏》第 48 冊，第 1148 頁。

　　由此可見，唱衣前的估唱是一項細緻的工作，需要對亡僧的衣物進行一件件估價貼籤，做好唱賣的準備。對此，《百丈清規證義記》的記載更為具體：

　　入塔後，庫房齊集兩序執事、監院、維那、知客、值歲、庫頭、知浴、衣鉢等，將亡者行李（除遺命贈人物），請監院維那，每件估價（照時價七折算），書記上簿，知客編號已，值歲點數，酌留一二件犒勞看病之人。凡衣具被帳等，有四角者，應歸常住，餘者即寫號條，第幾號某件價若干，縛於本件之上，俱定價登簿已（若餘人，則應白主持），客堂掛牌，牌云估唱。[47]

　　可見，估唱主要由寺院的執事僧，如執事、監院、維那、知客、值歲、庫頭、知浴等進行，他們對亡僧的衣物進行清點、登記、編號、估價，並寫好標籤，注明某件為某某號，價多少，貼在衣物上，以便唱衣。

　　關於唱衣之法，《敕修百丈清規》之大眾章《亡僧・唱衣》曰：

　　齋罷僧堂前唱衣，仍報眾掛唱衣牌。候齋下堂排辦僧堂前，住持首座分手位兩序對坐。入門向裡橫安桌凳，桌上仍安筆硯磬剪掛絡合用什物，地上鋪席俱畢，堂司行者覆住持兩序侍者鳴鐘集眾。維那、知客、侍者同入堂歸位向裡列坐……扛包籠住持兩序前，巡呈封記，於首座處請鎖匙呈過。開取衣物照字號，次第排席上，空籠向內側安。維那起身鳴磬一下，念誦云：「浮雲散而影不留，殘燭盡而光自

47　《百丈清規證義記》卷五「估唱」，《續藏經》第 111 冊，第 706 頁。

減。今茲估唱用表無常，仰憑大眾奉為某甲上座資助……」

十號畢鳴磬一下云：夫唱衣之法蓋稟常規，新舊短長自宜照顧，磬聲斷後不許翻悔，謹白：「……某號某物一唱若干，如估一貫則從一伯唱起，堂司行者接聲唱眾中應聲，次第唱到一貫。」維那即鳴磬一下云：「打與一貫」。余號並同。或同聲應同價者行者喝住云：「雙破」。再唱起鳴磬為度。堂司行者問定某人名字，知客寫名上單，侍者照名發標，付貼供行者，遞與唱得人，供頭行者仍收衣物入籠。一一唱畢，鳴磬一下。……衣物過三日不取者，照價出賣。

由此可見，唱衣的程序比較嚴密，規定比較詳細。對於每件衣物的價格，由於先已估價，因此也比較合理。主持唱衣的維那，本來就是參與估價者，他應知道每件衣物的新舊程度及價值，因此戒律規定：

維那唱衣須知所唱衣物價例高低，新即言新，舊即言舊，破即言破，聲定錢陌（或足或省或是依除），如大眾不肯添錢，雖賤亦須打與，如添錢太過，維那即云，更須仔細，後悔難追。[48]

對於唱衣的有關細節及操作情況，《百丈清規證義記》的記載更為具體：

維那……遂舉佛號百聲，鳴磬收佛號已，白云：「今白大眾，唱衣之法，用表常規，新舊短長，各宜照顧，領物繳價，各照號條，磬聲

---

48 《禪苑清規》卷七《亡僧》，《卍新纂續藏經》第63冊，第541頁。

斷後，不許反悔」。白已，監院照號取號條。唱一件價，維那鳴罄一下，要者稱名收號條。書記填某號某甲收，知客僧值照應。或當時錢物兩交，副寺照號收錢，知客給物，或另日往庫房繳錢取物。[49]

　　從《敕修百丈清規》的記載可知，寺院唱衣，從估價的百分之十起唱，僧眾應價後再唱，一直唱到估價，然後鳴罄為定。若唱到估價後，還有兩人以上應價，還可加價再唱，上不封頂。這種唱衣之法，與現代的拍賣非常相似。

　　《敕修百丈清規》卷七《板帳式》載：

　　今具估唱亡僧某甲稱呼衣缽鈔收支下項：一收鈔一千貫文（系唱衣鈔收到，或別有收鈔名目，逐一列寫）；支鈔九十一貫文（系板帳支行）。[50]

　　即每次唱衣完畢後，都要填造收支賬目申報主持僧。根據上引「板帳式」，由「收鈔」和「支鈔」兩部分構成，「收鈔」為亡僧衣物唱賣所得；「支鈔」包括僧人送亡及茶毗等喪葬活動的全部支出。

　　凡僧亡以其所有衣物，對眾估唱懲貪積也。估唱得錢必照板帳，支用外其錢作三七，抽分歸常住（百貫抽三十貫，不滿百貫則不抽分），餘則均依僧眾。[51]

49　《百丈清規證義記》卷五「估唱」，《續藏經》第 111 冊，第 706 頁。

50　《重編敕修百丈清規》卷七《板眼式》，《大正藏》第 48 冊，第 1149 頁。

51　《重編敕修百丈清規》卷七《板賬式》，《大正藏》第 48 冊，第 1150 頁。

即喪葬支出以外的餘額，百分之三十歸寺院，百分之七十作為酬金，分給參加佛事、唱衣等勞作的三綱、知事僧、知客僧、行者等人。[52]明乎此，我們就能正確理解 P.2638 號文書第六十三至六十六行的支出了。這些支出，正是對參加儭司唱衣的各類僧人的酬勞，如「賞監儭和尚」、「賞支儭大德」、「賞都司三判官」、「支大眾維那」、「給算日供主用」等。

二、敦煌文獻中的「唱衣」

P.2638 號文書有確切的紀年，即後唐清泰三年（西元 936）。其所唱賣的全是衣物，且來源不一，並非像戒律所說是僧人圓寂後唱賣其輕物。從內律的有關規定及敦煌文獻可知，在唱賣中，還包括佈施物。如 S.2447 號《亥年（西元 831？）十月一日已後應諸家散施人經物色目》[53]：

亥年十月一日已後，應諸家散施入經物，一一具色目如後：僧伯明施三歲特子壹頭，出唱得經紙參拾帖。杜都督施紅單絹裙壹並腰帶，出唱得布壹伯卷拾尺，又施麥五斗。子年五月廿一日，僧靈修施經紙伍帖，計貳伯肆拾捌張。

另外，僧人圓寂後，其輕物也並非全由寺院唱賣，僧人若生前有遺囑者，若符合內律，還要按遺囑贈人等。但本文僅對僧人輕物的唱

52　張弓：《唐五代的僧侶地主及僧尼私財的傳承方式》，見武漢大學魏晉南北朝隋唐史研究室編《魏晉南北朝隋唐史資料》第十一輯，武漢大學出版社 1991 年版，第 204頁。

53　文書圖版見《英藏敦煌文獻（漢文佛經以外部分）》第四卷，四川人民出版社 1991年版，第 79 頁。

賣情況加以探討，對其他問題暫不涉及。

　　從我們前引《釋氏要覽》、《敕修百丈清規》、《禪苑清規》、《百丈清規證義記》等可知，各寺院在唱衣時，應集合全體僧尼，並可相互競價。從 P.2638 號《清泰三年沙州儭司教授福集等狀》[54]亦可知，儭司唱衣所得布及其他施人物品，其用途是比較廣泛的。如本件文書第四十二至六十六行所載：

（前略）

4.2出破數：樓機綾壹匹，寄上于闐皇后用。

43.樓機壹匹，贖鞍上官家用。大綾壹匹，

44.上司空用。又樓機綾壹匹，沿大眾所用。生

45.絹貳匹，大云、永安慶寺人事用。又生絹

46.貳匹，郎君小娘子會親人事用。又生絹壹

47.匹，賀官鞍價用。生絹壹匹，買粗緤

48.玖匹，沿大眾用。生絹壹匹，二月八日賞法師

49.用。生絹壹匹，天公主上梁人事用。絹捌

50.尺，歸文寄信用。綿綾壹匹，聖光寺慶鐘用。

51.綿綾壹匹，開元寺南殿上梁用。綿綾壹匹，安

52.國慶寺人事用。綿綾壹匹，甘州天公主滿

53.月人事用。綿綾壹匹，二月八日賞法師用。

54.綿綾壹匹，于闐僧鞍衣用。綿黃綾襖子壹領，

55.三界、淨土賞法事用。細緤壹拾柒匹，天公

---

54 文書圖版見《法藏敦煌西域文獻》第十七冊，第 36-39 頁。錄文見《敦煌社會經濟文獻真跡釋錄》第三輯，第 391-395 頁。

56.主滿月及三年中間諸處人事等用。粗緤

57.伍拾柒匹，三年中間諸處人事、七月十五日

58.賞樂人、二月八日賞法師禪僧衣直、諸寺

59.蘭若、慶陽等用。布貳阡柒伯壹拾尺，三

60.年中間沿僧門、八日法師、七月十五日設樂、

61.三窟禪僧衣直、布薩、慶陽、弔孝等用；

62.貳伯壹拾尺，申年修開永支布薩法事用；

63.捌拾尺，賞監僦和尚用；壹伯伍拾尺，賞支

64.僦大德三人用；玖拾尺，賞都司三判官等用；

65.貳拾尺，支大眾維那用；肆伯尺，給算日供主

66.用；貳伯肆拾尺，折送路漆椀參枚用。

（後略）

　　第四十九、五十一行「上梁」，乃指建造房屋時架梁，有專門用以表示頌祝的文體——上梁文。無論民間還是寺院，在建築時必擇吉日上梁，親朋賓客前來道賀，同時還要犒勞匠人。目前西北農村還有這一風俗。

　　第五十行之「歸文」，乃定州（今河北省定縣）開元寺僧，他於同光元年（西元 923）奉敕西行取經，但失敗而歸。翌年又與德全等一起西行求法。S.0529[55]保存有歸文的牒文六件，都是西行途中他分別寄給或在當地上給沿途所經之地的和尚、令公、評事、尚書等僧俗官人的。歸文到達沙州的時間不得而知，但從本件文書可知，西元九三三

---

55 文書圖版見《英藏敦煌文獻（漢文佛經以外部分）》第二卷，四川人民出版社 1990 年版，第 7-9 頁。

至九三六年間他仍在沙州。[56]

　　第四十八、五十三、五十八、六十行之「二月八日」、「八日」，指佛誕日。關於佛誕日，有二月八日和四月八日二説。據陳元靚《歲時廣記》云：「我佛世尊以周昭王二十四年四月八日降生，未知孰是。然姬周之歷，以十一月為正，言四月八日者，即今之二月八日也。《荊楚歲時記》云：『二月八日釋氏下生，良有自也。近代以今之四月八日為佛之生日者，故徇俗云耳。』」[57]周代的四月八日，自漢代行建寅曆法後，實際上是在二月八日。但流俗仍沿舊説而定為四月八日，因此遂有此兩種記述的不同。[58]

　　在晚唐五代的敦煌地區，只有二月八日紀念日，如 P.3765 號《二月八日文》[59]曰：「法王降誕，為拯生靈。八相歡宜（怡），三身利樂。」二月八日行像日，僧俗官員齊集道場，法師、百姓臨街瞻仰、散施祈福，當日還有「踏歌」、「賽天王」等活動助興。紀念佛誕日的法事活動，要有法師主持，結束後還要賞賜出力師僧，故文書中有幾筆開支為「二月八日賞法師用」。[60]

　　第五十七、六十行之「七月十五日」，指盂蘭盆節。從敦煌文書可知，唐末五代敦煌寺院與民間均有盂蘭盆節。敦煌寺院的盂蘭盆節行事主要有三項：（1）造佛盆供養，由「煮盆博士」用白麵和麻油，或

56　榮新江：《敦煌文獻所見晚唐五代宋初的中印文化交往》，載李錚、蔣忠新主編：《季羨林教授八十華誕紀念論文集》，江西人民出版社 1991 年版，第 958 頁。

57　（宋）陳元靚：《歲時廣記》卷二十《佛日》，《叢書集成初編》本，商務印書館 1939 年版，第 223 頁。

58　參閱徐連達：《唐朝文化史》，復旦大學出版社 2003 年版，第 489 頁。

59　文書圖版見《法藏敦煌西域文獻》第二十七冊，上海古籍出版社 2002 年版，第 337 頁。

60　參閱張弓：《漢唐佛寺文化史》下冊，第 951-952 頁；譚蟬雪：《敦煌歲時掇瑣》，載《九州學刊》第 5 卷第 4 期，1993 年。

炸（即「煮」）或烤、製成各種面點食品，裝飾為供養佛盆；（2）講唱「盂蘭盆經」；（3）節畢「破盆」。敦煌以七月十七日、十八日兩天為「供養僧破盆日」，即在盆節過後，酒食犒勞為盆節出力的僧俗人等。敦煌的盆節活動，是由地方官府或都僧統司統一安排佈置的，各寺照例「七月奉處分，當寺置道場」，作為盆節期間接待信眾、供養、講經的場所。[61]在盂蘭盆節（七月十五日）的活動中，為了增加喜慶的成分，要請樂人演奏，故在文書中有「七月十五日賞樂人」，「七月十五日設樂」等記載。

第五十九、六十一行之「慶陽」，有的學者在研究敦煌本齋文時提出，「慶陽」或寫作「慶揚」、「慶楊」、「啟陽」，皆同音誤筆。「慶揚」意為慶贊、宣揚佛的功德。敦煌本齋文中的「慶揚」篇，主要是慶贊新造佛堂、佛像、佛幡、佛經等齋文。[62]

除了慶贊、宣揚佛教功德外，「慶陽」應該還指「慶陽節」，但由於材料限制，目前還無法確證，僅提出來，聊備一說。

《唐會要》卷二十九《節日》載：開成五年（西元 840）四月：

中書門下奏請以六月一日為慶陽節，休假三日，著於令式。其天下州府，每年常設降誕齋，行香後，便令以素食宴樂，惟許飲酒及用脯醢等。京城內，宰臣與百官就詣大寺，共設僧一千人齋，仍望田裡借教坊樂官，充行香慶贊，各移本廚，兼下令京兆府別置歌舞，依

61　參閱張弓：《中古盂蘭盆節的民族化衍變》，載《歷史研究》1991 年第 1 期；譚蟬雪：《敦煌歲時掇瑣》，載《九州學刊》第 5 卷第 4 期，1993 年。

62　宋家鈺：《佛教齋文源流與敦煌本〈齋文〉書的復原》，載《中國史研究》1999 年第 2 期。

奏。（原注：是年，文宗崩，武宗篡嗣，以誕慶日為慶陽節。）[63]

會昌元年（西元 841）

六月，中書門下奏：慶陽節，准敕，其日設齋錢。（會昌）二年（842）五月敕：今年慶陽節，宜准例，中書、門下等並於慈恩寺設齋，行香後，以素食合宴。[64]

《舊唐書》卷四十三《職官二》載：

凡國忌日，兩京大寺各二，以散齋僧尼。文武五品已上，清官七品已上皆集，行香而退。天下州府亦然。凡遠忌日，雖不廢務，然非軍務急切，亦不舉事。[65]

既然慶陽節要行香設齋，歌舞慶賀，並以素食宴樂。同時宰相還要到京城佛寺——慈恩寺設齋行香。那麼，作為佛教寺院的莫高窟，祝賀慶陽節也就很正常了。

唐武宗開成、會昌年間的「慶陽節」，五代時是否還繼續遵守呢？筆者目前還未見到有關記載。就是晚唐時代，也未見繼續遵從武宗「慶陽節」的記載。但《五代會要》卷四《忌日》載：

後唐天成三年（西元 928）又八月九日敕，尚書兵部郎中蕭願奏：

63　（宋）王溥：《唐會要》卷二十九《節日》，第 637 頁。

64　《唐會要》卷二十九《節日》，第 637 頁。

65　《舊唐書》卷四十三《職官志二》，第 1831 頁。

每遇宗廟不樂之辰，宰臣到寺，百官立班，是日降使賜香，准案禁樂、斷屠宰、止刑罰者。帝忌、後忌之辰，舊制皆有齋會，蓋申追遠，以表奉先。多難已來，此事久廢，今後每遇大忌，宜設僧道齋一百人，列聖忌日齋僧道五十人。[66]

由此可知，在皇帝、皇后的忌辰，「舊制皆有齋會」，只是由於「多難已來，此事久廢」，到了後唐明宗天成三年（西元928），才又決定繼續設齋，以示追念。

《五代會要》卷五《節日》載：

（後唐）清泰二年（西元935）正月，中書門下奏：「每遇聖誕節辰，凡刑獄公事奏覆，候次月施行。今後伏請重系者，即候次月，輕系者節　前奏覆決遣」。從之。[67]

這裡所說「每遇聖誕節辰」，未說明是何節，但從「每遇」可知，應包括所有的「聖誕節辰」。這裡是否包括「慶陽節」，並沒有明確的證據。不知到後唐末帝時，唐武宗時的「慶陽節」是否還被遵從，如果遵從的話，「每遇聖誕節辰」，自然也就包括「慶陽節」了。

《五代會要》卷五《節日》又載：

周廣順三年（西元953）七月敕，內外文武臣僚，遇永壽節辰，皆於寺觀起置道場，便為齋供。[68]

---

66 （宋）王溥：《五代會要》卷四《忌日》，上海古籍出版社1978年版，第61頁。

67 《五代會要》卷五《節日》，第76頁。

68 《五代會要》卷五《節日》，第77頁。

　　從這條敕文可知，到後周廣順三年（西元 953），凡「遇永壽節辰」，皆於寺觀起置道場。如果五代時所「齋供」的節辰，仍包括「慶陽節」的話，P.2638 號文書中的「慶陽」，就有可能指「慶陽節」。

　　除了這許許多多的各種支出（出破數）外，儭司唱賣所得布的最主要支出，乃是寺院內部僧尼的分配，即本件文書第七十四至七十九行所記：

　　　　　　　　（前略）

74.應管諸寺合得儭僧計參伯伍拾陸人，

75.沙彌壹伯陸拾參人，合全捌拾壹人半；合得

76.儭大戒式叉尼計參伯柒拾玖人，尼沙彌計

77.柒拾壹人，合全參拾伍人半。上件僧尼，通

78.計捌伯伍拾貳人，人各支布陸拾尺，僧尼沙

79.彌各支布參拾尺。

　　　　　　　　（後略）

　　以上合得儭之僧、沙彌、大戒式叉尼、尼沙彌共計八百五十二人，所分儭布都是平均的，即僧和大戒式叉尼每人六十尺，沙彌和尼沙彌為一半，即每人三十尺。

　　本件文書所載儭布的分配方式，郝春文先生已正確指出：「儭司施物的唱賣者並不是將應出布（對儭司來說是所得布）直接交給儭司，由儭司進行分配，而是依據應出布的數量，分別分發給僧人。」由於「儭司施物唱賣者自身應得儭利的份額，一般是從其應出布數額中扣

出，即所謂『支本分』」[69]。

三、敦煌「唱衣」的地域特色

《敕修百丈清規》、《禪苑清規》記載的「唱衣」情況，都是一個寺院的活動。而敦煌文書記載的敦煌寺院，其「唱衣」等活動雖然遵從了律藏的規定，但又與《敕修百丈清規》、《禪苑清規》的記載不完全一致，具有鮮明的地域特色。

如「唱衣」就不是在某一個寺院中進行，而是整個敦煌教團的集體行動。歸義軍時期，敦煌的寺院比較多，S.1947 號[70]文書中就有「（歸義軍）管內一十六所寺及三所禪窟」，地.1382 號[71]也有「應管壹拾陸寺僧尼籍」的記載。據李正宇先生考證，晚唐五代時期，敦煌境內敕建有尼寺五所及僧寺十一所，總稱十六寺。[72]另外還有一些窟、佛刹、佛龕、佛堂和蘭若等。「站在這個龐大的教團勢力頂端的，仍然是『都司』即都僧統司。……『都司』下設立掌管佈施收入和分配的『儭司』，由『儭司教授』及『儭司法律』掌管。」[73]由此可見，餵司主持的「唱衣」，並非單個寺院的單獨活動，而是整個敦煌教團的集體行動。

現在，我們再來看 P.2638 號文書提到的寺院：十四行「龍」即龍興寺，十五行、二十行「普」即普光寺，十九行「國」即安國寺（五十一至五十二行也有安國寺），四十五行的大云寺、永安寺（六十二行的「永」即永安寺），五十行的聖光寺，五十一行的開元寺（六十二行

69　郝春文：《唐後期五代宋初沙州僧尼的宗教收入（二）——儭狀初探》，載《段文傑敦煌研究五十年紀念文集》，第 458 頁。

70　文書圖版見《英藏敦煌文獻（漢文佛經以外部分）》第三卷，四川人民出版社 1990 年版，第 190 頁。

71　文書圖版見《俄藏敦煌文獻》第八冊，上海古籍出版社 1997 年版，第 128 頁。

72　李正宇：《敦煌地區古代祠廟寺觀簡志》，載《敦煌學輯刊》1988 年第 1-2 期。

73　姜伯勤：《唐五代敦煌寺戶制度》，第 145 頁。

的「開」即開元寺），五十五行的三界寺、淨土寺，六十二行的「修」即靈修寺。以上共提到寺院十個，另外，六十一行的「三窟」指的就是莫高窟、西千佛洞和榆林窟，五十八至五十九行的「諸寺蘭若」則是對敦煌寺院蘭若的泛稱。

本件文書是沙州儭司的狀稿，而儭司又是都僧統司的下屬機構，由此也可看出，「沙州僧團是超越於一個寺院的組織」。[74]而本件文書上又鈐有幾顆「河西都僧統印」，可見所謂「右奉處分令執掌大眾儭利」，也是奉河西都僧統的處分。它也證明 P.2638 號文書中儭司的「唱衣」行動，是由「河西都僧統」領導下的整個敦煌教團組織的集體行動，並非像《敕修百丈清規》、《禪苑清規》記載的那樣，只是一個寺院的活動。

敦煌的佛寺，雖不能說全是禪寺，但具有禪宗的內容則是不容置疑的。由此我們可以提出這樣一種假設，即《敕修百丈清規》、《禪苑清規》雖是禪門寺院的規範，但它又是在總結、繼承整個佛教寺院行為準則的基礎上制定的，故在非禪宗寺院中也可以看到許多與《敕修百丈清規》、《禪苑清規》相似的內容。從以上所論敦煌寺院的「唱衣」可知，它與《敕修百丈清規》、《禪苑清規》的記載也有不完全一致之處，即打上了當時當地的烙印。這也許是因為《敕修百丈清規》、《禪苑清規》的規定是佛教僧徒的最高理想，屬於佛教的法規，而敦煌文書中反映的「唱衣」，則是一般僧人的活動，雖以佛教法規為指導，但又具有一定的世俗性。

從唐代開始，僧務的管理權就一直隸屬於中央政府的常設官署，如鴻臚寺、祠部等，不再設專門的僧務機構了。在僧務管理上，表現

74　姜伯勤：《敦煌社會文書導論》，（臺北）新文豐出版公司 1992 年版，第 204 頁。

為一種僧官與俗官混存共管的情況。[75]而敦煌歸義軍政權，雖奉中原王朝正朔，但基本上是一個獨立或半獨立的地方政權，在僧務管理上也是如此。如張氏歸義軍時期的河西都僧統悟真，從形式上看，由朝廷任命，但實際上是由歸義軍節度使決定的。到「西漢金山國」及曹氏歸義軍時期，則乾脆自行任命，有時僅僅加上一個「大唐敕授」的名義罷了。[76]

正因為敦煌教團僧官的任命權在歸義軍節度使，故僧官在大政方針上必須與歸義軍政權保持一致，甚至聽命於歸義軍節度使。在曹氏歸義軍時期，其統轄的地盤已大不如前，並不斷受到外來的侵擾，故必須加強內部統治。再加上敦煌的寺院，一般規模較小，自不能與中原、南方的一些大寺相提並論。因此敦煌佛寺的活動，並不是一個寺院的單獨行動，而是由都僧統領導下的整個敦煌教團的集體行動。如根據 S.0520[77]和 S.8583[78]號綴合之《天福二年（西元 937）二月十九日河西都僧統龍辯榜》[79]上有「河西都僧統印」三顆，是沙州報恩寺為舉辦方等道場，由「河西應管內外釋門都僧統龍辯」所發之榜文，其目的是要求都僧統司下屬之僧官以及敦煌十一個僧寺的禪律大德、律師等參加諸司的管理工作。敦煌佛寺的各項活動，是沙州教團的集體行動。作為佛寺活動內容之一的「唱衣」，也就不是各個寺院的單獨行

75　參閱白文固：《南北朝隋唐僧官制度探究》，載《世界宗教研究》1984 年第 1 期，又見何茲全主編：《五十年來漢唐佛教寺院經濟研究（1934-1984）》，北京師範大學出版社 1986 年版，第 266-277 頁。

76　謝重光、白文固：《中國僧官制度史》，第 144-145 頁。

77　文書圖版見《英藏敦煌文獻（漢文佛經以外部分）》第一卷，四川人民出版社 1990 年版，第 240 頁。

78　文書圖版見《英藏敦煌文獻（漢文佛經以外部分）》第十二卷，四川人民出版社 1995 年版，第 164 頁。

79　唐耕耦：《敦煌研究拾遺補缺二則》，載《敦煌研究》1996 年第 4 期。

動。

　　前已述及，歸義軍時期敦煌共有十六寺、三窟及若干蘭若等，但在 P.2638 號文書中只出現了十寺、三窟，為何不是全部寺院的活動呢？對此郝春文先生認為，在當時的沙州，亡故僧尼的衣物並非全部「散施」給儭司，也不是每個疾病死亡僧尼都向儭司「散施」物品。因為僧尼施入各個寺院和「入法事」的物品都不能歸入儭司，所以儭司所執掌的大眾儭利似乎只是施主明言施入「合城大眾」或「大眾」的部分。由此就可以明白，為什麼 P.2638 號文書「收入部分」所記佈施衣物的人次較少了。[80]這是有一定道理的，但還有一種可能，即儭司每次主持的「唱衣」及儭物分配，只是有關的寺院參加，並不包括所有的寺院。

　　另外，根據內律規定，寺院唱衣，所收一般是錢，如：

　　估唱得錢必照板帳，支用外其錢作三七。抽分歸常住（百貫抽三十貫，不滿百貫則不抽分），餘則均依僧眾。[81]

　　同時還列有各種收支賬目的樣式。《百丈清規證義記》卷五《估唱》條亦曰：

　　唱一件價，維那鳴罄一下，要者稱名收號條，書記填某號某甲收，知客僧值照應，或當時錢物兩交，副寺照號收錢，知客給物，或

80　郝春文：《唐後期五代宋初沙州僧尼的宗教收入（一）──兼論儭司》，見柳存仁等：《慶祝潘石禪先生九秩華誕敦煌學特刊》，（臺北）文津出版社 1996 年版，第 287-302 頁。

81　《重編敕修百丈清規》卷七《板賬式》，《大正藏》第 48 冊，第 1150 頁。

另日往庫房繳錢取物。

　　而敦煌文書中的唱衣歷，其唱賣所得都是實物，其中絕大部分都是布，另有少部分麥、粟等，總之都是實物，目前還未發現使用貨幣的，這是什麼原因呢？

　　自從「安史之亂」以後，吐蕃占領了敦煌，並將其本部的一些行政、軍事、經濟政策在敦煌實行，如部落、將制、突田制等，[82]唐王朝的貨幣被廢除，主要實行物物交換，交換的媒介是實物。

　　歸義軍政權作為一個特殊的藩鎮，雖然在絕大部分時間都奉中原王朝為正朔，但由於當時唐王朝自顧不暇，再加上交通的阻隔等各種原因，歸義軍政權實際上處於一個地方政權狀態，無法得到唐王朝的有力支持，當然也就無法得到、使用唐王朝的貨幣。而它又是在推翻吐蕃統治的基礎上建立的，也沒有貨幣供其繼承，歸義軍政權本身又沒有鑄造貨幣。因此，在整個歸義軍時期，都很難見到使用貨幣的記載，人們在買賣、雇工、典當、借貸時，便以麥粟、絹帛、布匹等實物計價。尤其是布匹，在當時當地便替代了貨幣的功能，具有價格和價值的尺度，是實物貨幣的主要形態。

　　作為社會組成部分的寺院，也自然受這一大環境和前提的影響、左右，在唱衣時，其所得也就以布匹為主了。

　　（本部分由《晚唐五代敦煌寺院的「唱衣」》和《從敦煌文書看唐五代佛教寺院的「唱衣」》兩文合併修改而成，前文載劉進寶《敦煌文

82　劉進寶：《關於吐蕃統治經營河西地區的若干問題》，載《中國邊疆史地研究》1994年第1期。

書與唐史研究》，（臺北）新文豐出版公司 2000 年版，後文載《南京師大學報》2007 年第 4 期）

第三章

階層與階級

第一節　唐五代音聲人略論

　　唐五代的「音聲人」，是一比較複雜的課題。學術界此前主要是從階級結構或賤人、奴婢的角度有所涉及，但缺乏專門的研究。由於敦煌文書的發現，使我們對唐後期五代歸義軍時期的「音聲人」有了比較清晰的認識。但對「音聲人」的來源、地位及社會生活等等還不十分清楚。筆者擬在學術界以往研究的基礎上，對此略加探討，不當之處，請批評指正。

一、音聲之前的樂戶

　　音聲之名雖然出現較晚，但它與樂戶相同。樂戶在史籍中的出現，應在北魏時期，據《魏書》卷一百十一《刑法志》載：

　　孝昌（西元 525-527）已後，天下淆亂，法令不恆，或寬或猛。及
爾朱擅權，輕重肆意，在官者，多以深酷為能。至遷鄴，京畿群盜頗
起。有司奏立嚴制：諸強盜殺人者，首從皆斬，妻子、同籍，配為樂
戶；其不殺人，及贓不滿五匹，魁首斬，從者死，妻子亦為樂戶；小
盜贓滿十匹已上，魁首死，妻子配驛，從者流。[1]

　　《左傳・襄公二十三年》正義云：

　　近世魏律，緣坐配沒為工樂雜戶者，皆用赤紙為籍，其卷以鉛為
軸。[2]

　　項陽先生認為：「樂籍是在拓跋氏人主中原，將大量的漢民徙為奴
隸的情況下，引人中原的戶籍制度。」[3]
　　隋代的萬寶常，也是屬於罪犯配沒為樂戶者。《隋書》卷七十八
《藝術・萬寶常》載：

　　萬寶常，不知何許人也。父大通，從梁將王琳歸於齊。後復謀還
江南，事洩，伏誅。由是寶常被配為樂戶，因而妙達鐘律，遍工八
音。造玉磬以獻於齊。[4]

1　（北齊）魏收：《魏書》卷一百十一《刑法志》，中華書局 1974 年版，第 2888 頁。

2　（清）阮元校刻《十三經注疏》，中華書局 1982 年版，第 1976 頁。

3　詳見項陽：《山西樂戶研究》，文物出版社 2001 年版，第 4 頁。另外，喬健、劉貫
　　文、李天生：《樂戶：田野調查與歷史追蹤》（江西人民出版社 2002 年版）一書，也
　　是對山西樂戶的調查與研究。該書以山西省尤其是上黨地區的田野調查為主，亦可參
　　考。

4　《隋書》卷七十八《萬寶常傳》，第 1783 頁。

　　當然，樂戶也並非完全是刑事犯罪者的家屬，此外還有戰爭中的俘虜，如《魏書》卷八十六《孝感列傳》載：

　　又河東郡人楊鳳等七百五十人，列稱樂戶。皇甫奴兄弟，雖沉屈兵伍而操尚彌高，奉養繼親甚著恭孝之稱。[5]

　　北魏時期出現的樂籍，被後世所繼承，如《周書》卷二十一《司馬消難列傳》載：

　　初，楊忠之迎消難，結為兄弟，情好甚篤。隋文每以叔禮事之。及陳平，消難至京，特免死，配為樂戶。經二旬放免。猶被舊恩，特蒙引見。尋卒於家。[6]

　　隋文帝即位後，即於開皇元年（西元 581）四月將「太常散樂並放為百姓」[7]。另據《隋書》卷六十七《裴蘊傳》載：

　　初，高祖不好聲技，遣牛弘定樂，非正聲清商及九部四舞之色，皆罷遣從民。至是（大業初），蘊揣知帝意，奏括天下周、齊、梁、陳樂家子弟，皆為樂戶。其六品已下，至於民庶，有善音樂及倡優百戲者，皆直太常。是後異技淫聲咸萃樂府，皆置博士弟子，遞相教傳，

5　《魏書》卷八十六《孝感列傳》，第 1884 頁。

6　（唐）令狐德棻等：《周書》卷二十一《司馬消難列傳》，中華書局 1971 年版，第 355 頁。

7　《隋書》卷一《高祖紀》，第 15 頁。

增益樂人至三萬餘。帝大悅，遷民部侍郎。[8]

　　從《隋書》的記載可知，隋將從周、齊、梁、陳接收過來的樂家子弟作為樂戶，而將民庶中善音樂者雖也隸屬太常，但不屬於樂戶。「由此可見，隋代在宮廷中從事音樂活動的樂人分為兩類，一類是賤民為之的樂戶，一類是庶民中的擅長音樂者……前者為沒有社會地位的賤民，後者則是可以享有普通人社會權力的庶民。我們看到，在其後的許多朝代逐漸混淆了兩者之間的界限，這一群體更多是以賤民為之。」[9]

　　開皇元年「放免樂戶為民，說明其身分低於平民」；大業年間奏括天下周、齊、梁、陳樂家子弟皆為樂戶，「大概是文帝時所放免的樂戶原籍具存，大業時據此檢括，把南北朝後期諸樂戶子弟依舊括充樂戶。」[10]總之，樂戶的地位是低於平民的。

　　唐代建國不久，高祖李淵即發佈詔書：

（武德）四年九月二十九日詔：太常樂人，本因罪譴沒入官者，藝比伶官。前代以來，轉相承襲，或有衣冠繼緒，公卿子孫，一沾此色，累世不改，婚姻絕於士庶，名籍異於編甿，大恥深疵，良可矜愍。其大樂鼓吹諸舊樂人，年月已久，時代遷移，宜並蠲除，一同民例。但音律之伎，積學所成，傳授之人，不可頓闕，仍令依舊本司上下。若已經仕宦，先入班流，勿更追補，各從品秩。自武德元年配充樂戶者，不在此例。（樂工之雜士流，自茲始也。太常卿竇誕，又奏用

8　　《隋書》卷六十七《裴蘊傳》，第1574-1575頁。

9　　《山西樂戶研究》，第5頁。

10　張澤咸：《唐代階級結構研究》，中州古籍出版社1996年版，第489頁。

音聲博士，皆為大樂鼓吹官僚。……自是聲伎入流品者，蓋以百數。）[11]

從此詔書我們可以得知以下信息：

第一，樂人由罪謫配充。他們「漢魏後皆以賤隸為之」，[12]並且「轉相承襲，或有衣冠繼緒，公卿子孫，一沾此色，累世不改」。這與前引《魏書・刑法志》中諸強盜被斬後，「妻子同籍配為樂戶」的記載是一致的。

第二，樂戶的地位低於百姓。他們「婚姻絕於士庶，名籍異於編甿，大恥深疵，良可矜愍。」這與北齊滅亡後，「衣冠士人多遷關內，唯技巧、商販及樂戶之家移實州郭」[13]的情況是一致的。

第三，唐朝蠲免前代樂戶為百姓，讓其「一同民例」時，本朝所配充的樂戶則例外，即「自武德元年配充樂戶者，不在此例」[14]。

二、音聲與樂人

「音聲」之名出現於唐代，如《通典》卷一百四十六曰：「國家每歲閱司農戶，容儀端正者歸太樂，與前代樂戶總名『音聲人』。歷代茲多，至有萬數。」[15]對此，《唐六典》有比較具體的記載：「凡初配沒有伎藝者，從其能而配諸司；婦人工巧者，人於掖庭；其餘無能，咸隸

11　（宋）王溥：《唐會要》卷三十四《論樂》，第 728 頁。《唐大詔令集》卷八十一唐高祖《太常樂人蠲除一同民例詔》略同，但其年代則為「武德二年八月」，第 465 頁。《資治通鑑》卷一百八十九則與《唐會要》一致。

12　《唐會要》卷三十三《清樂》，第 713 頁。

13　《隋書》卷七十三《梁彥光傳》，第 1674 頁。

14　參閱張澤咸：《唐代階級結構研究》，第 488-489 頁。

15　（唐）杜佑撰，王文錦等點校：《通典》卷一百四十六《清樂》，第 3718 頁。《唐會要》卷三十三《清樂》（第 713 頁）略同。

司農。」「其餘雜伎則擇諸司之戶教充。」並作注曰：「每年十月，都官按比。男年十三已上，在外州者十五已上，容貌端正，送太樂；十六已上，送鼓吹及少府教習。」[16]

在唐代前期，音聲人與樂戶常常難以區分，如前引《通典》就說「與前代樂戶總名『音聲人』」。由此可見，音聲人是包括樂戶的。據《唐律疏議》卷三《名例‧工樂雜戶及婦人犯流決杖》條載：「『太常音聲人』，謂在太常作樂者，元與工、樂不殊，俱是配隸之色，不屬州縣，唯屬太常。義寧（西元 617-618）以來，得於州縣附貫，依舊太常上下，別名『太常音聲人』。」[17]

《新唐書》卷二十二《禮樂志》云：

> 唐之盛時，凡樂人、音聲人、太常雜戶子弟隸太常及鼓吹署，皆番上，總號音聲人，至數萬人。[18]

由此可知，音聲人有廣義與狹義之分，上引《通典》卷一百四十六及《新唐書‧禮樂志》所說的「音聲人」，乃是指廣義的音聲。這裡的音聲是包括樂人的，它是所有樂營使所轄樂工的總稱。

音聲和樂人除了相同的一面外，還有其不同之處，如「凡樂人及音聲人應教習，皆著簿籍，核其名數而分番上下。」[19] 從這一記載就可知道，音聲與樂人還是有區別的，否則就不會將其並列，而應該直呼

16　（唐）李林甫等修，陳仲夫點校：《唐六典》卷六《尚書刑部‧都官》，中華書局 1992 年版，第 193 頁。

17　（唐）長孫無忌等撰，劉俊文點校：《唐律疏議》卷三《名例‧工樂雜戶及婦人犯流決杖》，中華書局 1983 年版，第 74 頁。

18　《新唐書》卷二十二《禮樂志》，第 477 頁。

19　《唐六典》卷十四《太常寺》，第 406 頁。

音聲了。

第一，《唐律疏議》卷三《名例·工樂雜戶及婦人犯流決杖》條疏議曰：「工、樂者，工屬少府，樂屬太常，並不貫州縣」；「太常音聲人……得於州縣附貫」。[20]《唐律疏議》卷十八《賊盜·殺人移鄉》條疏議曰：「工、樂及官戶、奴，並謂不屬縣貫」；「其雜戶、太常音聲人，有縣貫」。[21]由此可知，隋唐之際，太常音聲人的戶籍開始附貫於地方州縣了。即音聲在州縣有籍貫，而樂戶則只屬太常，在州縣無貫。

第二，《唐律疏議》卷十四《戶婚·雜戶官戶與良人為婚》條疏議曰：「其工、樂、雜戶、官戶，依令『當色為婚』」；「太常音聲人，依令『婚同百姓』，其有雜作婚姻者，並准良人」。[22]就是說，樂戶只能「當色為婚」，而音聲人則與其不同，他們「依令婚同百姓」。

第三，《唐律疏議》卷十七《賊盜·緣坐非同居》條疏議曰：「雜戶及太常音聲人，各附縣貫，受田、進丁、老免與百姓同」。[23]

當然，這只是從法律條文的角度區分的。實際上，在許多情況下，音聲和樂人是很難區分的。

狹義的音聲是指演唱歌曲、製作音樂的藝人。《新唐書》卷四十八《百官志三》在太常寺太樂署下注曰：「唐改太樂為樂正，有府三人，史六人，典事八人，掌固六人，文武二舞郎一百四十人，散樂三百八十二人，仗內散樂一千人，音聲人一萬二十七人。」[24]馮培紅氏已指

20　《唐律疏議》卷三《名例·工樂雜戶及婦人犯流決杖》，第74頁。

21　《唐律疏議》卷十八《賊盜·殺人移鄉》，第342頁。

22　《唐律疏議》卷十四《戶婚·雜戶官戶與良人為婚》，第271頁。

23　《唐律疏議》卷十七《賊盜·緣坐非同居》，第324頁。

24　《新唐書》卷四十八《百官志三·太常寺》，第1244頁。

出，「這裡的音聲人，應是指狹義範圍。」[25]

另據《舊唐書》卷十九上《懿宗本紀》載：

（咸通十三年五月）乙亥，國子司業韋殷裕於閣門進狀，論淑妃弟郭敬述陰事。上怒甚，即日下京兆府決殺殷裕，籍沒其家。殷裕妻崔氏，音聲人鄭羽客、王燕客，婢微娘、紅子等九人配入掖庭。[26]

韋殷裕家中的音聲，顯然也是指演唱歌曲之具體人。

另如李肇《唐國史補》卷上載：

李令嘗為制將，將軍至西川，與張延賞有隙。及延賞大拜，二勛臣在朝，德宗令韓晉公和解之。每宴樂，則宰臣盡在，太常教坊音聲皆至，恩賜酒饌，相望於路。[27]

25　馮培紅：《敦煌歸義軍職官制度研究——唐五代藩鎮官制個案研究》，蘭州大學博士論文，2004 年，第 131 頁。

26　《舊唐書》卷十九上《懿宗本紀》，第 679 頁。

27　李肇：《唐國史補》捲上《李令勛臣首》，見《唐五代筆記小說大觀》，上海古籍出版社 2000 年版，第 171 頁。除上述狹義的音聲外，有些妓女往往也會音樂歌舞，因此音聲人也可指妓女。參閱曾良：《敦煌文獻字義通釋》，廈門大學出版社 2001 年版，第 177 頁。如李肇《唐國史補》捲上載：「德宗初復宮闕，所賜勛臣第宅妓樂，李令為首，渾侍中次之。」（《唐五代筆記小說大觀》，第 170 頁）這裡的「妓樂」應該就是音聲。德宗為勛臣賜「妓樂」，與玄宗給哥舒翰「賜音聲小兒十人」（《全唐文》卷二十五唐玄宗《加哥舒翰爵賞制》，中華書局 1983 年版，第 291 頁）是一致的。《唐語林》卷四載「劉異赴邠寧，安平公主辭，以異侍女從。宣宗曰：『此何人也？』曰：『劉郎音聲人。』上喜安平不妒，顧左右曰：『與作主人，不令與宮娃同處』。」周勳初：《唐語林校證》，中華書局 1997 年版，第 411 頁。這裡的「劉郎音聲人」，在同書卷七中也有相似記載：「〔杜〕晦辭亦好色，赴淮南，路經常州，李贍給事為郡守，晦辭於坐間與官妓朱娘別，因掩袂大哭。贍曰：此風聲賤人，員外何必如此？」周勳初先生校證：「風聲賤人，原書作『風聲婦人。』」案：《金華子》捲上王昭輔嘗話故

　　音聲的地位低於良人，與雜戶相當，如前引《新唐書》卷二十二《禮樂志》云：「唐之盛時，凡樂人、音聲人、太常雜戶子弟隸太常及鼓吹署，皆番上，總號音聲人，至數萬人。」這裡就明確將音聲和太常雜戶子弟並列。

　　關於雜戶，據《唐六典》卷六《尚書刑部・都官》載：「凡反逆相坐，沒其家為官奴婢。一免為番戶，再免為雜戶，三免為良人。」[28]可見，雜戶與音聲地位相當。這正如前引《唐律疏議》所言：「雜戶及太常音聲人，各附縣貫，受田、進丁、老免與百姓同，」[29]；「其雜戶、太常音聲人有縣貫。」[30]可見他們的地位相當，略低於良人，經再次放免後才能成為良人。

　　《唐六典》卷六《尚書刑部・都官》載：「番戶、雜戶，則分為番。」關於番期，《唐六典》注解曰：「番戶一年三番，雜戶二年五番，番皆一月。十六已上當番請納資者，亦聽之。」[31]

　　據唐律規定，雜戶的地位高於番戶（官戶），低於平民。類似雜戶

鐘陵平江西一條，內有收拾一風聲婦人為歌姬之句，周廣業注：案：裴廷裕《東觀奏記》：駙馬劉異上安平公主，主左右皆宮人。一日，以異姬人從入宮，上問：『為誰？』主曰：『劉郎聲音人。』自注云：『俗呼如此。』然則『風聲婦人』亦『聲音人』之類也。」（周勳初：《唐語林校證》，第623頁）從本條上下文及同書卷四可知，這裡的「聲音人」似是「音聲人」之誤。

　　另外，音聲還可指音樂，如《太平廣記》卷二百一十四《雜編》曰：「有別畫者，與人同遊寺，看壁畫音聲一鋪（原注：鋪原作幅），曰：『此涼州第幾遍？』不信，召樂官奏涼州，至畫處，用指更無差異。」（李昉等：《太平廣記》，中華書局1986年版，第1643頁。）王瑛先生注曰：「『一鋪』為量詞，『音聲一鋪』意猶『音樂一幅』或『一壁』。」參閱王瑛：《唐宋筆記語辭彙釋》，中華書局2001年版，第210頁。

28　《唐六典》卷六《尚書刑部・都官》，第193頁。

29　《唐律疏議》卷十七《賊盜・緣坐非同居》，第324頁。

30　《唐律疏議》卷十八《賊盜・殺人移鄉》，第342頁。

31　《唐六典》卷六《尚書刑部・都官》，第193頁。關於番戶、雜戶的詳情，請參閱張澤咸《唐代階級結構研究》第十四章《官戶、雜戶及其他》。

之音聲，若再度放免，就可成為平民了。他們被放免的主要途徑是「征討得勳」，即因戰功受勳而放免，這正如《唐會要》卷三十四《雜錄》載：「又音聲人得五品已上勳，依令應除簿者，非因征討得勛，不在除簿之列。」[32]

　　音聲雖屬雜戶，其政治地位較低，但其經濟地位可能與一般百姓略同，因他們不僅「受田、進丁、老免與百姓同。」而且既可以給侍也可以充侍。據《唐會要》載：「乾封元年五月敕：音聲人及樂戶，祖〔父〕母老病應侍者，取家內中男及丁壯好手者充。若無所取中丁，其本司樂署博士，及別教子弟應充侍者，先取戶內人及近新（親）充。」[33]正因為如此，音聲中還出現了一些富有者。據《隋書》載：

　　　凡（宇文）述所薦達，皆至大官。趙行樞以太常樂戶，家財億計，述謂為兒，多受其賄。稱其驍勇，起家為折衝郎將。[34]

　　這裡的「趙行樞以太常樂戶」，《北史》則直接寫為「本太常樂戶」[35]，可見趙是「以太常樂戶」的身分起家的。作為「太常樂戶」的趙行樞，能有「家財億計」，並通過大量的賄賂而「起家為折衝郎將」。另如 P.2040 背淨土寺某年《粟破》中有：「粟一斗，安老宿車團於南沙張音聲莊折木用。」[36]

32　《唐會要》卷三十四《雜錄》，第 734-735 頁。

33　《唐會要》卷三十四《雜錄》，第 733 頁。其中應補之「父」，「新」應為「親」，乃按李錦繡《唐代制度史略論稿》（中國政法大學出版社 1998 年版，第 364 頁）補改，特此說明。

34　《隋書》卷六十一《宇文述傳》，第 1468 頁。

35　《北史》卷七十九《宇文述列傳附趙行樞》，第 2653 頁。

36　文書圖版見《法藏敦煌西域文獻》第三冊，上海古籍出版社 1994 年版，第 20-56 頁。

從隋代樂戶趙行樞「家財億計」到歸義軍時期的張音聲已有莊田，
儼然為一地主可知，「個別音聲人上層已成為富有者」。[37]

三、音聲的設置及地位

唐中期又設置了專門從事俗樂的教坊。《新唐書》卷四十八《百官
志三》載：

開元二年（西元714），又置內教坊於蓬萊宮側，有音聲博士、第
一曹博士、第二曹博士。京都置左右教坊，掌俳優雜技。
自是不隸太常，以中官為教坊使。[38]

對此，《資治通鑑》的記載更為明確：

舊制，雅俗之樂，皆隸太常。上精曉音律，以太常禮樂之司，不
應典倡優雜伎，乃更置左右教坊以教俗樂，命右驍衛將軍范及為之
使。又選樂工數百人，自教法曲於梨園，謂之「皇帝梨園弟子」。又教
宮中使習之。又選伎女，置宜春院，給賜其家。[39]

除中央設有「梨園弟子」外，唐後期五代的藩鎮，也有樂營之設。
《唐會要》卷三十四《雜錄》載：

寶歷二年（西元826）九月，京兆府奏：伏見諸道方鎮，下至州縣

錄文見《釋錄》第三輯，第401-436頁，第251-252行。

37　姜伯勤：《敦煌藝術宗教與禮樂文明》，中國社會科學出版社1996年版，第524頁。

38　《新唐書》卷四十八《百官志三‧太常寺》，第1244頁。

39　（宋）司馬光等：《資治通鑑》卷二百一十一，玄宗開元二年春正月條，第6694頁。

軍鎮，皆置音樂，以為歡娛。豈惟誇盛軍戎，實因接待賓旅。伏以府司每年重陽、上巳兩度宴遊，及大臣出領藩鎮，皆需求雇教坊音聲，以申宴餞。今請自於當已錢中，每年方圖三二十千，以充前件樂人衣糧。伏請不令教坊收管，所冀公私永便。從之。蓋京兆尹劉棲楚所請也。[40]

　　從寶歷二年（西元 826）奏文可知，藩鎮中有專門的樂舞機構，這應該就是樂營。因據《舊唐書》卷一百四十五《陸長源傳》載，貞元十五年（西元 799）汴州節度判官孟叔度「多縱聲色，數至樂營與諸婦人嬉戲，自稱孟郎，眾皆薄之。」[41]這裡的「樂營」顯然就是軍中的樂舞機構。

　　樂營的主管官員就是樂營使。這從崔致遠《桂苑筆耕集》[42]卷十四所載《客將哥舒瓚兼充樂營使》就可得到證明：客將哥舒瓚「久委賓司，既見與言之可使；俾兼樂職，必期飾喜之克諧。爾其有禮為先，無荒是誠，迎送於燕臺鄭驛，指蹤於回雪過云」。故被高駢奏請為「兼充樂營使」，即本藩鎮樂營的主管官員。

　　另外，據《唐故東畿汝防禦使都押衙兼都虞候正議大夫檢校太子賓客上柱國南陽張府君墓誌銘並序》載：張季戎因「博習典墳，洞明音律」，於會昌五年十月「又加樂營使。」[43]

　　樂營使又稱為樂營將，宋人程大昌在《演繁露》卷六《樂營將弟

40　《唐會要》卷三十四《雜錄》，第 736 頁。

41　《舊唐書》卷一百四十五《陸長源傳》，第 3938 頁。

42　〔新羅〕崔致遠撰，黨銀平校注：《桂苑筆耕集校注》，中華書局 2007 年版，第 463-465 頁。黨銀平在校注中提出，唐代藩鎮皆設樂營，負責迎來送往事務，安排食宿宴餞。同時還兼管「豔麗」或營妓。

43　周紹良主編：《唐代墓誌彙編》下冊，上海古籍出版社 1992 年版，第 2292 頁。

子》中，記述玄宗開元二年設置教坊、備「皇帝梨園弟子」後緊接著說：「至今謂優女為弟子，命伶魁為樂營將者，此其始也。」[44]

五代時期，樂工的地位似有所提高。《五代會要》卷七《雜錄》有：

> 晉開運二年八月，中書舍人陶谷奏：「臣前任太常少卿，伏見本寺見管教坊二舞，本戶州縣居民，若不盡免差徭，無緣投名鼓舞。況正殿會朝，已久停廢，其見管人數等每有淪亡，皆擬填補，既不曾教習，但虛免差徭，伏乞且議停廢。」……其年十一月，太常丞劉渙奏：「當寺全少樂工，或正、冬朝會，郊廟行禮，旋差京府衙門首樂官權充，雖曾教習，未免生疏，兼又各業胡部音聲，不閑太常歌曲。伏乞宣下所司，量支請給，據見闕樂師添召，令在寺習學」。敕：「太常寺見管兩京雅樂節級樂工共四十人外，更添六十人。內三十八人，宜抽教坊貼部樂官兼充；余二十二人，宜令本寺招召充填。仍令三司完支春冬衣糧，月報聞奏。其舊管四十人，亦量添請。」[45]

從晉開運二年（西元 945）的這一奏敕可知，五代時期的音聲人，其身分仍然相對低下，類似雜戶，並由官府「定支春冬衣糧」。但戶口屬於「州縣居民」，若在官府上番執役，則需「盡免差徭」。因為若沒有「盡免差徭」的優待，就無人肯「投名」為音聲人。即只有免除全部的差科徭役，他們才願意「投名鼓舞」，為官府上番執役。

另據前引《唐會要》卷三十四《雜錄》曰：「伏見諸道方鎮，下至

44　（宋）程大昌：《演繁露》卷六《樂營將弟子》，《叢書集成初編》（第 293 冊），中華書局 1991 年版，第 65 頁。

45　《五代會要》卷七《雜錄》，第 124 頁。

州縣軍鎮，皆置音樂，以為歡娛。」由此表明，「在縣、鎮一級可能也設有樂營，負責本縣樂舞之事。」[46]馮培紅氏的這一推論應是正確的，據《大慈恩寺三藏法師傳》卷第九載：

（顯慶元年）夏四月八日，帝書碑並匠鐫訖，將欲送寺，法師慚荷聖慈，不敢空然待送，乃率慈恩徒眾及京城僧尼，各營幢蓋、寶帳、幡華，共至芳林門迎。敕又遣太常九部樂，長安、萬年二縣音聲共送。幢最卑者上出雲霓，幡極短者猶摩霄漢，凡三百餘事，音聲車千餘乘。[47]

從「長安、萬年二縣音聲」可知，唐代縣一級是有音聲的。同樣的情況，敦煌文書也得到了證明，據 S.4453《宋淳化二年（西元 991）十一月八日歸義軍節度使帖》載：「右奉處分，今者官中車牛載白檉去，令都知將頭隨車防援，急疾到縣日，准舊看待，設樂支供糧料。其都知安永成一人，准親事例，給料看待。」[48]此帖是發給壽昌縣的，可見歸義軍節度使下轄的壽昌縣是有樂舞機構的，並能「設樂」助興。

據《舊唐書》卷四十三《職官志二》載：「凡差衛士征戍鎮防，亦有團伍……其居常則皆習射，唱大角歌」。從此記載可知，軍中日常訓練科目中有教習軍歌一項。在軍中教習軍歌者，應當屬於軍隊中的樂營人員。我們知道，唐代中期，音聲人就要上番服役。唐代音聲人雖

46　《敦煌歸義軍職官制度研究——唐五代藩鎮官制個案研究》，第 131 頁。

47　（唐）慧立、彥悰著，孫毓棠、謝方點校：《大慈恩寺三藏法師傳》卷九，中華書局 2000 年版，第 189 頁。

48　文書圖版見《英藏敦煌文獻（漢文佛經以外部分）》第六卷，四川人民出版社 1992 年版，第 80 頁。錄文見《釋錄》第四輯，第 306 頁。

在州縣受田，但「仍各於本司上下，不從州縣賦役者。」[49]他們主要是以上番的形式到太常寺執役，據《唐六典》卷十四《太常寺・太樂署》載：「凡樂人及音聲人應教習，皆著簿籍，核其名數，而分番上下，皆教習檢察，以供其事。」關於番上，《唐六典》注曰：「短番散樂一千人，諸州有定額。長上散樂一百人，太常自訪召。關外諸州者分為六番，關內五番，京兆府四番，並一月上；一千五百里外，兩番並上」。由此可知，音聲上番，番期為一月。一千五百里外，為節省來回路途，「兩番並上」。

在唐代實行均田制時期，音聲人也受田，「其受田、進丁、老免與百姓同。」但免徵徭役雜科。因為其上番設樂就相當於執役。《唐會要》卷三十三《散樂》載：「神龍三年（西元 707）八月敕：太常樂鼓吹散樂音聲人，並是諸色供奉，乃祭祀陳設，嚴警鹵簿等用，須有矜恤，宜免徵徭雜科。」[50]又《唐會要》卷三十四《雜錄》載：開元二十三年（西元 735）敕：「音聲內教坊博士，及曹第一、第二博士房，悉免雜徭，本司不得驅使。」[51]到了吐蕃時期，仍然如此。如 P.3730《酉年樂人奉仙等牒》中云：「奉仙等雖沾樂人，八音未辯，常蒙撫卹，頻受賞榮，突課差科，優矜至甚。」[52]據姜伯勤先生研究，奉仙等被「優矜」（減免）的「差科」（力役）和「突課」（地租），原是一般寺戶所必須負擔的「重科」，只是因為他們演出了音樂，才被寺院放免。由此可見，敦煌的寺屬樂人，是附著於土地，參加勞動的寺戶，但其上番設

49　（唐）長孫無忌等撰，劉俊文點校：《唐律疏議》，中華書局 1983 年版，第 342 頁。

50　《唐會要》卷三十三《散樂》，第 714 頁。

51　《唐會要》卷三十四《雜錄》，第 734 頁。

52　文書圖版見《法藏敦煌西域文獻》第二十七冊，上海古籍出版社 2002 年版，第 165 頁。

樂，則作為其應交納的力役地租的替代物。[53]

　　音聲上番執役時其衣糧由官府供給，但當其下番後，則需自行解決。因此，作為雜戶之音聲，就需要占有、耕種土地，以供其下番時生活。

　　音聲的戶口既然屬「州縣居民」，就應該占有土地。在唐代前期實行均田制時，音聲與州縣百姓一同受田。但在歸義軍時期的晚唐五代至宋初，土地的占有原則是誰有能力耕種，就可請占土地。我們見到 P.4525 的這件文書，音聲、吹角、牧子都有土地二十畝，不知是其占有土地的全部，還是一部分。從這些身分的人都有土地二十畝估計，這是他們最低的生活標準，即除上番執役時由官府供給衣糧外，這些土地就是其平時生活的源泉。由於其上番執役，因此才免除了其地稅中的官布。

　　至於「音聲人」的身分，姜伯勤先生在研究 P.4525（8）號背文書時指出：「音聲、牧子、吹角俱屬雜戶。」[54]張澤咸先生認為：「太常音聲人的地位比諸雜戶是略高一籌。」[55]

　　據天一閣藏《天聖令》所保存的宋已廢棄不用的唐令載：

　　諸官戶皆在本司分番上下，每年十月，都官案比。男年十三以上，在外州者十五以上，各取容貌端正者，送太樂（其不堪送太樂者，自十五以下皆免入役）；十六以上送鼓吹及少府監教習，使有工能，官奴婢亦准官戶例分番（下番日則不給糧）。願長上者，聽。其父兄先有

53　《敦煌藝術宗教與禮樂文明》，第 516 頁。

54　《敦煌藝術宗教與禮樂文明》，第 522 頁。

55　《唐代階級結構研究》，第 490 頁。

技業堪傳習者，不在簡例。雜戶亦任本司分番上下。[56]

《天聖令》所保存的這一唐令，在《唐六典》注文中也有記載，只不過略有不同。為便於說明，現轉引如下：

官戶皆在本寺分番，每年十月，都官按比。男年十三已上，在外州者十五已上，容貌端正，送太樂；十六已上，送鼓吹及少府教習。有工能官奴婢亦准此。業成，准官戶例分番。其父兄先有伎藝堪傳習者，不在簡例。[57]

從唐令中官戶「各取容貌端正者送太樂」、「送鼓吹及少府監教習，使有工能」可知，這是從官戶中挑選有樂舞才能者加以培訓，待其習樂「業成，准官戶例分番」。這正如《唐律疏議》卷三《名例·工樂雜戶及婦人犯流決杖》所載：「工樂及太常音聲人，皆取在本司習業，依法各有程式。所習之業已成，又能專執其事」；「工、樂及太常音聲人，習業已成……皆不配役。若習業未成，依式配役。如元是官戶及奴者，各依本法」。即經過業務培訓後，按官戶進行番役。由此可見，「音聲人」似屬官戶。而據前引《唐律疏議》所言：「雜戶及太常音聲人，各附縣貫，受田、進丁、老免與百姓同」；「其雜戶、太常音聲人有縣貫。」可見「音聲人」似乎又和雜戶的地位相當。

當然，這僅僅是依據令文中的有關條文分析的。實際上，音聲人的情況比較複雜，可能既有官戶的成分，也有雜戶的成分，但既不是

56 天一閣博物館、中國社會科學院歷史研究所天聖令整理課題組校證《天一閣藏明鈔本天聖令校證：附唐令復原研究》，中華書局 2006 年版，第 378 頁。
57 《唐六典》卷六《尚書刑部.都官》，第 193 頁。

官戶，也不是雜戶，而是有獨立戶籍的，且其身分比較低。如據《唐律疏議》載：「還依本色者，工、樂還掌本業，雜戶、太常音聲人還上本司」[58]；「『避本業』，謂工、樂、雜戶、太常音聲人，各有本業，若迴避改入他色之類，是名避本業」[59]；「太常音聲人，州縣有貫，詐去音聲人名者，亦同工、樂之罪」[60]；「諸殺人應死會赦免者，移鄉千里外。其工、樂、雜戶及官戶、奴，並太常音聲人，雖移鄉，各從本色。」[61]可見音聲人作為單獨的一類，與官戶、雜戶是有區別的，其地位絕對低於良人，否則就不會要求其「各從本色」，「還依本色」，並強調不能「詐去音聲人名」、「避本業」。由於音聲人的身分低於平民，在藩鎮軍隊中就有專門的簿籍，如開元二十三年敕：「又音聲人得五品已上勳，依令應除簿者，非因征討得勳，不在除簿之列。」[62]

到了唐後期，竟出現了「京畿諸縣太常樂人及金吾角子，皆是富饒之戶，其數至多。今一身屬太常金吾，一門盡免雜差役」[63]的情況。以致於政府不得不下令申明：「今後只免正身一人差使，其家丁並不在影庇限」[64]。「京畿諸縣的富戶竟然去掛名充當樂人，藉以免除繁重害民的差役，樂工原由罪隸配充轉而為某些富戶樂意投充，其間揭示著唐後期社會裡已蘊藏著深刻的變化。」[65]

58　《唐律疏議》第 75 頁。

59　《唐律疏議》第 97 頁。

60　《唐律疏議》第 471 頁。

61　《唐律疏議》第 341 頁。

62　《唐會要》，第 734-735 頁。

63　（宋）李昉等編：《文苑英華》卷四百二十三《會昌二年四月二十三日上尊號赦文》，中華書局 1966 年版，第 2144 頁；《全唐文》卷七十八武宗《南郊改元赦文》，第 355 頁。

64　《唐會要》第 737 頁。

65　張澤咸：《唐代階級結構研究》，第 493-494 頁。

　　音聲人既然與百姓一樣受田，那就應該承擔賦役。但關於音聲人承擔賦役的情況又比較複雜。據《唐律疏議》載：「其雜戶、太常音聲人，有縣貫，仍各於本司上下，不從州縣賦役者。」[66]由此可知，音聲人雖在州縣有籍，但不在州縣承擔賦役，只在本司承擔番役。但據唐中期張九齡於開元二十一年五月所撰《皇太子納妃敕》曰：「長安、萬年兩縣百姓，及今月當上礦騎、衛士、雜匠、掌閑、幕士、駕士、工人、樂人、供膳、官馬、主角手，並免其家今年地稅。」[67]從這一詔令卻又看到，這些輪番就役的樂人，其家是有一定的田地的，並且還要承擔賦稅，否則「免其家今年地稅」的優待就無法理解了。當然，這些「樂人」是包括音聲還是特指，並不清楚。與百姓一同受田的音聲人，為何不與百姓一樣承擔賦役呢？這還有待於我們更進一步地探討。

　　按規定，太常音聲人應上番服役，「若有故及不任供奉，則輸資錢以充伎衣、樂器之用。」[68]《唐六典》卷六《尚書刑部・都官》載：「番戶、雜戶，則分為番。」關於番期，《唐六典》注解曰：「番戶一年三番，雜戶二年五番，番皆一月。十六已上當番請納資者，亦聽之。」即音聲人若因故不能上番服役，是允許納資代役的。其納資標準：「音聲人納資者歲錢二千。」[69]另外，史籍文獻中還提到散樂的納資標準，如《唐會要》卷三十三《散樂》：散樂「隨月當番，遇閏月六番，人各徵資錢一百六十七文。」《新唐書》卷四八《百官志三》：「散樂，閏月人出資錢百六十，長上者復徭役。」其中的區別，由於文獻記載的闕如，目前還無法得知詳情。

66　《唐律疏議》，第 342 頁。

67　《唐大詔令集》，第 120 頁。

68　《唐六典》，第 406 頁。

69　（宋）歐陽修、宋祁等：《新唐書》，第 1243 頁。

　　從以上唐律中關於音聲人的記載可知，其身分地位高於奴婢，低於良人。正如唐長孺先生所指出：《唐六典》中的番戶、雜戶，《通典》中沒有，卻多出了部曲、客女，而部曲的地位比奴婢較高。「雜戶與部曲既可互稱，當然也比奴婢較高。」[70]

四、歸義軍時期的音聲人

　　敦煌文書 P.4525（8）《官布籍》[71]前殘後缺，現存十五行，其中第一至六行為據地徵收官布的《官布籍》，第七至十五行，雖有田畝數，但沒有納稅數。從其筆跡、字體可知，應為一人書寫，但從其內容分析，應屬同一文件的兩個方面。關於一至六行的內容，我們在探討官布徵收時，已對其進行了引錄分析，並確定其與 P.3236 號《壬申年敦煌鄉官布籍》[72]原為一件，年代為西元九七二年，都是每二百五十畝地納布一匹。[73]

　　該件文書的七至十五行，與一至六行雖為同一件文書，但性質不同，為便於探討，現將該文書轉錄如下：[74]

70　唐長孺：《拓跋國家的建立及其封建化》，見《魏晉南北朝史論叢》，生活・讀書・新知三聯書店 1978 年版，第 231-232 頁。

71　文書圖版見《法藏敦煌西域文獻》第三十一冊，上海古籍出版社 2005 年版，第 368 頁。錄文唐耕耦、陸宏基《敦煌社會經濟文獻真跡釋錄》第二輯，全國圖書館文獻縮微複製中心，1990 年，第 454 頁。

72　文書圖版見《法藏敦煌西域文獻》第二十二冊，上海古籍出版社 2002 年版，第 265 頁。錄文見《釋錄》第二輯，第 452-453 頁。

73　參閱劉進寶：《P.3236 號〈壬申年敦煌鄉官布籍〉時代考》，載《西北師大學報》1996 年第 3 期。

74　參閱唐耕耦等：《敦煌社會經濟文獻真跡釋錄》第二輯，第 454 頁；姜伯勤：《敦煌藝術宗教與禮樂文明》，第 521-522 頁。

▲ P.4525《官布籍》（部分）

（前略）

7. ＿＿＿有憑。都官安校棟（練）伍頃參拾捌畝，曹都頭政拾畝，鄧長慶陸拾伍

8. ＿＿＿鄧家郎君參頃貳拾壹畝，趙安住壹頃玖畝半，梁保通壹頃

＿＿＿

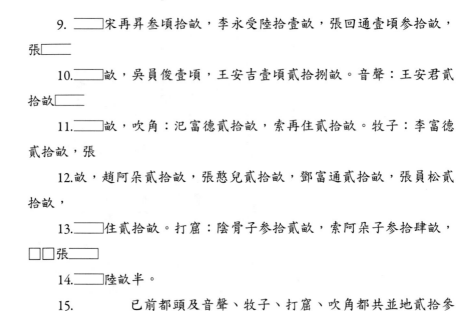

9. ____宋再昇叁頃拾畝，李永受陸拾壹畝，張回通壹頃參拾畝，張____

10.____畝，吳員俊壹頃，王安吉壹頃貳拾捌畝。音聲：王安君貳拾畝____

11.____畝，吹角：氾富德貳拾畝，索再住貳拾畝。牧子：李富德貳拾畝，張

12.畝，趙阿朵貳拾畝，張憨兒貳拾畝，鄧富通貳拾畝，張員松貳拾畝，

13.____住貳拾畝。打窟：陰骨子參拾貳畝，索阿朵子參拾肆畝，□□張____

14.____陸畝半。

15.　　　　已前都頭及音聲、牧子、打窟、吹角都共並地貳拾參頃貳拾伍畝半。

（後缺）

　　本件文書第十行的「音聲」、十一行的「吹角」、「牧子」、十三行的「打窟」在圖版上看不清楚。《敦煌社會經濟文獻真跡釋錄》第二輯注釋說：「本件的音聲、吹角、牧子、打窟等字為硃筆」，「其性質待考」。[75]

　　這裡所說「音聲」的身分性質如何？為何只占有土地二十畝？其上番執役與承擔差科徭役之間的關係如何？為有助於這些問題的更進一步研究，我們擬對歸義軍時期音聲人的有關問題略作探討。

　　敦煌歸義軍政權是一個特殊的藩鎮，它也與唐後期五代的其他藩

75　《釋錄》第二輯，第454頁。

鎮一樣設置有樂營使及有關隊伍。因此，我們可以利用敦煌文書的零碎記載，並吸收學術界的研究成果，[76]對歸義軍時期的樂營及音聲略加探討。也就是說，通過解剖麻雀的方式，從特殊的藩鎮——敦煌歸義軍政權的樂營及音聲，可以對晚唐五代時期各藩鎮的樂營及音聲有一大致的了解。

在歸義軍政權建立前的吐蕃時期，敦煌的樂人及其設樂活動也沒有停止。如 P.3730《酉年樂人奉仙等牒》中有：「奉仙等雖沾樂人，八音未辯，常蒙撫卹，頻受賞榮，突課差科，優矜至甚。」[77]據姜伯勤先生研究，奉仙等被「優矜」（減免）的「差科」（力役）和「突課」（地租），原是一般寺戶所必須負擔的「重科」，只是因為他們演出了音樂，才被寺院放免。由此可見，敦煌的寺屬樂人，是附著於土地，參加勞動的寺戶，但其上番設樂，則作為其應交納的力役地租的替代物。[78]

最早對歸義軍樂營進行研究者當推姜伯勤先生。一九八八年，姜先生在《敦煌研究》第四期發表了《敦煌音聲人略論》一文，首次引用榆林窟第六窟西壁洞口題記「樂營石田奴三十餘人□□年每載於榆林窟上燒香燃燈」和 P.4640 號背面文書的有關記載，指出「敦煌歸義軍時期，我們還得見一種稱為樂營的機構。……樂營的官員稱為樂營使。」

---

76 參閱姜伯勤：《敦煌音聲人略論》，載《敦煌研究》1988 年第 4 期，又見同氏《敦煌藝術宗教與禮樂文明》，第 509-526 頁。李正宇：《沙州歸義軍樂營及其職事》，載《敦煌吐魯番研究》第五卷，北京大學出版社 2001 年版，第 217-225 頁；《歸義軍樂營的結構與配置》，載《敦煌研究》2000 年第 3 期。

77 文書圖版見《法藏敦煌西域文獻》第二十七冊，上海古籍出版社 2002 年版，第 165 頁。

78 《敦煌藝術宗教與禮樂文明》，第 516 頁。

　　姜先生的研究已為敦煌發現的文書所證明，如寫於後唐天成三年
（西元 928）的 P.3490《於當居創造佛剎功德記》[79]載：「厥今有清信弟
子押衙兼當府都宅務知樂營使張某乙。」可見在曹議金掌歸義軍時期，
張姓樂營使是一兼職，他是以「押衙兼當府都宅務」的身分充當「樂
營使」的。

　　另如 P.3882《□元清邈真贊》曰：

　　府君諱元清，字大靜，即前河西一十一州節　度使承天托西大王
曹公之親外甥也……先任太常樂部，勾當不失於公方；教習伶倫，訓
誨廣能於指示。專心奉上，推忠以助於國君。[80]

　　此元清為曹議金的外甥，他的活動主要在曹議金死（西元 935）
後。從其「任太常樂部」推測，曹氏歸義軍時期，雖奉中原王朝正朔，
但其官職的設置似仿照中原王朝。如中原王朝有「太常寺太樂署」，歸
義軍則有「太常樂部」。當然，元清「任太常樂部」也可能不是實指，
而只是《邈真贊》常用的誇張筆法，意即擔任樂營之博士職，即歸義
軍只有「樂營」之設，並沒有「太常樂部」之官署。

　　李正宇先生認為，沙州歸義軍樂營，由樂營使、樂營副使、都史
組成樂營的行政班子，其演藝人員就是音聲。[81]

　　在歸義軍政權建立之初的大中年代，就已有樂營之設了。因為據

79　文書圖版見《法藏敦煌西域文獻》第二十四冊，上海古籍出版社 2002 年版，第 328
　　頁。

80　文書圖版見《法藏敦煌西域文獻》第二十九冊，上海古籍出版社 2003 年版，第 82
　　頁。錄文參閱姜伯勤、項楚、榮新江：《敦煌邈真贊校錄並研究》，（臺北）新文豐出
　　版公司 1994 年版，第 304 頁。

81　李正宇：《歸義軍樂營的結構與配置》，載《敦煌研究》2000 年第 3 期。

P.2962《張議潮變文》載：在大中十年（西元 856）前後，張議潮率眾征討退渾部族時，「決戰一陣，蕃軍大敗……生口細小等活捉三百餘人，收奪得駝馬牛羊二千頭匹。然後唱《大陣樂》而歸軍幕。」[82]「余度歸義軍中教習軍歌者，自當屬樂營人員。」[83]

關于歸義軍時期音聲人的上番執役，敦煌文書 P.2842 背（5）《歸義軍樂營都史嚴某轉帖》[84]提供了絕好的材料，現轉引如下：

奉處分，廿九日毬樂，切要音聲。不准常時，故須鮮淨。應來師（獅）子、水出（飾）、零（鈴）劍、雜物等，不得缺少一事。帖至，今月廿九日平明於毬場門前取齊。如不到者，官有重罰。其帖立遞相分付。如違，准上罰。

五月廿八日都史嚴寶□（帖）。

張苟子、石太平、白德子知、安安子、安和平知、張口□、張祿子、張再子、尹再晟、張再興知、申骨侖、□□口、□史老、劉驛驛、曹收收、安藏藏、張安多、談口□、姚小俊。

本件文書為歸義軍樂營都史嚴某所發轉帖，內容是通知樂營音聲人張苟子等十九人備齊道具，務於指定時間、地點集合，前往應役的通知。其中部分音聲的名後寫有一小字「知」，表明此人已經知道。從其前後文書可知，「本件《轉帖》為西元八八九至八九七年間樂營文

82　文書圖版見《法藏敦煌西域文獻》第二十冊，上海古籍出版社 2002 年版，第 259 頁。

83　李正宇：《沙州歸義軍樂營及其職事》，載《敦煌吐魯番研究》第五卷，第 217-225 頁。

84　文書圖版見《法藏敦煌西域文獻》第十九冊，第 83 頁。錄文參閱李正宇、李新：《中國唐宋硬筆書法──敦煌古代硬筆書法寫卷》，上海文化出版社 1993 年版，第 82-83 頁。

書。」[85]由此可見，音聲上役是強制性的，「如不到者，官有重罰」。它
有助於我們對音聲上番執役的理解。

　　關於歸義軍時期音聲人的上番執役，P.3054（2）《樂營楊某轉帖》[86]
也有記載：

　　今月七日，衙內案舞設。所要借色：牙十一口，花氈五□，白疊
五分。次差頭氾揭搔、張保安、馬慶、索小兒、索保保、陰定德、索
再子。緣人作養，指須還報安住者。限七日寅時於衙內齊□集。不得
怠慢者。

　　九月五日楊□□。

　　據李正宇先生研究，「本件《轉帖》當在天福五年之後不遠，約為
曹元深或曹元忠執政時期樂營遺物。」從帖中的「衙內案舞設」、「於
衙內齊□集」可知，它「應是樂營都史通知樂營有關人員赴歸義軍衙
府供奉的轉帖」。[87]

　　音聲在上番執役時，由官府提供其衣糧。據《唐六典》卷六《尚書
刑部》載：「凡配官曹，長輸其作；番戶、雜戶，則分為番。……乃甄
為三等之差，以給其衣糧也。」衣糧的具體數目，《唐六典》自注曰：
「春衣每歲一給，冬衣二歲一給……其糧：丁口日給二升，中口一升五
合，小口六合；諸戶留長上者，丁口日給三升五合，中男給三升。」[88]

─────────────

85　李正宇：《沙州歸義軍樂營及其職事》，載《敦煌吐魯番研究》第五卷，第 217-225
　　頁。
86　文書圖版見《法藏敦煌西域文獻》第二十一冊，上海古籍出版社 2002 年版，第 192
　　頁。錄文參閱李正宇：《歸義軍樂營的結構與配置》，載《敦煌研究》2000 年第 3 期。
87　李正宇：《歸義軍樂營的結構與配置》，載《敦煌研究》2000 年第 3 期。
88　《唐六典》卷六《尚書刑部・都官》，第 193-194 頁。

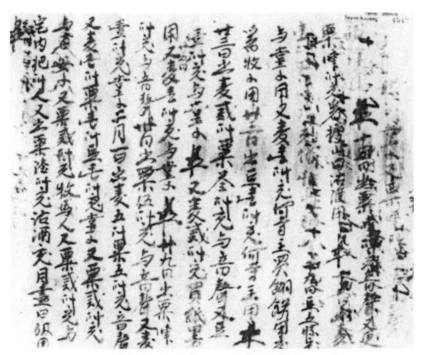

▲ P.4542 號《年代不明某寺粟麥豆破用歷》（局部）

關於音聲在上番執役期間，由官府提供食糧的情況，敦煌文書 P.4542 號《年代不明（西元十世紀）某寺粟麥豆破用歷》[89]的記載有助於我們的認識，現轉引如下：

（前缺）

1. ☐☐☐堂子。又粟肆斗，充與音聲☐☐☐

89　文書圖版見《法藏敦煌西域文獻》第三十二冊，上海古籍出版社 2005 年版，第 36-37 頁。錄文參《釋錄》第三輯，第 231 頁。關於本件文書的錄文及音聲、堂子、牧子上番免役的情況，詳見劉進寶：《唐宋之際歸義軍經濟史研究》第三章《徭役》，中國社會科學出版社 2007 年版。

2. 碩壹斗（押）。十五日，出粟壹斗充音聲。又更

3. 粟肆斗，充看□山日沽酒用（押）。十五日，出麥

4. 壹斗看□□□充□□□用。十九日，豆五勝（升）充

5. 與堂子用。又麥壹斗，充何寺主買糊餅用，充

6. 看牧用。廿三日，出豆壹斗，充何寺主用（押）。

7. 廿三日，出麥貳斗、粟卷斗，充與音聲。又豆

8. 壹斗充與堂子（押）。又麥貳斗充買紙墨

9. 用。廿五日，又麥壹斗充與堂子（押）。廿九日，出粟肆

10. 斗充與音聲。卅日，出粟伍斗充與音聲。又麥

11. 壹斗充堂子。二月一日，出麥伍斗、粟伍斗充音聲；

12. 又麥壹斗、粟壹斗充堂子；又粟貳斗，充

13. 與石安子；又粟貳斗充牧馬人；又粟貳斗充與

14. 宅內把斗人；又出粟陸斗充沽酒充月盡日破用（押）。

　　由於本件文書前殘，第一行的具體日期不清楚，但從一月十五日開始到二月一日共半個月的時間，音聲所得到的口糧最少也有二十五斗，即「十五日，出粟壹斗充音聲」；「廿三日，出麥貳斗、粟參斗，充與音聲」；「廿九日，出粟肆斗充與音聲。卅日，出粟伍斗充與音聲」；「二月一日，出麥伍斗、粟伍斗充音聲」。

　　作為雜戶之音聲，在上番期間，由官府提供衣糧。官給其糧的標準是：「丁口日給二升，中口一升五合」。據此推算，這批上番執役的音聲，大約在八人上下。

　　關於音聲上番執役期間由官府支付衣糧的情況，敦煌文書中還有一些零星記載，為便於說明，現轉引幾條：

　　S.5800《唐光化三年（西元 900）正月一日已後講下破除數》[90]中有：

　　粟參斗，算講物日與音聲用。

　　P.4640 背《己未年一辛酉年（西元 899-901）歸義軍衙內破用紙布歷》[91]中有：

　　又支與樂營使張懷惠助葬粗布兩匹……支與音聲張保昇造胡騰衣布貳丈四尺。

　　P.3156（4）《庚寅年十月一日已後破緤數》[92]中有：

　　音聲粗緤一疋。

　　S.4705《年代不明諸色觔斗破曆》[93]（4）中有：

　　又音聲麥粟二斗。

90　文書圖版見《英藏敦煌文獻（漢文佛經以外部分）》第九卷，四川人民出版社 1994 年版，第 155 頁。錄文見《釋錄》第三輯，第 252 頁。

91　文書圖版見《法藏敦煌西域文獻》第三十二冊，第 259-267 頁。錄文見《釋錄》第三輯，第 255 頁。

92　文書圖版見《法藏敦煌西域文獻》第二十二冊，上海古籍出版社 2002 年版，第 61 頁。錄文見《釋錄》第三輯，第 288 頁。

93　文書圖版見《英藏敦煌文獻（漢文佛經以外部分）》第六卷，四川人民出版社 1992 年版，第 245 頁。錄文見《釋錄》第三輯，第 289 頁。

音聲在上番執役期間，由官府提供衣糧。那麼，其納資代役的資課從何而來？其下番後的生活來源又在哪裡？

唐前期實行均田制時，按律文的規定，音聲受田與百姓相同，但從敦煌吐魯番文書得知，均田令的規定只是一個最高的限額，絕大多數民戶都未能按標準受足土地。由於材料的限制，我們還未見到唐前期音聲受田的實例，但應該和普通民戶一樣未能足額受田。而在實際受田中，是否與普通民戶一樣，目前還不得而知。但音聲占有一定量的土地則是肯定的，因為音聲上番執役時其衣糧由官府供給，但當其下番後，則需自行解決。因此，就需要占有、耕種土地，以供其下番時生活，否則就無法維持其下番後的生活，更無能力繳納資課。

唐代前期色役的主要特徵是分番供役，不役納資。兩稅制建立後，色役一詞成為見役雜徭、差科的代用語，即建中元年（西元 780）兩稅法施行後所見的色役都是見役。[94]從我們的探討可知，歸義軍時期的都官、都頭、音聲、牧子、打窟、單身、酒戶、烽子、門子、廳子和堂子，都是分番執役的，他們都是見役，並不見納資代役的記載。在其上番執役期間，便由官府提供衣糧，並免除其賦稅。[95]

前已述及，五代時樂工的地位已有提高，並開始從州縣居民中「添召」，甚至還出現了京畿諸縣的富戶掛名充當樂人的事例。但在歸義軍時期的晚唐五代至宋初，土地的占有原則是誰有能力耕種，就可請占土地。

歸義軍政權初建時，對無地或少地的民戶，一般授予每人七八畝的土地，很少見到占有土地百畝以上者。而到了歸義軍政權晚期，即

94　參閱唐長孺：《唐代色役管見》，收於同氏《山居叢稿》，中華書局 1989 年版。

95　詳見劉進寶：《唐宋之際歸義軍經濟史研究》，第 234-238 頁。

五代宋初，地權已比較集中，占有一二百畝土地的民戶已較多，占有三四百畝甚至更多者也在文書中出現。

前引 P.4525《官布籍》的年代為西元九七二年，屬於歸義軍政權晚期。此時中原地區的大土地所有制發展較快，歸義軍政權的地權也比較集中，而本件文書中的音聲與吹角、牧子一樣，只占有土地二十畝。與同件文書中占有土地一二百畝，甚至五百多畝的人相比，他們占有的土地實在太少，這也從一個側面反映出其身分地位較低，並非像中原王朝一樣。到了唐後期五代，音聲的地位已有所提高，從而出現了一些富戶掛名充當樂人的情況。

從這些身分的人都有土地二十畝估計，這是他們最低的生活標準，即除上番執役時由官府供給衣糧外，這些土地就是其平時生活的來源。由於其上番執役，因此才免除了其地稅中的官布。

通過對唐五代音聲的探討，使我們看到，敦煌歸義軍政權，雖在大政方針及發展趨勢上與中原王朝保持一致，但也有自己的特點，或曰地方特色。其音聲的地位並沒有隨中原王朝的提高而提高，仍然保持著較低的身分。

此外，唐五代的敦煌是一個佛教社會，當時的敦煌有許多寺院，寺院也有寺屬音聲人。[96]但其地位、身分、法律待遇等，可能與各級官府樂營中的音聲人不同。此當別論。

（本部分由《唐五代「音聲人」論略》和《歸義軍時期的「音聲人」》兩文合併修改而成，前文載《南京師大學報》2006 年第 2 期，後文載《敦煌研究》2006 年第 1 期）

96　參閱姜伯勤：《敦煌音聲人略論》，載《敦煌研究》1988 年第 4 期，又見同氏《敦煌藝術宗教與禮樂文明》，第 509-526 頁；張弓：《漢唐佛寺文化史》，第 859-865 頁。

第二節　唐五代「隨身」考釋

在閱讀史籍文獻和敦煌文書時，會遇到「隨身」一詞，但其含義則模糊不清，尚未見對「隨身」的專文探討。[97]現利用敦煌文書，並結合史籍文獻的有關記載，對唐宋之際的「隨身」作一考辨。不當之處，請方家批評指正。

一、類似部曲的隨身

一九九六年，朱雷先生在研究唐律中的「部曲」時曾涉及「隨身」，從《唐律疏議》卷二十五《詐偽》「妄認良人為奴婢部曲」條載「問曰：妄認良人為隨身，妄認隨身為部曲，合得何罪？答曰：依別格：隨身與他人相犯，並同部曲法。即是妄認良人為部曲之法。其妄認隨身為部曲者，隨身之與部曲，色目略同，亦同妄認部曲之罪」[98]出發，指出從「隨身之與部曲，色目略同」可知，「唐之『隨身』……應是依附於主人、『元無戶貫』的、受主人驅使之類者。因而在法律身分上，與部曲『略同』」。[99]朱雷先生的推測，對於探討「隨身」的身分有很大啟發。據《南齊書》卷二十七《李安民傳》載：「宋泰始（西元465-471）以來，內外頻有賊寇，將帥已下，各募部曲，屯聚京師，安民上表陳之，以為『自非淮北常備，其外餘軍，悉皆輸遣，若親近宜

97　雖然沒有對「隨身」的專題研究論著，但有些學者在其論著中曾有提及，對本文的研究有一定的啟發與幫助。參見張澤咸：《唐代階級結構研究》，中州古籍出版社1996年版，第351、471頁；楊廷福：《唐律初探》，天津人民出版社1982年版，第57頁；李季平：《唐代奴婢制度》，上海：上海人民出版社1986年版，第110頁；劉俊文：《唐律疏議箋解》，中華書局1996年版，第1328、1733頁，等等。

98　《唐律疏議》卷二十五《詐偽》，第467頁。

99　朱雷：《〈唐律疏議〉中有關「部曲」法律條文的現實意義》，載武漢大學中國三至九世紀研究所編：《中國近代史理論國際學術研討會論文集》，湖北人民出版社1997年版；收入氏著：《敦煌吐魯番文書論叢》，甘肅人民出版社2000年版，第199頁。

立隨身者，聽限人數』。」[100]由此看來，早在南朝宋以來就有「隨身」之謂，而從「各募部曲……若親近宜立隨身」看，「部曲」與「隨身」已經等同或相類。

《唐律疏議》卷十八《賊盜》載：「若子孫於祖父母、父母，部曲、奴婢於主冢墓燻狐狸者，徒二年；燒棺槨者，流三千里；燒屍者，絞。」疏議曰：「部曲、奴婢者，隨身、客女亦同。」[101]前面說「隨身之與部曲，色目略同」，這裡則是「部曲、奴婢者，隨身、客女亦同」，即「隨身」與「部曲」略同。這裡與「部曲」相類的「隨身」，是一種封建依附者。《唐律疏議》卷十一《職制》「役使所監臨」條載：「監臨之官，私役使所部之人，及從所部借奴婢、牛馬駝騾驢、車船、碾磑、邸店之類，稱奴婢者，部曲、客女亦同，各計庸、賃之價，人、畜、車計庸，船以下准賃，以受所監臨財物論。強者，加二等。其借使人功，計庸一日絹三尺。人有強弱、力役不同，若年十六以上、六十九以下，犯罪徒役，其身庸依丁例；其十五以下，七十以上及廢疾，既不任徒役，庸力合減正丁，宜准當鄉庸作之價。」[102]《宋刑統》卷十一《職制律》「所受監臨贓」條完全照抄《唐律疏議》的內容，只是將《唐律疏議》中的「稱奴婢者，部曲、客女亦同」加「隨身」二字，變成「稱奴婢者，部曲、客女、隨身亦同」。[103]從「隨身」與部曲、客女相類同，而且是監臨官所借部領奴婢之屬可知，「隨身」是「隨主屬貫」、「別無戶籍」的封建依附者。

---

100 《南齊書》卷二十七《李安民傳》，中華書局 1972 年版，第 507 頁。

101 （唐）長孫無忌等撰：《唐律疏議》卷十八《賊盜》，第 344-345 頁。

102 （唐）長孫無忌等撰：《唐律疏議》卷十一《職制》，第 224-225 頁。

103 （宋）竇儀等：《宋刑統》卷十一《職制律》，吳翊如點校，中華書局 1984 年版，第 181 頁。

　　《宋刑統》卷十九《賊盜律》「強盜竊盜」在記錄唐建中三年（西元 782）「捉獲竊盜，贓滿三匹以上者」條後，有北宋建隆三年（西元 962）的敕節文：「今後犯竊盜，贓滿五貫文足陌，處死。不滿五貫文，決脊杖二十，配役三年。不滿三貫文，決脊杖二十，配役二年。不滿二貫文，決脊杖十八，配役一年。一貫文以下，量罪科決。其隨身並女僕偷盜本主財物，贓滿十貫文足陌，處死。不滿十貫文，決脊杖二十，配役三年。不滿七貫文，決脊杖二十，配役二年。不滿五貫文，決脊杖十八，配役一年。不滿三貫文，決臀杖二十。一貫文以下，量罪科決。」[104]這裡所規定「隨身」盜本主財物的處罰，比一般的盜竊罪減輕了一倍。這可能正是因為「隨身」是「隨主屬貫」的依附者，其盜竊本主財物，也與「主人」管教不嚴有關。

　　元代王元亮重編之《唐律釋文》卷二十二《鬥訟》指出部曲、奴婢、客女、隨身「此等律有明文，加減並不同良人之例。然時人多不辨此等之目。若依古制，即古者以贓沒為奴婢，故有官、私奴婢之限……此等並同畜產。自幼無歸，投身衣飯，其主以奴畜之，及其長成，因娶妻，此等之人，隨主屬貫，又別無戶籍，若此之類，名為部曲。婢經放良，並出妻者，名為客女。二面斷約年月，賃人指使，為隨身。」[105]元人徐元瑞《吏學指南》也説：「隨身，斷約年月，賃人指使者。古為隨身，即今典產身良人也。」[106]

　　從以上史料分析可知，隨身之與部曲雖然「色目略同」，但

　　《唐律》又説：「妄認隨身為部曲者……亦同妄認部曲之罪」，即

104　（宋）竇儀等：《宋刑統》卷十九《賊盜律》，第 303 頁。

105　王元亮：《唐律釋文》卷二十二《鬥訟》，（唐）長孫無忌等撰：《唐律疏議》，附錄，第 642-643 頁。

106　徐元瑞：《〈吏學指南〉外三種》，楊訥點校，浙江古籍出版社 1988 年版，第 104 頁。

按律要徒二年。由此可以推測：隨身的身分，應比部曲略高。這是因為部曲主要是由繼承、掠賣而來，而隨身則主要是僱傭而來。

二、作為親兵、軍將的隨身

除了與部曲相類的「隨身」外，還有一種隨從將校的「隨身」，此類「隨身」類似於親兵、軍將。[107]據《宋書》卷八十三《宗越傳附武念傳》：「武念，新野人也。本三五門，出身郡將。蕭思話為雍州，遣土人龐道符統六門田，念為道符隨身隊主。後大府以念有健名，且家富有馬，召出為將。」[108]同卷《黃回傳》也有：「明寶尋得原赦，委任如初，啟免回，以領隨身隊，統知宅及江西墅事。」[109]「凡諸將，給親兵外，不得更於諸隊抽揀勇士為隨身防衛」，[110]就是隨身即親兵的明證。據《舊唐書》卷二百《史思明傳》載：安史叛軍史思明之子史朝義築三角城，以貯軍糧。「朝義築城畢，未泥，思明至，詬之。對曰：『緣兵士疲乏，暫歇耳』。（思明）又怒曰：『汝惜部下兵，違我處分。』令隨身數十人立馬看泥，斯須而畢。」[111]這裡的「隨身」顯然就是隨從親兵。另如李錡「乃增置兵額，選善弓矢者聚之一營，名曰『挽硬隨身』；以胡、奚雜類虯鬚者為一將，名曰『蕃落健兒』。」[112]這裡的「挽硬隨身」也顯然是時任潤州刺史兼鹽鐵使李錡的隨從親兵。[113]

---

107 唐剛卯：《封建法律中同居法適用範圍的擴大──略論唐宋時期「隨身」、「人力」、「佃客」、「雇工人」的法律地位》，載《中國史研究》1989 年第 4 期。

108 （南朝梁）沈約：《宋書》卷八十三《宗越傳附武念傳》，中華書局 1974 年版，第2112 頁。

109 《宋書》卷八十三《黃回傳》，第 2122 頁。

110 曾公亮等撰：《武經總要前集》卷十五，《文淵閣四庫全書》，上海古籍出版社 1987年版，第 726 冊，第 461 頁。

111 《舊唐書》卷二百《史思明傳》，中華書局 1975 年版，第 5381 頁。

112 《舊唐書》卷一百十二《李國貞傳附子錡傳》，第 3341 頁。

113 《天一閣藏明鈔本天聖令校證》「倉庫令」所附唐令第 21 條有「其出使外蕃，典及傔

隨身是親兵之一，如《唐會要》卷七十九《諸使下》載會昌三年
（西元 843）五月敕：

比來節將移改，隨從將校過多，非唯妨奪舊人職員，兼亦費用軍
資錢物。節度使移鎮，軍將至隨身不得六十人，觀察使四十人，經略
都護等三十人，宜委監察軍使，及知留後判官具名聞奏。如違此數，
知留後判官，量加懲罰，監軍使別有處分。自今以後，節度使等如罷
鎮赴闕，應將官吏將健隨赴上都者，並隨使停解，縱有帶憲官充職，
亦勒停。[114]

由此可知，親兵除隨身外，還有軍將等。另據《宋史》記載：

凡任宰相、執政有隨身，太尉至刺史有元隨，余止傔人⋯⋯文武
群臣奉使於外，藩郡入朝，皆往來備饔餼，又有賓幕、軍將、隨身、
牙官，馬驢、橐駝之差：節、察俱有賓幕以下；中書、樞密、三司使
有隨身而無牙官、軍將隨；諸司使以上有軍將、橐駝。（余皆有牙官、
馬驢，惟節、察有賓幕）。諸州及四夷貢奉使，諸司職掌衹事者，亦有
給焉。（四夷有譯語、通事、書狀、換醫、十券頭、首領、部署、子弟

人、並隨使、雜色人有職掌者，量經一時以上，亦准此」。（中華書局 2006 年版，第
286 頁）此之「隨使」，在《唐六典》則寫為「隨身雜使」，即「其出使外蕃及傔人並
隨身雜使、雜色人有職掌者，量經一府已上，亦准此」。（李林甫等撰：《唐六典》卷
三《金部郎中》，第 82 頁）可見，此處的「隨身雜使」乃是與「雜色人有職掌者」相
類的「隨使」，與隨從親兵的「隨身」不同。

114 王溥：《唐會要》卷七十九《諸使下》，第 1714 頁。這裡的「六十人」等，是規定的
最高限額，《舊唐書》中就是「不得過六十人」。

之名，貢奉使有廳頭、子將、推船、防授之名，職掌有傔。）[115]

　　《唐會要》所述節度使的「隨身將校」有「軍將至隨身」等，從有
關敦煌文書可知（詳後），軍將包括押衙、兵馬使、教練使、宅官等。

　　由於「軍將至隨身」都屬節度使的「隨從將校」，其統領官可能就
是「隨身官」，因此又可以將其統稱為「隨身」。如《舊唐書》卷十八
上《武宗本紀》載：會昌三年「五月，敕諸道節度使置隨身不得過六
十人，觀察使不得過四十人，經略、都護不得過三十人。」[116]這裡的
「隨身」顯然就是《唐會要》所說的「軍將至隨身」。《舊五代史》卷七
十六《晉書·高祖紀》載：天福二年八月乙巳詔：「應自張從賓作亂以
來，有曾被張從賓及張延播脅從染污者，及符彥饒下隨身、軍將等，
兼安州王暉徒黨，除已誅戮外，並從釋放，一切不問。」[117]

　　唐中後期軍隊將領中的「隨身、軍將」，應該與唐前期和中期的別
奏、傔人略同。《舊唐書》卷四十三《職官二》載：「凡諸軍鎮大使、
副使已下，皆有傔人、別奏以從之。」[118]《唐六典》卷五《尚書兵部》
的記載更為具體：

　　諸軍各置使一人，五千人已上置副使一人，萬人已上置營田副使
一人……凡鎮皆有使一人，副使一人……凡諸軍、鎮大使·副使已下
皆有傔人、別奏以為之使：大使三品已上，傔二十五人，別奏十人（四

115　《宋史》卷一百七十二《職官十二·奉祿制下》，中華書局 1997 年版，第 4143、4145
　　頁。

116　《舊唐書》卷十八上《武宗本紀》，第 595 頁。

117　《舊五代史》卷七十六《晉書·高祖紀》，中華書局 1976 年版，第 1006 頁。

118　《舊唐書》卷四十三《職官二》，第 1835 頁。

品、五品傔遞減五人，別奏遞減二人）；副使三品已上，傔二十人，別
奏八人（四品、五品傔遞減四人，別奏遞減二人）；總管三品已上，傔
十八人，別奏六人（四品、五品傔遞減三人，別奏遞減二人）；子總管
四品已上，傔十一人，別奏三人（五品、六品傔遞減二人，別奏遞減
一人）。若討擊、防禦、游奕使・副使，傔准品各減三人，別奏各減二
人；總管及子總管，傔准品各減二人，別奏各減一人。若鎮守已下無
副使，或隸屬大軍、鎮者，使已下傔、奏並四分減一。[119]

　　史籍中所記唐代軍、鎮中的傔人，在出土文獻中也可找到證據，
如吐魯番文書阿斯塔那 191 號墓《唐軍府名籍》第三行缺名下注：
「傔，前天山府果毅麴善行人京使未回，申州請申省，未報，樣人高歡
緒。」唐長孺先生指出：這裡的「傔人」應該是衛士。唐西州軍府衛士
的主要任務當然是差充鎮戍防人，另外還差充捉道、烽子、望子、門
子、仗身、傔人等。前引《唐六典》卷五《尚書兵部》在敘述軍、鎮
各級的傔人、別奏人數後緊接著說：「所補傔、奏皆令自召以充。」其
注又說「若府・鎮・戍正員官及飛騎、三衛衛士、邊州白丁，皆不在
取限」，但「折衝、果毅給傔必仍取之本府衛士」。「傔不是一般隨從如
仗身、白直之類，地位較高，是一種上升的階梯，注文所以有此限
制，恰正反映原先諸軍使等的傔人多取於這一些人，而這些人也樂於
充傔。」[120]他們「樂於充傔」，是因為「別奏、傔人是唐代軍人謀求出
身進人仕途的重要途徑之一。」[121]如封常清就是一個很好的例子，他的

119　李林甫等撰：《唐六典》卷五《尚書兵部》，第 158-159 頁。

120　唐長孺：《吐魯番文書中所見的西州府兵》，《唐長孺文存》，上海古籍出版社 2006 年
　　版，第 689 頁。

121　孫繼民：《唐代瀚海軍文書研究》，甘肅文化出版社 2002 年版，第 71 頁。

外祖由於犯罪而流安西，他也隨之到了安西。「外祖死，常清孤貧，年三十餘，屬夫蒙靈詧為四鎮節度使，將軍高仙芝為都知兵馬使，頗有材能，每出軍，奏傔從三十餘人，衣服鮮明。常清慨然發憤，投牒請預一傔。」但由於「常清細瘦目纇，腳短而跛，仙芝見其貌寢，不納」。後在封常清的一再堅持下，才被高仙芝補為傔人。[122]

另如王君㚟「為郭知運別奏，驍勇善騎射，以戰功累除右衛副率」，最後官至河西節度使；[123]魯炅「天寶六年，隴右節度使哥舒翰引為別奏」，最終官至「右領軍大將軍同正員，賜紫金魚袋」[124]。唐中後期，官至山南西道節度使的裴玢「初為金吾將軍論惟明傔」。[125]官至昭義鎮節度留後的劉從諫也是別奏出身。[126]正是由於別奏、傔人是一個晉陞的階梯，所以他們是「樂於充傔」的。

別奏和傔人的關係，《唐六典》敘傔人在前，別奏在後；《通典》和《神機制敵太白陰經》敘別奏在前，傔人在後。至於兩者的地位，從別奏人數少於傔人，「可以推斷出別奏地位高於傔人」。[127]日本有鄰館文書39號《唐都司牒陰副使衙為別奏史帝賒被解退事》（以下簡稱《解退牒》）提供了更明確的證據，現將其轉引如下：

1. 都司牒陰副使衙
2. 副使陰前別奏上柱國史帝賒

---

122 《舊唐書》卷一百四《封常清傳》，第3207頁。
123 《舊唐書》卷一百三《王君㚟傳》，第3191頁。
124 《舊唐書》卷一百十四《魯炅傳》，第3361頁。
125 《舊唐書》卷一百四十六《裴玢傳》，第3969頁。
126 《新唐書》卷二百十四《劉從諫傳》，第6014頁。
127 孫繼民：《唐代瀚海軍文書研究》，第72頁。

3. 牒得上件人牒稱：先是副使別奏，近被曹司□

4. □未出身人，遂被解退。帝賒見有上柱國勳

5. 即合與格文相當，請乞商量處分。依檢案

6. 內者，今月四日得總管程元珪別奏姜元慶等

7. 連狀訴稱：准格式敕，合充別奏，請商量

8. 處分者。曹判：姜慶等身帶勳官，先充別奏，據式？

9. 解退後補健兒，矜其訴詞，改補為傔，謹詳式？

10.例別奏不取勳官，恭稱敕文〔　　　　〕[128]

　　此《解退牒》有助於「對唐代軍隊中別奏、傔人、健兒三者等級地位的認識，從而勾畫出了由健兒、傔人、別奏這樣一個進身鏈條」。據文書載：「曹判：姜慶等身帶勳官，先充別奏，據式？解退後補健兒，矜其訴詞，改補為傔，謹詳式？例別奏不取勳官，恭稱敕文〔〕」由此可知，姜元慶原以勳官充任別奏，被解退後補為健兒，曹司因受姜元慶「訴詞」感動，於是又改補他為傔人。「這說明別奏地位高於傔人和健兒，傔人地位又高於健兒」，[129]即從高到低為別奏、傔人、健兒。

　　《唐六典》中只說唐代軍隊中有別奏、傔人，這是指唐代前期的情況。唐後期的史籍文獻中基本不見別奏、傔人（宋代又有了傔人），而出現了隨身、軍將，即隨身、軍將代替了別奏、傔人。

　　唐前中期的別奏、傔人是一種晉陞的階梯，唐中後期的隨身、軍將也同樣是一種晉陞的階梯。由於「隨身」是將帥的隨從親兵，容易

128 本件文書的錄文及研究，詳見孫繼民：《唐代瀚海軍文書研究》，第58-73頁。

129 孫繼民：《唐代瀚海軍文書研究》，第72頁。

與將帥結成既得利益集團，因而也容易得到將帥的重用，陞遷也快。
唐前中期的別奏、傔人如此，唐中後期的隨身也是如此。如《武經總
要前集》卷十四載：「將士得功，主將即時對定，明具姓名申奏，不得
以隨身牙隊親識移換有功人姓名，致抑壓先鋒、遠探及臨陣效命之
人。如士卒顯有功狀，為人移易抑壓者，許經隨處官司自言」。[130]

　　據敦煌文書 S.6010《歸義軍時期衙前第六隊轉帖》載：

1. 衙前第六隊轉帖。押衙王通信銀鋺；兵馬使李海滿、
2. 宅官馬苟子銀碗；吳慶子、張員子、吳善集、程進賢、令狐昌
信、
3. 賀簡兒、康義通、高和子，右件軍將、隨身，人各
4. 花氈一領、牙盤一面、踏床一張，帖至，限今月九日卯時
5. 於衙廳取齊。如有後到及全不來者，重有科
6. 罰。其帖，各自署名遞過者。
7. 九月七日副隊索留（？）□
8. 隊頭押牙□□□[131]

　　從本件文書第三行的「右件軍將、隨身」可知，「軍將」包括押
衙、兵馬使、宅官。另如 P.3324 背《唐天復四年（西元 904）衙前押衙
兵馬使子弟隨身等狀》載：

　　隨身官劉善通

130　曾公亮等撰：《武經總要前集》卷 14，見《文淵閣四庫全書》，第 726 冊，第 455 頁。
131　唐耕耦、陸宏基：《敦煌社會經濟文獻真跡釋錄》（以下簡稱《釋錄》）第四輯，全國
　　圖書館文獻縮微複製中心 1990 年版，第 484 頁。

1. 應管衙前、押衙、兵馬使、子弟、隨身等狀。
2. 右伏緣伏事在衙已來，便即自辦駝馬驅驅，不諫
3. 三更半夜，喚召之，繼聲鼓亦須先到，恐
4. 罪有敗闕身役本無處身說□駝商量
5. 更亦無一人貼，遂針草自便，典家買（賣）舍□
6. 置鞍馬，前使後使見有文憑，
7. 復令衙前、軍將、子弟、隨身等
8. 判下文字，若有戶內別居兄弟者則
9. 不喜（許）沾掉。如若一身，餘卻官布、地子、
10. 烽子、官柴草等大禮（例），餘者知雜
11. 役次，並總矜免，不喜差遣。文狀
12. 見在。見今又鄉司差遣車牛艾蘆
13. 茭者。伏乞
14. 司空阿郎仁恩照察，伏請公憑，
15. 裁下處分。
16. 牒件狀如前，謹牒。
17. 　　　　　天復四年甲子八月八日[132]

　　本件文書第一行的「衙前、押衙、兵馬使、子弟、隨身」，第七行
又寫成了「衙前、軍將、子弟、隨身」，即「軍將」代替了「押衙、兵
馬使」。由此可知，「軍將」的範圍廣，包括押衙和兵馬使。再如 P.3547
《沙州上都進奏院上本使狀》載：

---

132 《釋錄》第二輯，第 450 頁。《法藏敦煌西域文獻》，上海古籍出版社 2002 年版，第
　　23 冊，第 190-191 頁圖版。

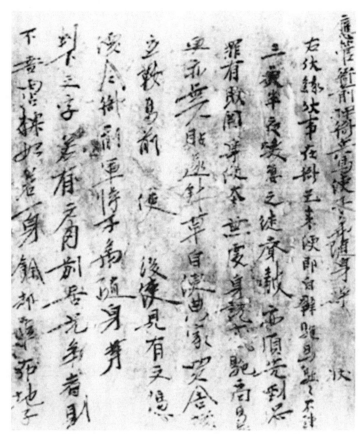

▲ P.3324 背《唐天復四年衙前押衙兵馬使子弟隨身等狀》（局部）

　　當道賀正專使押衙陰信均等，押進奉表函一封，玉一團，羚羊角一角，犛牛尾一角。十二月廿七日晚到院，廿九日進奉訖。謹具專使上下共廿九人，到院安下及於靈州勒住人數分析如後：一十三人到院安下：押衙陰信均、張懷普、張懷德；衙前兵馬使曹光進、羅神政、劉再昇、鄧加興、陰公遂、陰寧君、翟善住；十將康文勝；長行王養養、安再晟。一十六人靈州勒住：衙前兵馬使楊再晟，十將段英賢、

鄧海君、索贊忠、康叔達，長行一十一人。……賀正專使押衙陰信均、副使張懷普等二人，正月廿五日召於三殿對設訖，並不赴對及在靈州勒住軍將長行等各賜分物錦綵銀器衣等：押衙三人，各十五匹，銀椀各一口，熟線綾綿衣各一副。軍將十三人各一十匹，銀屈厄各一枚，楊綾綿衣各一副。長行十三人各五匹，施綿衣各一副。[133]

從以上記載可知，本次賀正使團共 29 人，到達進奏院的 13 人，其中押衙 3 人、衙前兵馬使 7 人、十將 1 人、長行 2 人。停在靈州的 16 人，其中衙前兵馬使 1 人，十將 4 人、長行 11 人。以上 29 人中，押衙 3 人，衙前兵馬使 8 人、十將 5 人、長行 13 人。而在賜物人數中，有押衙 3 人，軍將 13 人，長行 13 人。即「軍將」包括衙前兵馬使和十將。而從「軍將長行等各賜分物錦綵銀器衣等」看，「軍將」還包括押衙，只不過他們由於是賀正專使和副使，才分開專列。

P.3324 背《唐天復四年（西元 904）衙前押衙兵馬使子弟隨身等狀》中的「隨身官劉善通」，在臺北「中央研究院」傅斯年圖書館所藏敦煌卷子《佛說無量壽經殘卷》背也有，即傅圖 15 號背 4《辛酉年二月劉善通牒稿》，現將其轉錄如下：

1. 都押衙曹光嗣
2. 奉處分：差令遣遞天使領鎮押衙朗
3. 神達、押衙陳海歸，押
4. 押衙銀青光祿大夫兼教
5. 都押衙曹光嗣、教練使高神政。

---

133 《釋錄》第四輯，第 367-369 頁。

6. 右奉差馬騎、軍將具名申上。射排肆人，押衙索

7. 仁進、押衙慕容落三到立（之？）人，兵馬使張近。

8. 右件軍將、馬騎，謹依署完，不敢不申，伏請處分。

9. 牒件狀如前，謹狀牒。辛酉年二月廿二日兵馬使

10.衙前判官劉善通等

11.十五日天使入城來也，好事本身。

12.劉善通辛酉年二月二日入衙前者記之也，本是（後缺）[134]

▲ 傅圖15號背4《辛酉年二月劉善通牒稿》（局部）

---

134 圖版見方廣錩主編：《中央研究院歷史語言研究所傅斯年圖書館藏敦煌遺書》第137-138頁，（臺北）「中央研究院」歷史語言研究所2013年。錄文參閱楊秀清《光化二年（900）張承奉領節事鉤沉》，載《敦煌研究》2005年第1期。

　　從此文書第八行的「右件軍將、馬騎」可知，「軍將」包括都押
衙、押衙、教練使、兵馬使。

　　光化三年（西元 900），劉善通是兵馬使判官，（西元 901 年）（辛
酉年）就成了「衙前」，而到（西元 904 年）又成了「隨身官」。兵馬
使判官、衙前都屬於軍將，他們通過陞遷才能達到「隨身」，因此，隨
身的地位應該高於軍將。另外，據代宗大曆十一年《妒神頌》所載，
承天軍（屬河東節度使）設有節度隨身官、經略副使、游奕副使、都
虞候、判官、節度逐要官等。[135]由此可知，隨身官與副使、經略副使、
游奕副使、都虞候、判官、節度逐要官等並列，其地位顯然較高，屬
於領導階層。據《舊唐書》卷一百六《楊國忠傳》載：天寶十載（西
元 751）「國忠權知蜀郡都督府長史，充劍南節度副大使，知節度
事」[136]。而《舊唐書》卷一百五《王銑傳》則有：「國忠為劍南節度使，
有隨身官以白國忠曰……」[137]

　　在歸義軍時期（西元 848-1036）的敦煌文書中，未見到「隨身」
出使和參加其他活動的記載，「隨身」似乎不離開軍府將領。而「軍將」
作為親兵，還參加出使等其他活動。從前引 P.3547《沙州上都進奏院上
本使狀》可知，「軍將」是參與出使論節的重要力量。S.1156《光啟三
年（西元 887）沙州進奏院上本使狀》所載沙州歸義軍赴京論節的使
團，共有六十餘人，其中既有專使押衙，又有軍將官健。[138]另如 P.2992v
《朔方軍節度使檢校太傅兼御史大夫張狀》中有「當道至八月廿二日專

135　（清）陸增祥：《八瓊室金石補正》卷六十四《妒神頌》，文物出版社 1985 年版，第
　　　442 頁。

136　《舊唐書》卷一百六《楊國忠傳》，第 3243 頁。

137　《舊唐書》卷一百五《王拱傳》，第 3231 頁。

138　《釋錄》第四輯，第 370-373 頁。

差軍將袁知敏，卻齎書牒，往方渠鎮諮報軍前」的記載；[139]P.3750《歸義軍時期肅州某守官與瓜州家屬書》也有貨物並家口「在沙州，不肯停住，於官非常不益，汝切須依舊名目並家口差軍將一二人押領，限七月廿八日已來，並到肅州」的記載。[140]再如 S.389《肅州防戍都狀》載：「右當都兩軍軍將及百姓，並平善，堤備一切仍舊。自十月卅日崔大夫到城家，軍將索仁安等便將本州印與崔大夫。其大夫稱授防禦使訖，全不授其副使，索仁安今月六日往向東」。[141]這些都是軍將參與軍事活動的證據。

三、作為「祿力」的隨身

除此之外，唐代的「隨身」還有另外一含義，即是官員「祿力」的一種。

唐剛卯先生曾以敦煌文書 P.3324 背《唐天復四年（西元 904）衙前押衙兵馬使子弟隨身等狀》為據，指出隨身「當為有獨立戶籍的『良人』……仍歸『鄉司』管轄，應為『鄉管百姓』」。[142]《唐律疏議》中將隨身與部曲、奴婢等同視之，那是因為「隨身的地位卑微是相對於其主而言的。」實際上，隨身的含義有二，唐剛卯是將二者放在一起看待的。

唐代官員的俸祿中有手力、雜色役等現役，或納資代役。如京官有防閣、庶僕，州縣官有白直、執衣，府衛及鎮戍官有杖身。此外還有親事、帳內、士力、手力等。[143]

139 《釋錄》第四輯，第 393-394 頁。

140 《釋錄》第五輯，第 32 頁。

141 《釋錄》第四輯，第 487-488 頁。

142 唐剛卯：《封建法律中同居法適用範圍的擴大》，載《中國史研究》1989 年第 4 期。

143 參見黃惠賢、陳鋒主編：《中國俸祿制度史》，武漢大學出版社 1996 年版，第 5 章。

作為官員俸祿的「隨身」出現於安史之亂後，即實行兩稅法時期，《新唐書》卷五十五《食貨志》載：「建中三年，復減百官料錢以助軍。李泌為相，又增百官及畿內官月俸，復置手力資課，歲給錢六十一萬六千餘緡，文官千八百九十二員，武官八百九十六員。左右衛上將軍以下又有六雜給：一曰糧米，二曰鹽，三曰私馬，四曰手力，五曰隨身，六曰春冬服。私馬則有芻豆，手力則有資錢，隨身則有糧米、鹽，春冬服則有布、絹、紬、綢、綿，射生、神策軍大將軍以下增以鞋，比大曆制祿又厚矣。州縣官有手力雜給錢，然俸最薄者也。」[144]《舊唐書》卷一百三十《李泌傳》也載：李泌任宰相後「加百官俸料，隨閒劇加置手力課」。[145]

「隨身」既然作為軍隊將領的六雜給之一，並且有明確的規定：即「隨身則有糧米、鹽」。張澤咸先生將隨身與手力、士力、白直、執衣、防閤、庶僕、陵戶等都作為色役看待，指出「左、右金吾及十六衛將軍，在唐後期僅存虛名而無衛士，唐政府仍給他們增加祿秩，每人每月分配手力三至七人，隨身八至十八人。這些手力、隨身、士力都是供官驅使，形成官僚俸祿的組成部分」。[146]這是很有啟發的。

「隨身則有糧米、鹽」，其具體數量是糧米從三石六鬥到九石，鹽從一斗一升三合五勺到九升。可見各級將領所屬隨身的「糧米、鹽」也不等。由此可知，軍隊將領按規定享有的「隨身」可以用「糧米、鹽」充替，實際上已變成他們俸祿的一部分。《舊唐書》卷十二《德宗本紀上》載貞元二年九月詔：

144 《新唐書》卷五十五《食貨志》，第 1401 頁。

145 《舊唐書》卷一百三十《李泌傳》，第 3622 頁。

146 張澤咸：《唐五代賦役史草》，中華書局 1986 年版，第 351 頁。

左右金吾及十六衛將軍，故事皆擇勳臣，出鎮方隅，入居侍從。
自天寶艱難之後，衛兵雖然廢闕，將軍品秩尤高。此誠文武勳臣出入
轉遷之地，宜增祿秩，以示優崇。並宜加給料錢及隨身糧課，仍舉故
事，置武班朝參，其廊下食亦宜加給。其十六衛各置上將軍一人，秩
從二品。左右金吾上將軍，俸料次於六統軍支給。[147]

　　這次增加官員祿秩及隨身糧課的時間，《舊唐書》卷十二《德宗本
紀上》和《唐會要》卷九十一《內外官料錢上》都繫於貞元二年（西
元 786），《舊唐書》卷十二《德宗本紀上》還直接繫於貞元二年九月。
但《新唐書》卷五十五《食貨志》則說：「李泌為相，又增百官及畿內
官月俸，復置手力資課……左右衛上將軍以下又有六雜給。」關於李泌
為相的時間，《舊唐書》本傳無載，《舊唐書》卷十二《德宗本紀上》
載：貞元三年六月，「以陝虢觀察使李泌為中書侍郎、平章事」。[148]《資
治通鑑》也繫於貞元三年六月：「以陝虢觀察使李泌為中書侍郎、同平
章事」。[149]《新唐書》卷一百三十九《李泌傳》亦載：「貞元元年，拜
（李泌）陝虢觀察使」，「三年，拜中書侍郎、同中書門下平章事，累封
鄴縣侯」。[150]

　　王曾瑜先生在研究宋朝的軍俸時指出：禁兵各級軍官，「月給傔糧
自十人以至一人」。「宋朝的高官有『傔人衣糧』，即僕人衣糧，但各級
軍官和部分禁兵軍士卻有糧而無衣。」[151]即說軍隊將領所享有的「傔人」

---

147 《舊唐書》卷十二《德宗本紀上》，第 354 頁。

148 《舊唐書》卷十二《德宗本紀上》，第 357 頁。

149 《資治通鑑》卷二百三十二，德宗貞元三年六月條，第 7488 頁。

150 《新唐書》卷一百三十九《李泌傳》，第 4635 頁。

151 王曾瑜：《宋朝兵制初探》，中華書局 1983 年版，第 219 頁。

是其俸祿的組成部分，這是正確的。但宋代除傔人外，還有「隨身」
等，據《宋史》卷一百七十二《職官十二‧奉祿制下‧增給》載：

祿粟及隨身、傔人：宰相，一百石，隨身七十人。知樞密院事，
參知政事，樞密副使，同知樞密院事，一百石，隨身五十人。太師，
太傅，太保，少師，少傅，少保，一百石，隨身一百人。太尉，一百
石，隨身五十人。節度使，元隨五十人……諸州刺史，元隨二十
人……殿前諸班直都虞候，諸軍都指揮使遙郡刺史，二十五石，傔五
人。諸學士添支米已附於前，今載：觀文殿大學士，傔二十人。觀文
殿學士，資政、保和殿大學士，傔十人……凡任宰相、執政有隨身，
太尉至刺史有元隨，余止傔人。[152]

由此可知，宋代的中央官員根據職位高低擁有從一百至五十人的
「隨身」。而官員的俸祿也由祿粟及隨身、傔人組成，因此這裡的「隨
身」已經成為官員俸祿的組成部分，即根據官員應擁有「隨身」的數
量來享受一定的祿粟，其標準是「隨身、元隨、傔人糧，每斗折錢三
十文，衣綢絹每匹一貫，布每匹三百五十文，綿每兩四十文」。[153]
唐代官員的俸祿有手力、隨身，宋代則有隨身、元隨和傔人。作
為親兵的「隨身」和作為官員俸祿的「隨身」，實際上是一個問題的兩
個方面。即由於官員職務、地位的不同，其具體需求也不一樣，根據
其職品所配備的「隨身」可以在親兵和俸祿之間轉化。
綜上所述，唐後期五代的「隨身」與唐中前期的傔人、別奏相類

---

152 《宋史》卷一百七十二《職官十二‧奉祿制下‧增給》，第 4142-4143 頁。
153 《宋史》卷一百七十二《職官十二‧奉祿制下‧增給》，4143 頁。

同，它有兩種含義：第一種屬於賤口階層，類似於部曲，是「隨主屬貫」、「別無戶籍」的封建依附者；第二種是節度使將帥的隨從親兵，同時又是官員的「祿力」即俸祿。作為「隨從親兵」的隨身和「祿力」的隨身是可以根據實際需要轉化的。

（原載《歷史研究》2010 年第 4 期）

第三節　唐五代的「單身」及其賦役徵免

閱讀唐五代史籍文獻時，常會遇到「單身」一詞，但對其具體內涵則不大清楚，現結合敦煌吐魯番文書，對「單身」一詞略加考釋，並對其賦役免徵作初步探討。

一、「單身」與「一身」

從現有文獻及出土文書可知，「單身」也可以稱「一身」，它與「一身」既有連繫又有區別，具有以下含義：

第一，指一人一戶者。如吐魯番阿斯塔那 42 號墓所出《唐永徽元年（西元 650 年）嚴慈仁牒為轉租田畝請給公文事》[154]云：

1. 　　　常田四畝　　　東渠
2. 牒：　　慈仁家貧，先來乏短，一身獨立，
3. 更無弟兄，唯租上件田，得子已供喉命。
4. 今春三月，糧食交無，逐（遂）將此田租與安橫

---

154 唐長孺主編：《吐魯番出土文書》錄文本第六冊，文物出版社 1985 年版，第 223 頁；圖錄本第三冊，文物出版社 1996 年版，第 117 頁。

5. 延。立卷（卷）六年，作練八匹。田既出賃，前人從

6. 索公文，既無力自耕，不可停田受餓。謹以

7. 牒陳，請裁，謹□。

8. 　　　　　永徽元年九月廿　日云騎尉嚴慈仁

這裡明確指出，嚴慈仁「一身獨立，更無弟兄」，從其內容可知，他應是一人一戶。

敦煌所出《養男契樣文》也提供了證據。如 S.5647《養男契樣文》[155]曰：「百姓吳再昌先世不種，獲果不圓，今生孤獨壹身，更無子息，忽至老頭，無人侍養。」S.5700《養男契樣文》[156]説：「百姓厶專甲先世不種，獲〔果〕不圓，今生孤獨壹身，更無子息，忽至老頭，無養人侍（無人侍養）。」這裡的「孤獨壹身」，顯然是指戶內只有老者本人一人。

阿斯塔那 178 號墓所出《唐開元二十八年（西元 740 年）土右營下建忠趙伍那牒為訪捉配交河兵張式玄事》[157]中，有關於一身的記載，現摘錄如下：

（一）

（前略）

---

155 文書圖版見《英藏敦煌文獻（漢文佛經以外部分）》第九卷，四川人民出版社 1994年版，第 27-28 頁。錄文見唐耕耦、陸宏基：《釋錄》第二輯，第 172-174 頁；又見沙知《敦煌契約文書輯校》，江蘇古籍出版社 1998 年版，第 362-363 頁。

156 文書圖版見《英藏敦煌文獻（漢文佛經以外部分）》第九卷，第 86-87 頁。錄文《敦煌契約文書輯校》，第 365-366 頁。

157 《吐魯番出土文書》錄文本第八冊，文物出版社 1987 年版，第 385-387 頁；圖錄本第四冊，文物出版社 1996 年版，第 184-185 頁。

3. 牒得上件人妹阿毛經軍陳辭：前件兄身是三千軍兵名，

4. □今年三□配交河車坊上，至今便不回，死活不分。阿

5. □兄別籍，又不同居，恐兄更有番役，浪有牽挽。阿毛孤

6. □一身，有（又）無夫壻（婿），客作傭力，日求升合養姓（性）命，請乞處分者。

（後略）

（二）

1. 土右營　　　牒建忠趙伍那

2. 　兵張式玄

3. 右被都司牒，得狀稱：得上件人妹阿毛經軍陳辭，前件兄身是三千軍

4. 兵名，當今年三月配交河車坊上，至今便不回，死活不分。阿毛共兄別

5. 籍，又□□□□兄更有番役，浪有牽挽。阿毛孤獨一身，有（又）無夫壻（婿），

（後缺）

這裡明確說明，作為「一身」的阿毛，她不僅「共兄別籍」，也就是獨立生活，分家析財，各為戶籍，「又無夫婿」，即沒有嫁人，為「孤獨一身」，是典型的一人一戶。

阿斯塔那 42 號墓所出《唐郭默子等差科簿？》[158]中，也有一些關於「單身」的記載，現將該文書第二、三件轉引如下：

---

158 《吐魯番出土文書》錄文本第六冊，第 217-222 頁；圖錄本第三冊，第　114-116 頁。

（二）

（前缺）

1. 第（弟）海□□□

2. 曹阿欖盆年卅四□□□

3. 第（弟）阿知年廿九

4. 楊隆海年廿一　　父亡　單身

5. □海德年卅四　　父亡　一丁中

6. □□□　　父亡　單身

（後缺）

（三）

（前缺）

1. □□智年廿八　　母亡　單身

2. 曹守洛年廿一　　母亡　單身

3. 周海護年廿八　　母亡　一丁一老

4. □□□　　母亡　單身

（後缺）

　　這裡所說的「單身」應指一人一戶，其中有些原為父子二人，有些原為母子二人，當其父或母亡後，就變成了一人一戶，即單身或一身。因本文書中有些雖父或母亡，但不是「單身」者，也都予以注明。如第二件第五行□海德，其父亡後，家庭中有一丁中，但還有其他成員，故不是「單身」。第三件第三行周海護，其母亡後，家庭中還有一丁一老，故也不是「單身」。

　　第二，指家無兼丁的丁男，這正如《唐律疏議》卷十六《擅興》「丁夫差遣不平」條曰：「差遣之法，謂先富強，後貧弱；先多丁，後少

丁。凡丁分番上役者，家有兼丁，要月；家貧單身，閒月之類。」據劉俊文先生箋解，「要月者，忙月也，即農忙季節。」因唐前期行租庸調製，規定每丁每年服役二十日，有事須加役者，全年合計也不得超過五十日。其徵發順序為「先富強，後貧弱；先多丁，後少丁」，即「農忙有役征兼丁，農閒有役征單丁」。[159]

據此可知，單身指家無兼丁的丁男，並按規定要服役，這在吐魯番文書中也得到了證明。如吐魯番阿斯塔那 42 號墓所出《唐令狐鼠鼻等差科簿》[160]是唐太宗貞觀後期的文書，內列應役、免役丁中，其中多處提到「單身」，現將該文書第一件轉錄如下：

（前缺）

1. ⬜十八年請送妹入京未還
2. ⬜⬜廿六父⬜相懷年五十二　白丁　中下戶
3. ⬜見在應過
4. ⬜卅五人雜色
5. 八　　人　　勳　　官
6. 二人昆丘道征給復
7. 武騎尉令狐鼠鼻廿七　　兄智達年卅二　外侍　下上戶
8. 武騎尉張智覺年廿八　　兄智相年卅六　白丁　下上戶
9. 六　　人　　不　　行
10. 入後　武騎尉石服屯年卅五　　男賀婆年十九　中男　下中戶
11. 云騎尉魏隆護年廿八　　第（弟）隆柱年廿四　白丁　下上戶

---

159 劉俊文：《唐律疏議箋解》卷十六《擅興‧丁夫差遣不平》，中華書局 1996 年版，第 1224-1225 頁。
160 《吐魯番出土文書》錄文本第六冊，第 212-216 頁；圖錄本第三冊，第 111-113 頁。

12. 云騎尉田海進年卌 第（弟）海德年卅四　前庭府衛士　中下戶

13. 武騎□□□□□終制

（中缺）

14. 五□□

15. 王文才□□□□年廿一　白□□

16. 史□□年廿九　第（弟）智匠年廿五　烽帥　下上戶

17. 張柱海年廿九　單身　中下戶

18. 張士行年廿七　單身　中中戶

19. 張士亮年卅　父歡伯年七十一　下上□

20. 七　人　里　正

21. 王善會年廿八　單身　下上戶

22. 氾文信年廿八　父紹喜年六十八　老　下上戶

已　兒　詑

23. 氾歡伯年卅九　單身　中中戶

（後缺）

　　此「差科簿」中，「單身」與其他人戶一起承擔雜役，並按唐代的戶等制度劃分戶等。此件文書中的四位「單身」，兩個是「中中戶」，一個是「中下戶」，一個是「下上戶」。

　　另外，吐魯番阿斯塔那 61 號墓所出文書中有唐麟德二年（西元665）的紀年文書，同時還出《唐咸亨四年（西元 673）海生墓誌》，故該墓屬唐前期。在阿 61 號墓所出文書中，《唐郭阿安等白丁名籍》[161]也對我們探討「單身」很有價值，現轉引如下：

---

161 《吐魯番出土文書》錄文本第六冊，第 480-484 頁；圖錄本第三冊，第 247-249 頁。

（一）

（前缺）

1. 郭□□□

2. □弟阿安廿□□□

3. 王歡伯五十七　白丁□□

4. 延守卅九　白丁單□□

5. 令狐洛塠廿六　白丁單□□

6. 安拽武五十八　白丁單□□

7. 張小苟廿六　白丁單□□

8. 范正子廿二　白丁單□□

9. 牛進歡卅八　白丁單□□

（後缺）

（二）

（前缺）

1. □□□□□□　白丁　一男馬伕

2. □□□卅五　白丁　單身

3. □□洛卅六　白丁　單身

4. □福塠廿三　白丁　父老

5. □住住廿七　白丁　父衛士西行

6. 趙佑海五十九　白丁　單身

7. 趙士君廿三　白丁　一中

8. 趙塠塠五十二　白丁　單身

9. 張守仁廿七　白丁　父衛士　一中

10. 范寅貞廿四　白丁　父老　一衛士　一中

11. □僧奴五十九　白丁　一衛士
12. ＿＿＿＿＿　白丁　＿＿＿＿＿＿

（後缺）

（三）

（前缺）

1. 張驢耳廿四　白丁　父馬夫　一中

2. 串善相五十九　白丁　單身

3. 劉隆（？）達

4. 　　　　　　　下下戶

5. 張洛豐卅九　白丁　單身

6. 張海達廿六　白丁　單身

7. 范默奴廿一　白丁　單身

8. 龍□祐□□　白丁　單身

（後缺）

（四）

（前缺）

1. 田恩＿＿＿＿＿＿＿＿＿

2. 楊頭德□□　□□　單身

3. 趙移跋□□　□□　單身

4. 張幼洛廿□　白丁　單身

5. 張酉埵□一　白丁　單身

6. 趙拽鼠卅六　白丁　單身

7. 袁住歡卅八　白丁　單身

8. 張米埋卅八　白丁　單身

9. □洛□（袁歡慶）廿八　白丁　單身

10. 王□□廿二　白丁　父終制

11. 　　　　　　　殘　　疾

12.□————□　白丁　□————□

（後缺）

　　本件文書共著錄白丁四十一人，其中五人缺身分注記。在有身分注記的三十六人中，「單身」就有二十三人。為何有這樣多的「單身」呢？凍國棟先生指出：「所謂『單身』大抵指未娶妻者或者妻已經死亡者。」這樣多的「單身」，既不是因殘疾未娶妻者，也不是因財力微薄而無力娶妻者，更不是由於男女性比例失調的結果。其原因「可能有二種情況，一種是真正的單身，家貧無力娶親，一種是出於賦役的原因，在戶籍上注為單身，否則，無故單身，是難得解釋的」。[162]

　　凍先生的研究對我們更進一步探討這一問題有很大的啟發。但如果我們將「單身」的範圍放寬，即除了未娶妻或妻已死亡者外，還包括一人一戶和家無兼丁的丁男兩種情況，那我們就更好理解本件文書中「單身」多的原因了。

　　除以上兩類「單身」外，還有另外一種含義，即指獨自一人、本人。如《舊唐書》卷八十八《蘇瓌傳》載：長安年間蘇瓌任揚州大都督府長史，「揚州地當衝要，多富商大賈，珠翠珍怪之產，前長史張潛、於辯機皆致之數萬，唯瓌挺身而去」。[163]這裡的「挺身」就是單獨

---

162 凍國棟：《唐代人口問題研究》，武漢大學出版社 1993 年版，第 385-387、422 頁。

163 《舊唐書》卷八十八《蘇瓌傳》，第 2878 頁。

一人的意思，如《漢書》卷六十六《劉屈氂傳》曰：「屈氂挺身逃，亡其印綬。」[164] 對此《新唐書》卷一百二十五《蘇瓌傳》則直接寫為「瓌單身幓被自將」。[165] 另如《新唐書》卷一百六十四《殷侑傳》曰：文宗時，以殷侑為「義昌軍節度使。於時瘠荒之餘，骸骨蔽野，墟裡生荊棘，侑單身之官，安足粗淡，與下共勞苦，以仁惠為治」。[166]《舊唐書》卷一百六十五《殷侑傳》的記載基本相同：「時大兵之後，滿目荊榛，遺骸蔽野，寂無人煙。侑不以妻子之官，始至，空城而已。」[167]《新唐書》中的「侑單身之官」，《舊唐書》中則為「侑不以妻子之官」，可見這裡的「單身」就是不包括妻子家屬。再如《舊唐書》卷一百九十三《列女·孝女王和子傳》載：「孝女王和子者，徐州人。其父及兄為防秋卒，戍涇州。元和中，吐蕃寇邊，父兄戰死，無子，母先亡。和子時年十七，聞父兄歿於邊上，被髮徒跣縗裳，獨往涇州，行丐取父兄之喪，歸徐營葬。」[168] 這裡說的王和子「獨往涇州」，《新唐書》卷二百五則寫為「單身被髮徒跣繚裳抵涇屯」[169]，可見「單身」指獨自一人。

　　我們說「單身」、「一身」指本人，《唐會要》卷八十八《榷酤》所載會昌六年九月敕提供了證據：

　　如聞禁止私酤，過聞嚴酷，一人違犯，連累數家，閭里之間，不免咨怨。宜從今已後，如有人私酤酒及置私麴者，但許罪止一身，並

164　（漢）班固：《漢書》卷六十六《劉屈驚傳》，中華書局 1964 年版，第 2880 頁。

165　《新唐書》卷一百二十五《蘇瓌傳》，第 4397 頁。

166　《新唐書》卷一百六十四《殷侑傳》，第 5053-5054 頁。

167　《舊唐書》卷一百六十五《殷侑傳》，第 4321 頁。

168　《舊唐書》卷一百九十三《列女·孝女王和子》，第 5152 頁。

169　《新唐書》卷二百五《列女·孝女王和子》，第 5827。

所由容縱，任據罪處分，鄉井之內，如不知情，並不得追擾。[170]

另外，唐僖宗乾符二年（西元 875）詔書亦提供了絕好的材料，該詔書曰：

所州縣除前資、寄住，實是衣冠之外，便各將攝官文牒及軍職略遺，全免科差，多是豪富之家，致苦貧下。准會昌中敕：家有進士及第，方免差役，其餘只庇一身。就中江南富人，多一武官便庇一戶，致使貧者轉更流亡。從今後，並依百姓一例差遣，仍委方鎮，各下諸州，准此檢點。[171]

唐代的「五品家當免差科」[172]，即五品以上的官員，便可免除全戶的徭役。唐後期主要以科舉途徑出身的衣冠戶，也可免除徭役。[173]我們從上引唐僖宗乾符二年赦文可知，「家有進士及第，方免差役」，即家中若有進士及第者，才能免除全戶的差役，「其餘只庇一身」。而一些江南富人，「多一武官便庇一戶」。「一戶」和「一身」相對稱，「一戶」指全家，「一身」指本人，這是很明確的。

此後不久，楊夔在上宰相書中說：

蓋僑寓州縣者，或稱前資，或稱衣冠。既是寄住，例無徭役。且

---

170 《唐會要》卷八十八《榷酤》，第 1907 頁。

171 《唐大詔令集》卷七十二僖宗《乾符二年南郊赦》，第 402 頁。

172 （唐）劉肅：《大唐新語》卷十一《懲戒》，中華書局 1984 年版，第 168 頁。

173 參閱張澤咸：《唐代的衣冠戶和形勢戶——兼論唐代徭役的復除問題》，《中華文史論叢》1980 年第 3 輯。

敕有進士及第，許免一門差徭，其餘雜科，止於免一身而已。[174]

這裡的「許免一門差役」，顯然是免除一戶的徭役；「免一身而已」，則是指只免除本人的一些雜差科。「一門」與「一身」對稱，亦可知「一身」是指有資格免賦者本人。

二、歸義軍時期「單身」的賦役徵免

「單身」為什麼受優待呢？因為在一般情況下，不論何種原因，「單身」、「一身」都是貧窮困難的，他們常常與貧、老、弱並列，即「單貧老弱」。有時則只稱「單貧」。如 8.6417 背《年代不詳（西元十世紀前期）孔員信三子為遺產糾紛上司徒狀》[175]載，孔員信臨終之時，只有一幼女，名叫三子，便託付給三子的阿姨二娘子照管，所有資產，「並一仰二娘子收掌」，三子長大後，要求阿姨分割父財，但阿姨不與，故三子上狀司徒：「其三子……至今一身，隨阿姊效作，如此不割父財，三子憑何立體，伏望司徒鴻造，照察單貧。」從此狀文可看出，三子「一身」就是「單貧」。

另如 S.4489 背《宋雍熙二年（西元 985）六月慈惠鄉百姓張再通牒》[176]曰：張再通父母亡後，被其兄張富通質賣與賈丑子。幾年後，張再通從甘州回來，「收贖本身」，並「諍論父祖地水屋舍。其養男賀通子不肯割與再通分料舍地」，故再通便上牒，「伏望大王阿郎高懸寶鏡，鑒照蒼生，念見再通單貧」，下令分給再通父祖地水。從 P.2504

---

174 《文苑英華》卷六百六十九楊巏《復宮闕後上執政書》，第 3442 頁。

175 文書圖版見《英藏敦煌文獻（漢文佛經以外部分）》第十一卷，四川人民出版社 1994 年版，第 66 頁，錄文見《釋錄》第二輯，第 299 頁。

176 文書圖版見《英藏敦煌文獻（漢文佛經以外部分）》第六卷，四川人民出版社 1992 年版，第 112 頁，錄文見《釋錄》第二輯，第 307 頁。

《年代不詳（西元十世紀）龍勒鄉百姓曹富盈牒》[177]可知，曹富盈「小失慈父」，只與寡母相依為命，「久受單貧而活」。曹富盈雖不是「一身」，但其和老母生活，亦屬「單貧」之列，這與憲宗元和元年的敕文是一致的。

當然，「單貧」並不全部指「單身」、「一身」。有些貧寒微賤的人，雖不是「單身」，但也屬「單貧」之列，如唐代宰相牛僧孺「居宛、葉之間，少單貧，力學，有偶儻之志」。[178]又如「海陵民黃尋先，居家單貧，嘗因大風雨散錢……拾而得之，尋後巨富，錢至數千萬，遂擅名於江表」。[179]有些老弱貧寒之人，也可稱「單貧」，如敦煌本《燕子賦》曰：「燕子單貧，造得一宅，乃被雀兒強奪，仍自更著恐嚇」[180]，由於燕子夫婦老來無人贍養，遷徙來到新的地方，屬「單貧老弱」之類，故稱「單貧」。

「單身」雖然按規定要服役，但也可以享受一定的優待。如天寶「五年制：天下百姓單貧交不存濟者租庸，每鄉通放三十丁。」[181]另如「其天下百姓，有灼然單貧不存濟者，緣租庸先立長行，每鄉量放十丁，猶恐編戶之中，懸磬者眾，限數既少，或未優洽。若有此色，尚軫於懷，特宜每鄉前放三十丁，仍准旨條處分。待資產稍成，任依恆式。其所放丁，委縣令對鄉村一一審定，務須得實……其家內應合更

---

177 文書圖版見《法藏敦煌西域文獻》第十四冊，上海古籍出版社 2001 年版，第 364 頁，錄文見《釋錄》第二輯，第 313 頁。

178 （五代）孫光憲：《北夢瑣言》卷一「牛僧孺奇士」條，中華書局 2002 年版，第 25 頁。

179 （宋）李昉等編：《太平御覽》卷八百三十六《資產部·錢下》引《幽明錄》，第 3735 頁。

180 黃征、張湧泉校注：《敦煌變文校注》卷三《燕子賦（一）》，中華書局 1997 年版，第 376 頁。

181 （唐）杜佑撰，王文錦等點校：《通典》卷六《食貨六·賦稅下》，第 110 頁。

差防及諸雜差科，一切放免。」[182]

　　唐代的色役本來是現役，後來逐漸出現納資代役，色役所納之資稱為「資課」，《全唐文》卷二十四玄宗《委刺史縣令勸課制》中曰：「其今月諸色當番人，有單貧老弱者，所司即揀擇量放營農，至春末已來並宜准此。」[183]天寶三年（西元744）正月令：「諸色當番人，應送資課者，當郡具申，尚書省勾覆，如身至上處，勿更抑令納資，致使往來辛苦。從閏二月至六月已來，其當上人中有單貧老弱者，委郡縣長官與所由計會，便放營農。」[184]由此可知，在農忙時節，當番上役之單身百姓與貧、老、弱一起享受優待，可免役務農。

　　唐代實行府兵制時，其衛士「皆取六品已下子孫，及白丁無職役者點充」。「若有差行上番，折衝府據簿而發之。凡差衛士征戍鎮防……若父兄子弟，不併遣之。若祖父母老疾，家無兼丁，免徵行及番上。」[185]

　　我們知道，衛士不上番時，在本鄉從事農業等勞動，每逢上番或教閱時，才集中於京師或所在地執勤[186]。因此，對於「家無兼丁」的衛士，「免徵行及番上」，就算是一種優待了。因為其「祖父母老疾」，再加上「家無兼丁」，若派其征行上番，就無法保證其家庭中的農業勞動了，故「免徵行及番上」。

　　《唐會要》卷七十二《軍雜錄》載唐憲宗元和元年（西元806）六月十三日敕：

182　（清）董誥等編：《全唐文》卷二十五元宗《安養百姓及諸改革制》，第284頁。

183　《全唐文》卷二十四玄宗《委刺史縣令勸課制》，第278-279頁。

184　（宋）王欽若等編：《冊府元龜》卷八十六《帝王部·郝宥五》，第1018頁。

185　《舊唐書》卷四十三《職官二》，第1834頁。

186　參閱張澤咸：《唐五代賦役史草》，第399頁。

單身百姓，父年七十以上，及無父其母年六十以上，並不得差征鎮。[187]

由唐憲宗的這一敕文可知，凡單身百姓，若其父在七十以上，或其父已亡，而其母在六十以上者，「並不得差征鎮」。

敦煌文書 P.3324 背《唐天復四年（西元 904）衙前押衙兵馬使子弟隨身等狀》[188]中，我們見到了「一身」免役的實例。該狀文曰：

如若一身，余卻官布、地子、烽子、官柴草等大禮（例），余者知雜役次，並總矜免，不喜（許）差遣。文狀見在，見今又鄉司差遣車牛艾蘆茭者。伏乞司空阿郎仁恩照察，伏請公憑，裁下處分。

P.3324 號文書所反映的史事與唐憲宗的敕文一脈相承，即如果是一身的話，其一切「知雜役次，並總矜免，不許差遣」。這一規定是有文狀證明的，但現在鄉司又要「差遣車牛艾蘆茭者」，即趕上牛車去砍伐樹木，刈割白刺，這是違反歸義軍政權規定的。因此，他們便上書「司空阿郎」，要求以公憑即文狀為準，「裁下處分」。

P.2595 背《乙未年前後赤心鄉百姓令狐宜宜等狀》[189]曰：

1. 赤心鄉百姓令狐宜宜、氾賢集等。

---

187 《唐會要》卷七十二《軍雜錄》，第 1301 頁。

188 文書圖版見《法藏敦煌西域文獻》第二十三冊，上海古籍出版社 2002 年版，第 190-191 頁。錄文見《釋錄》第二輯，第 450 頁。

189 文書圖版見《法藏敦煌西域文獻》第十六冊，上海古籍出版社 2001 年版，第 174 頁。錄文見《釋錄》第二輯，第 309 頁。

2.　　　　右宜宜等總是單身，差著烽子。應著忙時，不與

3.　　　　貼戶。數誻鄉官，至與虛戶。總是勢家取近。不敢（甘）屈苦

4.　　　　至甚，免濟單貧。伏請處分。

（後缺）

本件文書中「不與貼戶」的「貼」與「帖」同，它在唐代文書中可以互用。「貼」有「裨」、「副佐」、「依附」之意，可引申為「兼管」。在敦煌文書中，「貼」、「帖」具有「兼管」、「協助」、「輔助」的意思。[190]同時，「貼」還有黏附、附著之意。[191]而令狐宜宜、氾賢集等，雖是「單身」，卻被「差著烽子」。由於烽燧都在邊境地區，離家較遠，故當他們在遠處承擔烽子，「應著忙時，不與貼戶」，即無法照顧家庭。具體說，就是令狐宜宜等都是「單身」，即家庭成員只有他們自己一人，再無別人。若被派去充當「烽子」，就無法從事農業生產。因此，雖戶籍尚存，實際則成了「虛戶」。這種將「單身」派往遠處承擔「烽子」，無法從事家庭勞動的作法是不符合有關政策規定的，故他們上狀要求「免濟單貧」。

為什麼「單身」令狐宜宜等要上狀申訴呢？因為「大中二年（西元 848）正月制：諸州府縣等納稅，只合先差優長戶車牛。近者多是權要及富豪之家，悉請留縣輸納，致使單貧之人，卻須雇腳搬載。從今已後，其留縣並須先饒貧下、不支濟戶。如有違越，節級官吏，量加

190　參閱王永興：《唐天寶敦煌差科簿研究——兼論唐代色役制和其他問題》，見王永興：《陳門問學叢稿》，江西人民出版社 1993 年版；姜伯勤：《唐五代敦煌寺戶制度》，第88-89 頁。

191　《漢語大字典》縮印本，湖北辭書出版社、四川辭書出版社 1993 年版，第 1512 頁。

科殿。」[192]即政府要求地方官讓單貧之人交納賦稅，不許長途搬運。相對而言，這就是對「單身」的一點優待。而令狐宜宜等為單身，應屬照顧之列，卻被遠派承擔烽子，近處較輕的色役，「總是勢家」優先，這是不符合制度規定的。

關於「單身」在賦役方面的優待，Дx.2149 號《欠柴人名目》[193]也有所反映。為便於說明問題，下面將 Дx.2149 中出現的單身、一身列表如下：

身分	人數	姓名	備注
一身病	1	杜留定	第 1 行
單身	1	董年仟	第 1 行
一身廳子	6	游再象、董不兒、趙進懷、趙留住、安海順、梁再子	第 2 行
單身門子	16	陰衍奴、李富君、陳保實、李員慶、薛群山、何善兒、何富君、岳閏成、曹神達、王順子、王員住、□□友、王富文、張富通、張善子、令狐慶住	第 6-8 行
一身于闐	12	孟留三、崔祐住、孔富德、薛緊胡、薛痴子、薛粉堆、何富定、索盈信，□口住、李義成、馬留德、令狐保升	第 9-11 行
單身病	2	趙阿朵、史懷友	第 13 行
單身于闐	1	曹粉德	第 14 行
合計	39		

本件文書共載欠柴人八十七人，除第十五至十六行的六人由於文

---

192 《唐會要》卷八十四《租稅下》，第 1828 頁。

193 文書圖版見《俄藏敦煌文獻》第九冊，上海古籍出版社 1998 年版，第 49 頁。錄文見《釋錄》第二輯，第 446 頁。

書殘缺，不知其身分外，在身分明確的八十一人中，就有單身、一身三十九人，幾乎占了一半。

前已述及，「單身」、「一身」在服役方面有所優待，那我們對敦煌文書中的「單身」、「單身門子」、「單身于闐」、「單身病」、「一身廳子」、「一身于闐」、「一身病」就好理解了。即若是單身，或有病，或承擔「廳子」、「烽子」、「門子」、「堂子」等雜徭、差科，或出使于闐等，就可免除其正役的全部或部分。因為稅柴雖以地為本，據地徵納，但納柴者要外出為歸義軍柴場司砍伐樹枝、刈割白刺。從這個意義上說，稅柴又具有「役」的性質。[194]

從唐憲宗敕文中對「單身」的優待到歸義軍時期單身可免納稅柴、保證家庭農業生產的規定，說明晚唐五代地處西陲的歸義軍政權，雖然作為特殊的藩鎮，是一個地方政權，但其賦役制度仍然受中原王朝的影響，與中原王朝保持著千絲萬縷的連繫。或者說，它仍然將自己看作是中原王朝的一部分，並根據自己的實際情況，還在執行著中原王朝的某些政策。

（原載《中華文史論叢》總第 79 輯，上海古籍出版社 2005 年版）

第四節　試釋敦煌文獻中的「指撝」

閱讀敦煌文獻，每每見到「指撝」一詞，但在所有敦煌文獻的錄

---

194 參閱劉進寶：《歸義軍政權稅柴徵收試探》，載《第五屆唐代文化學術研討會論文集》，（高雄）麗文文化事業有限公司 2001 年版；《唐宋之際歸義軍經濟史研究》，第 155-174 頁。

文、校注本中，都不見對該詞的解釋。就是許多很專門的詞典，如蔣禮鴻《敦煌變文字義通釋》[195]、蔣禮鴻主編《敦煌文獻語言詞典》[196]、江藍生、曹廣順《唐五代語言詞典》[197]、張湧泉《敦煌俗字研究》[198]等，也沒有收錄「指撝」一詞。現以敦煌文獻為主，並結合有關史籍及前人著述，對「指撝」一詞略加闡釋，不當之處，請批評指正。

從有關字書可知，「撝」與「揮」同，而「指偽」與「指揮」也可以混用。如臺灣版《中文大辭典》「指撝」條注曰：「與指揮同。……〔注〕撝，即麾字，古通用。」[199]《辭源》列有「指撝」一詞，解釋為：同「指揮」、「指麾」，並作注曰：「撝即『麾』字，古通用」，但又未列「指麾」一詞。[200]在《漢語大詞典》「指揮」條下，有一說明，即「亦作『指麾』、『指撝』」。[201]

不僅各種文書、詞書將「撝」、「揮」等同，而且敦煌文獻中也有實例，如 P.2049 號背《後唐同光三年（西元 925）正月沙州淨土寺直歲保護手下諸色人破曆算會牒》[202]第 71-72 行有「麥伍碩參斗，曹指撝換黃麻人」；第 341-342 行有「油貳勝（升），就倉看曹指撝及眾僧後坐用」；第 392-393 行有「面肆斗，就倉看指撝及眾僧後坐等用」，第 430-431 行有「黃麻伍碩參斗，曹指揮人麥換將用」。本件文書中，「指撝」

195 上海古籍出版社 1981 年版。

196 杭州大學出版社 1994 年版。

197 上海教育出版社 1997 年版。

198 上海教育出版社 1996 年版。

199 林尹、高明主編：《中文大辭典》第四冊，（臺北）華岡出版有限公司 1979 年修訂版，第 564 頁。

200 《辭源》第二冊，商務印書館 1979 年版，第 1254 頁。

201 《漢語大詞典》第六冊，漢語大詞典出版社 1990 年版，第 580 頁。

202 文書圖版見《法藏敦煌西域文獻》第四冊，上海古籍出版社 1994 年版，第 234-243 頁。錄文見《釋錄》第三輯，第 347-366 頁。

與「指揮」通用，可見它們相同。

從敦煌文獻可知，「指撝」有以下意義：

第一，作為動詞使用，乃指示、批示、批覆、指揮的意思。

如 P.3989 號《唐景福三年（西元 894）五月十日立社條件憑記》[203] 是一件社人結社的社條，規定結社以後，社人「若有凶禍之時，便取主人指撝，不問車輦，便雖（須）營辦，色物臨事商量」。這裡的「指撝」，顯然是作為動詞使用的，是指示的意思。S.3879 號《乾祐四年（西元 951）四月四日應管內外都僧統為常例轉念限應有僧尼準時云集帖》[204]，在規定了僧尼集合的時間、地點、所帶物品後，還專門提醒：「右仰准此指撝，不得違犯。」這裡的「指撝」也相當於指示。P.2187 號《河西都僧統悟真處分常住榜》[205]是一件保護寺院常住物、常住戶不受侵犯的文帖。因為當時敦煌寺院的常住戶遭到了部分侵犯，「今既二部大眾，於衙懇訴，告陳使主」，因此河西都僧統便「帖牒處分事件，一一丁寧（叮嚀），押印指撝」，發布了這一文帖。P.4044 號《吏部尚書兼御史大夫曹公帖》[206]是乾寧六年（西元 899 年、實為光化三年）十月廿日任命右一將第一隊副隊的帖文，該帖文曰：「右奉處分，前件人

<hr>

203 文書圖版見《法藏敦煌西域文獻》第三十冊，上海古籍出版社 2003 年版，第 320 頁。錄文見《釋錄》第一輯，書目文獻出版社 1986 年版，第 273 頁。

204 文書圖版見《英藏敦煌文獻（漢文佛經以外部分）》第五卷，四川人民出版社 1992 年版，第 192-193 頁。錄文見《釋錄》第四輯，第 151-153 頁。

205 文書圖版見《法藏敦煌西域文獻》第八冊，上海古籍出版社 1998 年版，第 181 頁。錄文見《敦煌社會經濟文獻真跡釋錄》第四輯，第 158 頁，定名為《保護寺院常住物常住戶不受侵犯帖》。本件文書的定名及錄文還見鄧文寬《敦煌文獻〈河西都僧統悟真處分常住榜〉管窺》，載《週一良先生八十生日紀念論文集》，中國社會科學出版社 1993 年版，第 217-232 頁；又見同氏《敦煌吐魯番學耕耘錄》，（臺北）新文豐出版公司 1996 年版，第 159-179 頁。

206 文書圖版見《法藏敦煌西域文獻》第三十一冊，上海古籍出版社 2005 年版，第 30 頁。錄文見《釋錄》第四輯，第 289 頁。

仍以隊頭同勾當一隊……當便給與隊頭職牒，仍須准此指撝者。」這裡的「指撝」顯然是指揮的意思。S.4453 號《宋淳化二年（西元 991）十一月八日歸義軍節度使牒》[207]，是由於歸義軍的官中車牛載白檉，便「令都知將頭隨車防援」，需沿途糧料供應、安排的一件牒文，最後亦專門説明：「仍仰准此指撝者。」以上三件文書中的「指撝」，也都是作為動詞使用的，即指示、指揮。

S.1156 號《光啟三年（西元 887）沙州進奏院上本使狀》[208]是歸義軍張淮深向唐王朝求授旌節的官文書。當時唐僖宗正由於黃巢起義而逃亡興元、鳳翔一帶。張淮深的使臣們便到了興元駕前，求授旌節：「本使一門拓邊效順，訓襲義兵，朝朝戰敵，為國輸忠，請准舊例建節。廿餘年朝廷不與指偽，今固遣閏盈等三般六十餘人論節……軍容宰相處分，緣駕回日近，專使但先發於鳳翔祗候，待鑾駕到，即與指撝者。」到了鳳翔後，又幾次送狀，「見數日不得指撝」。這件文獻的三個「指撝」，也顯然是動詞，其意義相當於批示。

P.2945 是一組有關曹氏歸義軍與中原關係的重要文獻，[209]李正宇、趙和平先生已對此卷文書進行過錄研究。[210]在這一組狀稿的《又別紙》

---

207 文書圖版見《英藏敦煌文獻（漢文佛經以外部分）》第六卷，四川人民出版社 1992 年版，第 80 頁。錄文見《釋錄》第四輯，第 306 頁。
208 文書圖版見《英藏敦煌文獻（漢文佛經以外部分）》第二卷，四川人民出版社 1990 年版，第 241-242 頁。錄文見《釋錄》第四輯，第 370-373 頁。
209 文書圖版見《法藏敦煌西域文獻》第二十冊，上海古籍出版社 2002 年版，第 188-189 頁。錄文見《釋錄》第五輯，全國圖書館文獻縮微複製中心，1990 年，第 326-329 頁。
210 李正宇：《曹仁貴歸奉後梁的一組新資料》，載《魏晉南北朝隋唐史資料》第 11 期，武漢大學出版社 1991 年版。趙和平：《敦煌表狀箋啟書儀輯校》，江蘇古籍出版社 1997 年版，第 342-352 頁；又同氏《晚唐五代靈武節　度使與沙州歸義軍關係試論》，載中國唐代學會編輯委員會編：《第三屆中國唐代文化學術研討會論文集》，（臺北）樂學書局 1997 年版，第 539-550 頁；又見同氏《趙和平敦煌書儀研究》，上海古

中有：「相關厚顏，關津不滯行程，實則？以荷負，贍禮望日，專持指撝，庶基（機）孤孽，全有濟托。更有情懷審細，並在使人口中。親馳面拜之間，伏垂一一具問。」在第四件《又別紙》中有：「切以東西路遙，雲霄有隔蓬宮，昆兄季弟等倫。望企相公神旨，瞻風向日，專牒指撝，孤軍全有倚托。更有情懷審細，並在使人口中。親馳面拜之間，伏垂一一具問，伏惟照察，謹狀。」這件文書中出現的兩個「指撝」，也顯然是批示、指示的意思。

第二，作為名詞使用，同「指揮」，指官名。

S.1153《諸雜人名一本》[211]列有各種僧俗官員，現將其轉錄如下：

翟使君	索指撝	暮（慕）容都衙	韓衙推
陳縣令	鄧作坊	張司馬	陰都知
安校練	曹庫官	宋鎮使	米帳使
氾目孔（孔目）陽員外		吳押衙	僧統
僧錄	唐僧正	郭法律	闞碑魁
仍夜盃	擲嫠雞	朱游弈	孟鄉官
價（賈）將頭 康訥兒		閻瘦筋	竇彥貞
邦緊呸	馮願定	盧富盈	桑阿攣
石清忽	祝再昌	吉衍奴	侯山胡
何什德	申懷恩	杜飽子	令狐章午
賀江進	裴狂拙	孫	
		（後缺）	

籍出版社 2011 年版，第 303-316 頁。

211 文書圖版見《英藏敦煌文獻（漢文佛經以外部分）》第二卷，第 240 頁。

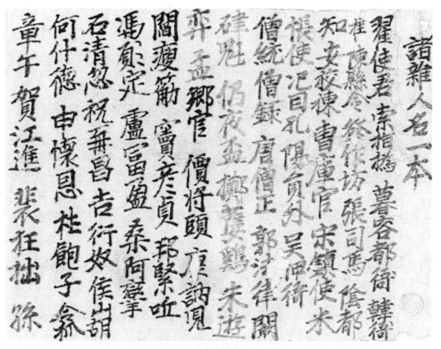

▲ S.1153《諸雜人名一本》

　　榮新江先生在《唐五代歸義軍武職軍將考》[212]中摘引了這一文書，
並以其所記軍將的序列，考察了軍將的職級，並對指揮使、都押衙、
都知兵馬使、校練使、押衙、游奕使、將頭進行了重點研究。在此文
書中，榮先生將S.1153《諸雜人名一本》所記第二個人名「索指撝」徑
錄為「索指揮」，並以此為據探討了敦煌文獻中的「都指揮使」，指出
唐後期都指揮使已取代了過去都知兵馬使的地位，是僅次於節度使的
歸義軍內外諸司及馬步兵的總管，任此職的有兩人，一為節度使曹議
金的兄長曹仁裕（良才），一為其妹夫羅盈達。後來馮培紅先生又指

212 榮新江：《唐五代歸義軍武職軍將考》，載《中國唐史學會論文集（1993年）》，三秦
　　出版社1993年版，第78-82頁。

出，曹氏末期，節度使曹宗壽任命其子賢順為「檢校兵部尚書銜內都指揮使」。[213]

關於晚唐五代的「都指揮使」一職，杜文玉先生的《晚唐五代都指揮使考》[214]已作了比較詳細的研究，認為都指揮使並非取代了都知兵馬使，因為有兩者在同時同一節鎮設置的情況存在。同時，都指揮使的情況比較複雜，從中央到地方的各級軍職多有設置。「從軍事體制大體分為四個層次：一是州鎮之都指揮使，二是方鎮之都指揮使，三是中央禁軍系統之都指揮使，四是作為行軍統帥之都指揮使。每個層次內的都指揮使又有地位高下與職權輕重的區別。」因本文只是對敦煌文獻中的「指撝」進行探討，故對「都指揮使」一職不作辨析，讀者可參考上引榮新江、杜文玉先生論文及張國剛先生的《唐代官制》[215]一書。

從目前已有資料可知，歸義軍時期「都指揮使」可簡稱為「都指撝」。如 S.8665《某年正月四日歸義軍應管內外都指揮知都押衙曹仁裕與都押張保山狀》[216]和 S.8683《知左馬步都押衙曹仁裕為算會敦煌十一鄉及通頰退渾所收物狀》[217]這兩卷文書中曹仁裕的銜名，一為「都指撝」，一為「都指撝使」。

213 馮培紅：《晚唐五代宋初歸義軍武職軍將研究》，載《敦煌歸義軍史專題研究》，蘭州大學出版社 1997 年版，第 116 頁。

214 杜文玉：《晚唐五代都指揮使考》，載《學術界》（合肥）1995 年第 1 期。

215 張國剛：《唐代官制》，三秦出版社 1987 年版。

216 圖片見《英藏敦煌文獻》第十二卷，四川人民出版社 1995 年版，第 181 頁，定名為《都押衙曹仁裕、張保山征敦煌諸鄉器物牒》。榮新江：《英國圖書館藏敦煌漢文非佛教文獻殘卷目錄（S.6981_13624）》，（臺北）新文豐出版公司 1994 年版，第 107 頁。

217 圖片見《英藏敦煌文獻》第十二卷，第 195 頁。榮新江《英國圖書館藏敦煌漢文非佛教文獻殘卷目錄（S.6981-13624）》第 111 頁定名為《某年歸義軍應管內外諸司都指揮知左馬步都押衙曹仁裕等狀》。

這裡有一點值得注意，即「指揮」與「指撝」相同並可以混用，如以上敦煌文書中絕大多數都是「指撝」，但也有寫作「指揮」者，如P.4638《曹良才畫像贊》中記述曹良才（即曹仁裕）「榮加五州都將，委任一道指揮」時就是「指揮」而不是「指撝」。尤其是 P.2482 號的《羅盈達邈真贊》和《墓誌銘》，其全稱是《晉故河西應管內外諸司馬步軍都指揮使銀青光祿大夫檢校工部尚書兼御史大夫上柱國豫章郡羅府君邈真贊並序》，內容完全一致，但一篇是「馬步軍都指揮使」的銜名，另一篇則是「馬步軍都指撝使」的銜名。

「都指揮使」、「指揮使」還可簡稱「指揮」。如前引 S.1153《諸雜人名一本》中的人名依次為：翟使君、索指撝……P.2916《癸巳年十一月十二日張馬步女師遷化納贈歷》[218]中的納贈人名單依次為：司徒、索指撝、韓都衙、安校練、翟衙推、羅鎮使、翟水官、祐順都頭、曹庫官、丑撻闍都頭、丑子鄧都頭、平都頭、宋文秀。S.4700《甲午年五月十五日陰家婢子小娘子榮親客目》[219]中也有「索指撝」。在一般情況下，人名都是按官職高低排列的。這裡的「索指撝」，一排在「翟使君」之後，一排在「司徒」之後，可見其地位較高，似乎是「都指揮使」或「指揮使」的簡稱。如果這一推理成立，那麼我們就可得知：在歸義軍時期，起碼還有一姓索的「都指揮使」。

關於這一點，我們還可找到一些例證，P.3224《行城文》[220]曰：「又持勝福，復用莊嚴，則我河西節度使令公貴位……又持勝福，次用莊

218 文書圖版見《法藏敦煌西域文獻》第二十冊，第 63 頁。錄文見《釋錄》第一輯，第371 頁。
219 文書圖版見《英藏敦煌文獻（漢文佛經以外部分）》第六卷，四川人民出版社 1992年版，第 241 頁。錄文見《釋錄》第四輯，第 10-13 頁。
220 文書圖版見《法藏敦煌西域文獻》第二十二冊，上海古籍出版社 2002 年版，第 200頁。

嚴，管內釋門僧統大師貴位……又持勝福，復用莊嚴，總管、都指揮、都衙貴位……又持勝福，次用莊嚴，都僧錄、都僧政已下和尚貴位……」P.3461《齋文一篇》[221]有：「又持是福，次用莊嚴，當今帝王貴位……又持是福，次用莊嚴，刺史厶官貴位……又持是福，次莊嚴，小娘子郎君貴位……又持是福，次用莊嚴，指揮、衙都等貴位……又持是福，次用莊嚴，僧錄、僧政等貴位……」另如 S.1181《發願文》[222]先讚頌天龍八部等，然後為：「又持勝福，次用莊嚴，我河西節度使大王貴位……又持勝福，次用莊嚴，我河西都僧統和尚貴位……□□勝福，次用□□，指揮尚書貴位……又持勝福，次用莊嚴，閻都衙、董都衙，諸都頭貴位……」P.2049 背《後唐長興二年（西元 931）正月沙州淨土寺直歲願達手下諸色人破曆算會牒》[223] P.238-241行有：「粟肆斗，臥酒就倉看指揮、尚書、鄉官、眾僧等用。粟兩碩，充磑課用。粟參斗，送路令公及回迎尚書等用。」此段文字不論標點為「指揮、尚書、鄉官」還是「指揮尚書、鄉官」，都能證明指揮的地位較高，是「都指揮使」或「指揮使」的簡稱。由此可見，指揮使應是節度使下的重要官職。

　　《舊唐書》卷一百八十一《樂彥禎傳》載，彥禎先為「馬步軍都虞候，轉博州刺史」，後又授其「檢校工部尚書，知魏博留後。俄加戶部尚書，充節度觀察處置等使。中和四年（西元 884），累加至尚書左僕射、同平章事。僖宗自蜀回，加開府儀同三司，冊拜司徒」。[224]彥禎還

221　文書圖版見《法藏敦煌西域文獻》第二十四冊，上海古籍出版社 2002 年版，第 277頁。

222　文書圖版見《英藏敦煌文獻（漢文佛經以外部分）》第二卷，第 253 頁。

223　文書圖版見《法藏敦煌西域文獻》第三冊，第 234-254 頁。錄文見《釋錄》第三輯，第 347-366 頁。

224　《舊唐書》卷一百八十一《樂彥禎傳》，第 4689 頁。

命其子從訓「為六州都指揮使」。

　　這一材料，不僅能反映出地方節鎮的加官程序，而且可反映出，「指揮使」是僅次於節度使的重要人物，且常常由節度使的子弟或親信擔任，這也與敦煌文獻反映的歸義軍節度使的情況吻合。

　　在都指揮使（指揮使）下，可能還有「指撝」一職，它與「都指揮使」、「指揮使」簡稱的「指揮」不同，應是較低一些的一種官職。如 S.6981《辛酉至癸年人破曆》[225]第 11-12 行有「粟十八石，翟指撝施人」。同卷所載施人者還有鄧法律、張法律、米都頭、陰押衙、氾判官等。與這些法律、判官、都頭、押衙等僧侶官職相提並論的指揮，似不是位高權重的「都指揮使」、「指揮使」，而是比較低的一種官職。這樣的例子還有一些：P.3490《辛巳年某寺諸色勔斗破曆》[226]第 40-41 行有「油捌勝（升），與樂法律、翟指撝轉經餲用」；第 49 行有「油伍勝（升），與龍法律、翟指撝轉經餲用」。與僧官法律並提的「指揮」，其地位也不會太高。S.6452 號第三件文書為《壬午年淨土寺常住庫酒破曆》[227]，其第 23-24 行有「廿二日酒貳斗，又沽酒粟四斗，指撝、孔目、僧正三人，老宿、法律等吃用」。P.3713《粟破曆》[228]第 3 行有「八月五日粟二斗，指撝就寺淘麥用」。P.2049 背《後唐長興二年正月沙州

225　文書圖版見《英藏敦煌文獻（漢文佛經以外部分）》第十二卷，第 1-8 頁。錄文見《釋錄》第三輯，第 140-141 頁。

226　文書圖版見《法藏敦煌西域文獻》第二十四冊，上海古籍出版社 2002 年版，第 333-334 頁。錄文見《釋錄》第三輯，第 186-191 頁。

227　文書圖版見《英藏敦煌文獻（漢文佛經以外部分）》第十一卷，四川人民出版社 1994 年版，第 76 頁。錄文見《釋錄》第三輯，第 224-226 頁。

228　文書圖版見《法藏敦煌西域文獻》第二十七冊，上海古籍出版社 2002 年版，第 44 頁。錄文見《釋錄》第三輯，第 236 頁。

淨土寺直歲願達手下諸色人破曆算會牒》[229]第 168-170 行有「麥肆斗，
臥酒就倉看指找及鄉官，眾僧等用」；第 302-303 行有「油參勝（升），
就倉看指、鄉官及眾僧等用」；第 373-374 行有「面柒斗，就倉看指搞、
鄉官，眾僧等用」。這些與「鄉官」相提並論的「指揮」，其地位似乎
不該是「都指揮使」、「指揮使」，而是地位較低的「指揮」。

　　除翟指搞外，還有張指搞。S.8426A-H《歸義軍酒破曆》[230]已殘成
十片，「其中多記招待南山事，當為十世紀曹氏歸義軍文書」。其中提
到的官名有赤書宰相、石判官、石兵馬使、張指搞、南山宰相、程押
牙、張兵馬使、閻都知、瓜州張都衙、賈僧政。[231]

　　另外還有榮指搞，S.2472 背/4《辛巳年十月廿八日榮指揮葬巷社納
贈歷》[232]後有一段文字：「辛巳年十一月一日因為送指揮眾社商量：自
後三官則破油一般，虞候破粟壹斗。其贈粟分付凶家，餅更加十枚，
齋麥兩碩，黃麻八升。每有納贈之時，須得齋納一般，不得欠少，自
後長定。」其納贈人有李社官、龍社長、氾宅官、孔押衙、高虞候、高
團頭、李團頭、龍押衙等俗官、社官及百姓。第三，「指搞戶」提供的
啟示。

　　P.3935 號文書[233]是一件請地文書，《敦煌遺書總目索引》將其定名

229 文書圖版見《法藏敦煌西域文獻》第三冊，第 234-254 頁。錄文見《釋錄》第三輯，
　　第 347-366 頁。

230 文書圖版見《英藏敦煌文獻（漢文佛經以外部分）》第十二卷，第 121-127 頁。

231 榮新江：《英國圖書館藏敦煌漢文非佛教文獻殘卷目錄（S.6981-13624）》，（臺北）新
　　文豐出版公司出版，1994 年版，第 83-85 頁。

232 文書圖版見《英藏敦煌文獻（漢文佛經以外部分）》第四卷，第 85 頁。錄文見《釋錄》
　　第一輯，第 373 頁，其定名中將「榮指揮」誤錄作「營指揮」。本件文書錄文又見寧
　　可、郝春文：《敦煌社邑文書輯校》，江蘇古籍出版社 1997 年版，第 442-446 頁。

233 文書圖版見《法藏敦煌西域文獻》第三十冊，上海古籍出版社 2003 年版，第 250 頁。

為《請求地畝之文件（兩面書）》[234]，《敦煌寶藏》定名為《請求地畝文件》[235]，唐耕耦等《敦煌社會經濟文獻真跡釋錄》第二輯第 486 頁收錄了此文書，定名為《翟員子戶等請田簿稿》，姜伯勤先生《唐五代敦煌寺戶制度》[236]第 182-183 頁引錄了該文書前七行，並定名為《五代宋初指撝戶等請田簿》。我反覆研讀此件文書，並多次向朱雷師請教，承朱雷師教示，應定名為《五代宋初指撝等戶請田簿》。現將該文書轉引如下：

（前缺）

　指撝戶：請北阜渠上口地一段並園舍一伯三十六畦共三頃三十畝，東至大道，西至河及韓寺，南至龍興寺廚田，北至仍末河及韓寺地並自田。又渠西地一段三畦共四畝，東至仍末河，西至趙長盈，南至仍末河，北至韓章兒。又地一段並園舍三十一畦共八十畝，東至大道，西至仍末河，南至韓寺地及自田，北至張衍子。

　孔山進戶（戶索子全）：請榆樹渠上口地一段十九畦共三十三畝，東至道，西至大道，南至道，北至聖光寺廚田及李師。又地兩畦共二畝。東至河，西至子渠，南至子渠，北至河。

　索子全，妻娘子陳氏，男須崇，奴保德，婢完連。
　禮□受田，請城西八尺瓦渠下尾地一段並園十二畦共四十二畝，東至大道，西至貞女道，南至大戶地，北至河。又請北府榆

---

234 商務印書館 1962 年版，第 473 頁。

235 黃永武主編：《敦煌寶藏》第一百三十二冊，（臺北）新文豐出版公司 1986 年版，第355 頁。

236 中華書局 1987 年版。

（後缺）

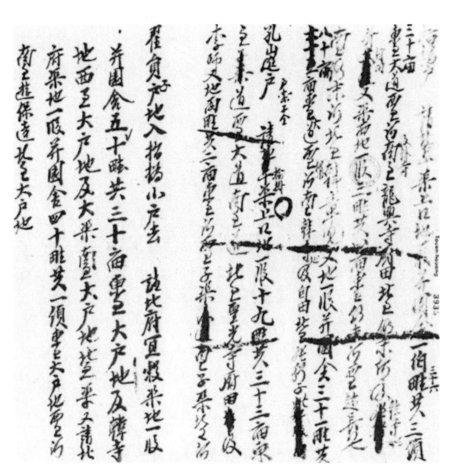

▲ P.3935《五代宋初指找等戶請田簿》

其中索子全書於紙背，並倒書，正面孔山進戶下有一行小字：「戶索子全」，且索子全戶的筆跡、墨跡與指撝戶、孔山進戶也一樣，故我們將其錄在一起。

本件文書提到的「指撝戶」，不知是泛稱，還是僅僅指一戶，即官職為「指」的一戶人。我們通過對「指戶」的三段土地劃圖標示，由

於四至中的「自田」互相吻合，再證以其他請田簿中四至的記載，可以確認，P.3935 號文書中的「指撝戶」為專指，有可能指官職為「指撝」的一戶人，由於尊重等原因，只稱官銜而不稱其姓名。

另外，在 P.3935 號文書孔山進戶後，還有一段文字，墨跡與「指僞戶」、「孔山進戶」、「索子全戶」不同，字體也略有差別，現錄文如下：

翟員子戶地入指撝小戶去，請北府宜谷渠地一段並園舍十五畦共三十畝，東至大戶地及韓寺地，西至大戶地及大渠，南至大戶地，北至渠。又請北府渠地一段並園舍四十畦共一頃，東至大戶地，西至河，南至游保達，北至大戶地。

這段文字是翟員子戶的土地由於被「指撝小戶」占去，翟員子另請田地的記載。關於歸義軍時期請地的有關情況，拙稿《歸義軍土地制度初探》[237]已略有涉及。值得注意的是，這裡的「指小戶」是泛稱，還是特指？為什麼有優先占有土地的權利？這裡的「小戶」又作何解釋？在翟員子所請的土地四至中，出現了五個「大戶地」，這裡的「大戶」又是什麼意思，它與「小戶」是什麼關係？這些問題都還有待於我們更深入地思考和研究。但由於筆者學識有限，見聞不廣，目前還無法回答這些問題，因此，只能説是「指撝戶」給我們提供的啟示，還需要更廣泛地挖掘資料，以期比較圓滿地回答這些問題。

綜上所述，敦煌文獻中的「指撝」一詞，當作為名詞使用時，它相當於職官名的「指揮」，如都指揮、指揮使、指揮等；當作為動詞使

---

237 劉進寶：《歸義軍土地制度初探》，載《敦煌研究》1997 年第 2 期。

用時，它則是另外一個意思，即指示、批示、批覆、指揮。至於「指找戶」、「指找小戶」的確切含義，由於筆者學識有限，目前還無法給予明確回答。

（原載《魏晉南北朝隋唐史資料》第 17 輯，武漢大學出版社 2000年版）

附錄：避諱在史學研究中的重要作用
——兼評《敦煌文獻避諱研究》

　　歷史學家鄧廣銘先生曾提出治史入門的四把鑰匙，即職官制度、歷史地理、年代學、目錄學，一直受到史學界的重視。隨著歷史文獻的整理，尤其是以敦煌文獻為代表的出土文獻在歷史研究中的廣泛運用，除了一般要掌握目錄、年代、職官、地理外，避諱也是非常重要的。

　　所謂避諱，就是「文字上不得直書當代君主或所尊之名，必須用其他方法以避之」[238]，同時這種「避之」又需要盡可能地不妨礙語言的順暢交流和文字的正常使用。為了達到這種效果，就有了各種各樣的避諱方法。如秦始皇諱「正」，就將「正月」改為「端月」；漢高祖名劉邦，就將「邦」改為「國」；漢惠帝諱盈，就將「盈」字改為「滿」；東漢光武帝諱「秀」，就將「秀才」改為「茂才」；唐世祖名李昺，就將「昺」、「秉」、「炳」、「丙」皆改為「景」，「甲乙丙丁」也成了「甲

---

[238] 陳垣：《史諱舉例.序》，上海書店出版社 1997 年版，第 1 頁。

乙景丁」；唐高祖名李淵，就將「淵」改為「泉」；唐太宗諱世民，就
將「世」改為「代」、「民」改為「人」、「百姓」等；武則天名「曌」，
為了避嫌名，將「詔書」改為「制書」。

　　當然，避諱也有特殊性，即有些地方不能避。如康熙皇帝名玄
燁，為避「玄」字，寫時要缺最後一點，寫為「玄」，但牲畜的畜字，
上面的「玄」字不能缺點，如果缺了，豈不罵皇帝是「畜生」。同樣，
宋高宗名趙構，其「構」字的同音幾十個字都要避諱，但就是沒有
「狗」。如果「狗」也避，豈不是說宋高宗與狗同類嗎？[239]

　　以上的避諱案例只是傳統史學學習和研究中遇到的，並且是比較
通用的，如果我們認真學習熟悉陳垣先生的《史諱舉例》，再備上一冊
《歷代避諱字彙典》等方面的工具書，一般來說還是可以對付的。

一

　　敦煌文獻的絕大部分是沒有年代題記的，避諱是確定其年代（或
時代）的重要方法之一。利用避諱搞清楚敦煌文獻的時代，具有重要
的學術價值。如一九八三年，馬世長先生利用避諱考察了 S.3326《敦煌
星圖》的年代，即本卷中避唐太宗「李世民」之「民」，但不避唐睿宗
「李旦」之「旦」，即未將「旦」改為「曉」，「從避諱上看，S.3326 號
卷本的抄繪，當在睿宗之前，即不晚於西元七一〇年」。進而結合其他
因素，將「S.3326 號卷本的抄繪年代進一步推定在唐中宗李顯時期，即
西元七〇五至七一〇年之間」。這就比李約瑟推定的西元九四〇年早了
二百三十年左右，更加顯示了該卷在天文學史上的重要價值[240]。

239　參閱崔文印：《緬懷啟功先生》，載《書品》2005 年第 5 輯。

240　參閱馬世長：《〈敦煌星圖〉的年代》，載敦煌文物研究所編：《1983 年全國敦煌學術
　　　討論會文集（文史遺書編上）》，甘肅人民出版社 1987 年版，第 371 頁。

　　這是一個比較成功的案例。但是，要真正搞清楚沒有年代題記的敦煌文獻，又是非常困難的。眾所周知，敦煌文獻絕大多數是沒有紀年的，有明確紀年的卷子不多，利用避諱是確定紀年的重要方法之一。但如果不了解敦煌文獻各時代的避諱及其特點，尤其是避諱字與俗字的關係，就可能斷代錯誤。如有些宋代敦煌文獻中沒有避宋朝帝王的諱，反而避唐代帝王之諱，如果不是題記的話，我們可能就將其定為唐代的寫本了。因此，「僅僅根據個別避諱字形來對敦煌文獻進行斷代，而忽略其他的鑑定信息，容易得出錯誤的時間結論」[241]。

　　敦煌文獻的內容非常豐富且龐雜，涉及的避諱問題也更為複雜多樣，許多都是傳世文獻中沒有的，但又是閱讀敦煌文獻和從事有關研究時無法繞開的。雖然從敦煌文獻發現、研究之始，其中的避諱就引起了學者們的關注。但由於敦煌文獻分散各處，閱讀不易，再加上學者們只是在各自的研究中，對涉及的避諱文字進行考釋、闡述，即為了研究各自的問題而利用或研究避諱，並沒有將避諱作專門學問予以研究和探討。

　　隨著敦煌文獻的全面刊布，使我們有可能不到倫敦、巴黎、聖彼得堡、北京四大敦煌文獻收藏中心及世界各國、各地的收藏機構，就可以比較容易地看到幾乎所有的敦煌文獻，從而為全面深入研究敦煌文獻及有關的學問提供了可能。正是在這種背景下，浙江大學的青年學者竇懷永副教授經過多年的潛心研究，完成了《敦煌文獻避諱研究》一書，作為《敦煌講座》書系之一，已由甘肅教育出版社於二〇一三年出版。

241　竇懷永：《敦煌文獻避諱研究》，甘肅教育出版社 2013 年版，第 105 頁。以下凡引用該書時只在文中注明頁碼。

《敦煌文獻避諱研究》由五章組成：

第一章是緒論，簡明扼要地介紹了宋以前的避諱概觀、古代避諱研究情況和敦煌文獻避諱研究。作者通過對敦煌文獻的爬梳，並利用傳統史籍的材料，簡明勾勒了敦煌文獻所反映的避諱史。

根據敦煌文獻避諱的時代特點，作者推測，「唐之前的敦煌文獻避諱極為鬆弛，甚至無避諱可言」（57 頁）。唐高宗顯慶二年（西元 657）十二月十六日，下詔全面規避太宗名諱，即改涉及「世」、「民」等字。從敦煌文獻可知，「至遲在顯慶三年六月，敦煌地區已經開始有意識地規避唐代帝王名諱，或者說，唐代避諱制度已經在敦煌發揮效用。這個時間與中原幾乎是同步的」（58 頁）。吐蕃占領敦煌後，唐代建立的避諱制度失去了其存在的基礎，「這個時期敦煌文獻中的避諱字形實際上是書寫習慣的留存，或者說已經轉為俗字而繼續使用」（62 頁）。歸義軍時期的情況與吐蕃相似，並不規避唐代帝王的名諱，「即使到了五代、宋初，敦煌文獻的避諱也沒有因為朝代的替換而發生變化，仍舊不避諱」（63 頁）。

第二章「敦煌文獻避諱的特點和影響因素」，歸納敦煌文獻避諱的特點：一是階段性，即唐之前的敦煌文獻避諱極為鬆弛，甚至無避諱可言。唐代建立了嚴格的避諱制度，並在高宗時達到了巔峰，缺筆、改字的避諱方法已經在敦煌普遍使用。二是寬鬆性，即敦煌文獻避嫌名甚寬、不避太子諱、避正諱較寬。三是個體性，即同一文獻不僅在不同階段有不同的避諱情況，就是在同一階段也有不同的避諱情況，同一內容的文獻由不同書手抄寫就有不同的避諱情況，與之相應，同一書手抄寫的不同內容，甚至相同內容的文獻也有不同的避諱情況。四是通俗性，即敦煌文獻避諱的方法淺顯易懂，并包含了當時社會的所有階層。五是承沿性。另外還指出，不同類型的文獻避諱的情況也

不同：儒家典籍相對較為嚴格，佛教典籍較為鬆弛，道教典籍不嚴格，通俗類文獻一般不避諱。

第三章「敦煌文獻避諱的方法」，總結敦煌文獻最常見的避諱方法是缺筆、換字和改形。那這三種方式的使用頻率如何，或以哪種方法最常用？作者經過統計後發現：缺筆避諱使用範圍最廣，包括了敦煌文獻的大部分種類，這與缺筆避諱理解容易、操作簡單有關；改形避諱在敦煌社會經濟文書中使用最為普遍，這是因為社會經濟文書主要屬於晚唐五代，這時改形避諱的字形已經穩定並在流傳中逐漸增加了俗字的屬性，基本達到與俗字等同的地位，因而被普遍使用；改字避諱主要應用於以《論語》為代表的儒家經典文獻中，這類寫卷基本上是由當地的學童等根據前代抄本抄寫而成，而前代抄本又可溯源到唐代頒布的《五經》定本，因而這些改字大抵是在《論語》等流傳到敦煌之前就已經改定的，敦煌文獻只是傳抄而已（174頁）。

雖然敦煌文獻避諱的方法主要是缺筆、換字和改形，但作者認為各時代仍有其特點，如唐以前的避諱方法相對單一，以換字為主。唐代避諱重在字形，這是缺筆和改形避諱大行其道的背景，再加上使用避諱最多的兩個字——「世」、「民」，筆畫相對較少，字形簡單，使用頻率高，容易成為其他漢字的構字部件，具有良好的擴展能力。宋以後避諱的側重點則由字形轉為字音，規避嫌名成為重要內容，字形的禁忌弱化了很多，從而使改形避諱失去了存在的背景。另外，宋代以後帝王名諱用字逐漸表現出冷僻的傾向，生冷、偏僻的漢字常用於皇帝的名諱，使改形避諱所需要的「擴展性」完全喪失，同時也間接加強了嫌名避諱的力度（164頁）。

第四章「敦煌文獻避諱字形的探討」，主要研究了避諱字與俗字的關係，避諱字既可能來源於前代俗字，又可能轉變為後代俗字，它們

之間還有交叉。在探討避諱字與俗字關係的基礎上，對敦煌文獻俗字的避諱現象作了概括：「一個漢字在形體上本不觸唐代帝王名諱，但由於其俗寫字形的某個構件恰恰與帝王的諱字字形相同或相近，於是這個俗寫字形也必須採取相應的方法避諱。這種『間接性』的避諱現象正是俗字避諱的一個重要內容。」（201頁）俗字避諱主要發生在唐代，尤其是唐太宗李世民的「世」、「民」和唐睿宗李旦的「旦」字，其本身的擴展能力很大，更契合俗字避諱產生的條件。

唐代的避諱重字形，到了宋代，避諱則更重視的是字音。「宋代以後，皇帝取名多選用較為冷僻、少用的漢字，大約含有盡量減少避諱給日常生活、社會交際等帶來負面影響的意識，也在很大程度上抑制了俗字避諱基本條件的發生。」（217頁）

本章的「敦煌文獻避諱字形舉隅」，以書證和學術界的研究成果為例，列舉了敦煌文獻中常見的避諱字形，作者的個人見解則以「永按」的方式列出。這些避諱字形對研讀敦煌文獻很有幫助。

第五章「敦煌文獻避諱與斷代」，主要討論了敦煌文獻的斷代原則，即如果文獻中出現某個皇帝的避諱字形，就可以斷定此文獻出自該皇帝執政之後。但這僅僅是一個大的原則，各個文獻的創作、流傳，乃至抄寫人、抄寫時間不同，其中的避諱也就不一樣。由於敦煌文獻的抄寫和避諱複雜，絕對不能僅僅依據出現某個皇帝的避諱字形就斷定必然出自該皇帝在位時期。同樣，如果文獻中某個唐朝的皇帝名諱不規避，也不能完全斷定此文獻就出自該皇帝之前。另外，如果文獻中唐朝皇帝的名諱都不規避，也不能完全斷定此文獻就不出自唐代。

作者提出的敦煌文獻斷代原則，僅僅是一個大的框架，如果完全以此來處理敦煌文獻的避諱，似乎容易使人感覺無法適從。因此又在

此基礎上提出了斷代的輔助原則，即針對不同的文獻內容，採取各不相同的避諱寬嚴標準，同時還要考慮文獻的內容、紙張、字跡、來源等因素。

二

綜上所述，本書對敦煌文獻的避諱進行了全面研究，其內容與敦煌文獻一樣十分龐雜，涉及的知識面非常廣泛。僅從敦煌文獻整理和史學研究的角度，我認為該書有以下幾個特點：

（一）是閱讀、研究敦煌文獻的重要參考書。

敦煌文獻分為有紀年文獻和無紀年文獻兩部分。「有紀年文獻」是指文獻本身題寫了相關的時間信息：或為抄寫題記，或在正文內容中有所反映。「無紀年文獻」則是指沒有任何明確的時間信息。敦煌文獻中的絕大多數是沒有年代題記的，即沒有明確的時間。沒有年代題記，就降低了文獻資料的利用價值，因此確定文獻的年代是深入研究的基礎和前提，在沒有年代題記可供借鑑時，利用避諱確定年代（或時代）就成了一個不可缺少的重要手段。

本書作者竇懷永長期從事敦煌文獻整理研究，甘於坐冷板凳，他在逐一翻檢約六萬件敦煌文獻後，蒐集到近二千件有紀年的文獻，並對這些文獻時間信息（特別是題記）的有效性進行了甄別，最後蒐羅出六百零八件有明確紀年且時間可靠的敦煌文獻作為考察對象[242]，細緻地對這些文獻的避諱情況進行了梳理，對各文獻的避諱與否做了判斷，進而嘗試對避諱的特點和影響因素做了歸納，是學術界第一部全面、系統的敦煌文獻避諱研究著作。

---

242 有關這些寫卷的具體情況，可以參閱作者的同名博士學位論文，浙江大學 2007 年。

　　如果我們學習、研讀、整理敦煌文獻，手上就應該備一冊，以便隨時翻檢。

　　（二）提出了一些有啟發性的意見。

　　本書在研究中有綜述，在綜述中又有許多個人的見解。如關於避諱字「承沿性」即避諱字轉變為俗字的論述，對我們認識敦煌文獻的時代有重要的啟發。例如開寶九年（西元 976）十月二十九日，宋太宗趙光義下詔避其名諱，改「歸義軍」為「歸化軍」[243]，而在宋初的敦煌文獻中我們見到的仍然是「歸義軍」，並不是詔令所要求的「歸化軍」。反而有許多仍在使用唐代的避諱字，這也體現了敦煌文獻避諱的承沿性。

　　S.2973《節度押衙知司書手馬文斌牒》寫於宋開寶三年（西元970），本件文書使用了北宋的開寶年號，說明敦煌已經知道了中原改朝換代。但文書中並未見到宋代諱字，而是將「牒」字中的「世」改為「云」，似乎是在避唐代之諱。如何解釋這種現象呢？作者認為「這只不過是繼承和沿用了前朝的避諱字形而已」，並將這種現象歸納為敦煌文獻避諱的「承沿性」，認為這是避諱字轉化為俗字的表現。因為「唐代避諱字在流傳一段時間、逐漸為普通百姓使用和掌握後，俗字的屬性會逐漸增加，即這個字形漸漸會被默認為約定俗成的寫法，而原有的避諱屬性會逐漸減少」（100 頁）。

　　另外，敦煌社會經濟文獻的主體部分屬於歸義軍時期，前已述及，吐蕃和歸義軍時期的敦煌文獻並不避唐代帝王之諱，那又如何理解此時期的敦煌文獻中所出現的避諱情況？如寫於咸通十一年（西元871）的 P.3962《論語集解學而篇》中「民」字的缺筆或改寫為「人」；

243　（宋）李燾：《續資治通鑑長編》卷一七，中華書局 2002 年版，第 383 頁。

S.3905《唐天復元年（西元901）十二月十八日金光明寺造窟上梁文》中「但」字的缺筆；尤其是社會經濟文書中的「牒」，多將其中的「世」改為「云」。對此種現象，作者認為，這只是照抄以前的舊本或書寫習慣的留存。綜觀吐蕃和歸義軍對敦煌的統治，由於特殊的歷史背景，敦煌地區的避諱仍然停留在陷蕃以前，即使到了避諱「苛嚴」的宋代，敦煌文獻也根本不避相應帝王的名諱。據統計，敦煌陷蕃以後至宋初，即吐蕃和歸義軍統治敦煌時期（西元848-1036），有紀年的文獻共三百五十件，其中有避諱痕跡的是一百三十二件。經過考察可知，「這些唐代避諱字形在陷蕃以後已經淪為俗字而繼續流通使用，喪失了它的本意」（64頁）。

敦煌文獻的內容繁雜，可以說應有盡有，《敦煌文獻避諱研究》所使用的例證材料以傳統經部文獻為主，社會經濟方面文獻等為輔，本書最重要的貢獻或特色之一就是將避諱字與俗字有機結合，有助於解決相當一部分寫卷的疑難問題。

（三）遵守學術規範，尊重前人成果。

細讀本書，可以說每一條資料都有出處，注釋詳細明確，由於客觀條件限制，個別未能親見的資料也注明了轉引自何處。如第十七頁注四所引劉殿爵主編《風俗通義逐字索引》，就注明轉引自王建《中國古代避諱史》第五十七頁。這種實事求是的學風在今天是應該大力提倡和弘揚的。

學術研究是薪火相傳的，後人總是站在前人的肩上向上攀登的，尤其是像敦煌文獻避諱這樣複雜高深的學問，更是需要經過幾代人的努力。本書對前人成果的引用、借鑑以至評述，總體上是比較客觀的。如有些敦煌文獻中可能會有兩個甚至更多的年代，即有底本與抄本的區別，有些在流傳過程中還有添加修改，通過避諱也可以判定其

時代。例如 P.2572，就引用了黃正建先生《敦煌占卜文書與唐五代占卜研究》的斷代結論：「此卷有『景寅』、『景子』等字樣，其底本應屬唐代，但其中又有『丙午』、『丙申』等，故應是五代時抄本。」[244]作者引用後進而評述道：「這樣的推斷應當比較契合當時占卜文獻流傳的實際情況。」（第43頁）

在敦煌文獻中，有時會有同一件文獻中既有避諱又有不避諱的情況，這如何解釋呢？張湧泉先生以 S.6691（甲卷）和 P.3429+P.3651（乙卷）《楞嚴經音義》為據，對寫卷中出現的或避或不避唐諱的情況進行了考察，即「丙」、「秉」、「世」、「且」等字不避唐諱，而「縹」、「愍」字則將其中的「世」、「民」缺筆或改寫，顯然是避唐諱，「葉」字既有寫原字的（不避諱），也有將中間的「世」改寫的（避唐諱）。在考察的基礎上張湧泉推測：「從多數唐代諱字不避的情況來看，這兩個卷子有可能是五代以後的抄本。至於出現個別避唐諱的字，一是可能所據音義底本（或即作者稿本）為唐代人所抄，二是可能所據經本為唐代寫本，這少數避唐諱的字，不過是唐人寫本中留下的孑遺而已」[245]。

作者在引述了張氏的結論後指出：「應當說，S.6691 和 P.3429+P.3651 的避諱情況在敦煌文獻中具有很大的普遍性，反映了敦煌文獻避諱的複雜性，而張氏的分析則指出了這種複雜性背後的普遍原因，對其他類似情況的合理分析具有借鑑價值。」（45-46頁）

充分尊重前人的成果，既是學術規範的要求，也是有學術自信心的表現。

---

244 參閱黃正建：《敦煌占卜文書與唐五代占卜研究》，學苑出版社 2001 年版，第 59 頁。

245 參閱張湧泉：《敦煌本〈楞嚴經音義〉研究》，載《敦煌吐魯番研究》第八卷，中華書局 2005 年版，第 289 頁。

三

本書的特色或作者成績的取得，愚以為有兩方面的原因，一方面作者長期學習、工作在浙江大學古籍研究所，而該研究所又有漢語史和漢語俗字研究的優良傳統，是國際上漢語史研究的重鎮，早年有姜亮夫、蔣禮鴻先生，後來又有郭在貽、張金泉先生，作者跟隨許建平、張湧泉先生攻讀碩士、博士學位，可以說得到了他們的真傳。另一方面是作者本人善於學習，長期堅持本課題的研究，能夠抵制浮躁，做自己喜歡並熱愛的事業，已經在敦煌文獻避諱方面發表了系列論文，可以說已經占領了敦煌文獻避諱研究這塊陣地。

由於學術研究是不斷向前發展的，一本優秀的論著也可能會有一些這樣那樣的不足，本書也不例外。現將筆者閱讀中的兩點不同看法列出，供作者參考。當然，這些不同意見僅是筆者的一孔之見，不一定正確。

（一）避諱字與俗字的關係，尤其是避諱字轉化為俗字的論述，是本書的亮點，本書的論述和時段劃分也很有說服力。但在具體的敦煌文獻中，同一個字的同一種寫法，有時是避諱字，有時又成了俗字。對於研讀、使用敦煌文獻的學者來說如何區分，仍然是有一定困難的，似乎使人有霧裡看花之感。如果作者能夠以更明確、簡易的方法予以闡述更好。

（二）個別章節題目和內容間的一致性有待繼續優化。如第二章第二節「敦煌文獻避諱的因素影響」，有「敦煌政權的更替」、「文獻殘損的程度」、「文獻書手的階層」、「敦煌文獻的內容」四個部分，其中「敦煌文獻的內容」主要是講文獻內容即不同的敦煌文獻，如儒家經典、佛教、道教和通俗類文獻對避諱的影響，由於性質和用途不同，避諱的寬嚴程度不一樣。其內容與標題或可再行斟酌為善。

　　第五章第一節是「敦煌文獻斷代的重要意義」，本節只有約一千字，其內容也不是談意義，似乎文不對題，單獨成一節似無必要。

　　（三）本書的校對已經很不錯了，但還有個別的筆誤或失校，希望以後再版時予以改正。

　　總之，《敦煌文獻避諱研究》既是一部有較高學術價值的科學著作，又是一部比較實用的敦煌文獻避諱工具書，是我們閱讀、整理、研究敦煌文獻的重要參考資料。

　　　　　　　　　　　　　（原載《社會科學戰線》2015 年第 6 期）

地域文化研究叢書・敦煌文化研究叢刊　A0204017

敦煌文書與中古社會經濟　上冊

作　　　者	劉進寶	
版權策畫	李煥芹	
責任編輯	曾湘綾	

發 行 人　林慶彰

總 經 理　梁錦興

總 編 輯　張晏瑞

編 輯 所　萬卷樓圖書股份有限公司

排　　版　菩薩蠻數位文化有限公司

印　　刷　博創印藝文化事業有限公司

封面設計　菩薩蠻數位文化有限公司

出　　版　昌明文化有限公司

桃園市龜山區中原街 32 號

電話 (02)23216565

發　　行　萬卷樓圖書股份有限公司

臺北市羅斯福路二段 41 號 6 樓之 3

電話 (02)23216565

傳真 (02)23218698

電郵 SERVICE@WANJUAN.COM.TW

大陸經銷

廈門外圖臺灣書店有限公司

　　電郵 JKB188@188.COM

ISBN 978-986-496-465-9

2020 年 8 月初版二刷

2019 年 3 月初版

定價：新臺幣 360 元

如何購買本書：

1. 轉帳購書，請透過以下帳戶

   合作金庫銀行 古亭分行

   戶名：萬卷樓圖書股份有限公司

   帳號：0877717092596

2. 網路購書，請透過萬卷樓網站

   網址 WWW.WANJUAN.COM.TW

大量購書，請直接聯繫我們，將有專人為您

服務。客服：(02)23216565 分機 610

如有缺頁、破損或裝訂錯誤，請寄回更換

版權所有・翻印必究

Copyright©2020 by WanJuanLou Books CO., Ltd.

All Right Reserved　　　　　　**Printed in Taiwan**

國家圖書館出版品預行編目資料

敦煌文書與中古社會經濟　上冊 / 劉進寶著.
-- 初版. -- 桃園市：昌明文化出版；臺北
市：萬卷樓發行, 2019.03
　　冊；　公分
ISBN 978-986-496-465-9(上冊：平裝). --

1.敦煌學　2.敦煌文書

797.9　　　　　　　　　　　108003202

本著作物經廈門墨客知識產權代理有限公司代理，由浙江大學出版社有限責任公司授權
萬卷樓圖書股份有限公司發行中文繁體字版版權。

本書為金門大學產學合作成果。　　　　　　校對：陳怡君／金門大學華語文學系三年級